子どもたちの生きるアフリカ

伝統と開発がせめぎあう大地で

清水貴夫
亀井伸孝 編

昭和堂

はじめに――子どもたちを主役にしてアフリカを描く

亀井伸孝

本書のねらいと特色――多様なアフリカとそこで生きる子どもたち

本書は、アフリカの子どもたちを主役にして、その多様な生活の風景を描くことを目的としている。各地で長期にわたって調査を行ってきた研究者たちが、子どもたちとその生活環境を等身大で描いた書物である。

なぜアフリカの子どもに注目する必要があるのか。その背景として、「アフリカの子どもたちは、近い将来の世界の動向を左右するきわめて重要な存在である」こと、それにもかかわらず「アフリカとその子どもたちに関する情報は乏しく、しばしば非常に偏ったイメージで理解されがちである」ことの二つがある。「後れた国ぐにの貧しい子どもたち」のような固定的なイメージがはびこる一方で、世界とアフリカは刻一刻と変化を見せていて、その新しい時代の最前線にアフリカの子どもたちがいる。彼ら彼女らの今の姿を捉えて発信し、これからの世界とアフリカを読み解く手がかりとしたい。これが、本書を編集、執筆した動機である。

前述のような背景があることを念頭に、私たちは、本書で達成したい二つのねらいを定めた。一つ目のねらいは、アフリカの多様性に関する正確な理解を促すことである。アフリカは「暑く乾いた地域」というイメージがあるかもしれないが、実はさまざまで、乾いた砂漠のアフリカもあれば、昼も薄暗い湿った森林のアフリカもあり、みずみずしい川辺や海辺のアフリカもある。高層ビルが林立する都市も、現代のアフリカでは珍しくない。「アフリカ」という全体的で大雑把な括り方で満足してしまうのではなく、こうした個別具体的な風景に一つずつ出会い、それら複雑な環境を利用しながら暮らしている人びとの社会、文化に出会えるような本にしたいと考えた。

二つ目のねらいは、こうした多様なアフリカの各地で生まれ育つ子どもたちの現実を学ぶことである。アフリカは、世界で最も出生率が高く、若年層の割合が高い大陸である。毎年何千万人もの子どもたちが、アフリカ大陸と周辺の島じまで生まれ、学び、育っていく。アフリカの人口は今後も増え、世界人口に占める割合は大きくなっていく。近い将来、世界の主役となっていくアフリカの人たちが、今どのような環境で学び育ちつつあるかを知ることは、相互理解のために欠かせない。恵まれない気の毒な子どもたちといった強力なステレオタイプを一度横に置いて、具体的な事例から、アフリカにおけるいくつもの子どもたちの生き方を学べる本にしたいと考えた。

これらのねらいを達成するため、本書は編集、執筆の上で、三つの工夫をこらしている。一つ目の工夫は、本書を国別ではなく、環境別に構成したことである。アフリカには周辺の島じまも含めて五五の国・地域があるが（西サハラを一地域として含む）、その国境の多くは、かつてヨーロッパによって引かれた植民地境界線に由来する、比較的新しいものである。数百年、数千年にわたって人びとの生活の営みを育んできたのは、国境で隔てられた国家よりも、むしろ各地の環境である。私たちは、乾燥地、サバンナ、熱帯雨林、水辺、都市というふうに、大まかにアフリカの諸地域を特徴づける環境に着目して暮らしを配列し、より歴史に根ざした文化の営みに肉迫して各社会を描きたいと考えた。それぞれの環境によって育まれる、それぞれの子どもたちの暮らしがあることを見ていただけるだろう。

二つ目の工夫は、子どもたち自身のまなざしを重視したことである。子どもは、しばしば「大人によって育てられ、守られ、教えられる」弱い受け身の存在と見なされがちである。とくに、貧困、飢餓、病気、戦争のイメージが伴うアフリカの子どもたちについては、その傾向が強い可能性がある。しかし、本書に登場する各地の子どもたちは、自ら家事を手伝い、狩猟や採集、漁労や農耕、牧畜に関わり、さらには町で商売をして小遣いを稼いだり、時には遠くまで出かけて生計を立てていたりもする。自然や社会のさまざまな資源について学び、使いこなしていく、ポジティブで自律的なアフリカの子どもたちの姿に出会っていただけるだろう。

三つ目の工夫は、自然環境と伝統文化に接しながらも、現在を生きる新しい子どもたちの姿を描いたことである。狩猟や農耕、牧畜などに関わる子どもたちの話題にふれていると、ともすると近代化とは無縁の存在のように思えてくる。しかし、今日、世界の至るところに学校ができ、貨幣経済が浸透し、携帯電話が普及し、テレビやラジオ、さらにはインターネットが世界の情報をもたらしている。子どもたちは伝統的な文化を学び受け継ぎながらも、新しい世界とつながり、それぞれの生き方の選択肢を飛躍的に増やしつつある。こうしたアフリカの草原や森林や海辺で育った子どもたちが、やがて世界に飛び出し、国際的に活躍する人たちにもなっていく。私たちは、これからの世界とアフリカを支える人たちになっていく子どもたちのダイナミックな今を、具体的な事例とともに示そうと試みた。

本書の構成――一七の章でアフリカ中を旅する

本書では、計一七の章で、各地の子どもたちの事例を紹介している。自然の中で動物を追いかけている子どももいれば、学校のクラブ活動で菜園を作る町の子も出てくる。クルアーン学校で厳しい指導を受けている少年もいれば、英語を身に付けて世界で活躍すると夢を語る少女もいる。アフリカの文化の諸相を、子どもたちの視点で一つずつ訪ねていくことで、子どものことのみならず、大人の文化・社会に関する理解も深まってくることだろう。

一方、これら文化の違いを越えて、アフリカの子どもたちの多くに共通する特徴もあわせて見えてくる。身近な素材を使って遊びに没頭する。自分で稼いだり耕したり、大人びたふるまいをすることも多い。伝統文化と近代的制度の間で、両方をうまく組み合わせて暮らしている。学校に行ったり行かなかったりしながらも、いつも仲間と楽しく過ごしている。携帯電話などの新しいものが大好きで、喜んで写真に写りたがるなど。この他にも、異なる地域の話題でありながら、いくつもの似通った特徴が浮かび上がってくるに違いない。読者のみなさんもそれぞれの視点で共通点を探していただき、全体としての「アフリカの子どもらしさ」を感じ取っていただければと思う。

各章のトピックは、執筆者それぞれの専門分野を反映して、遊び、学校、将来の夢、仲間、恋愛、食べ物、小遣い、持ち物、お絵描き、パーティ、課外活動、仕事などとさまざまである。少年少女一人ひとりが個性あふれる登場人物として描かれており、その意味においても、全体を「アフリカの子ども」と一括りで語ることは難しいともいえる。一方、さまざまに異なるように見えながらも、子どもたちが目を輝かせて興味を持つものは広くアフリカで共通しているようであり、さらには、地域や時代を越えても大きく違わないのかもしれないという側面も見えてくる。

子ども自身の自律的な生き方に着目するという趣旨に関連して、本書で扱う「子ども」は、日本でいえばおおむね小中学生に相当する五〜六歳から一五〜六歳程度の年齢層を中心としている。このため、乳幼児にまつわる子育てなどの話題は含まれていない。一方、年齢の上限はゆるやかに設定しており、若者とも呼びうる世代が含まれることがある。徒弟修行で、あるいはストリート生活の中で、もはや子どもとは呼べない年齢に達している人たちも一部含まれるが、年齢の規範にさして厳格ではないアフリカの寛容さをもって、本書に登場してもらうこととした。

本書は、サハラ以南アフリカ（サブサハラ・アフリカ）を対象に、「いくつものアフリカ」を子どものまなざしで網羅した。本書で扱わなかった地域として、アラブ世界に分類される北アフリカがある。また、アフリカの各地で世代を超えて暮らしてきたヨーロッパ系、インド系、中国系などの子どもたちは含まれておらず、逆に、ヨーロッパや北米、アジアなど、アフリカ域外に移住して暮らすアフリカ系の子どもも登場しない。こうした地球規模の視点で「多様なアフリカの子どもたち」を網羅していくことは、本書に続く来たるべき重要なテーマであろうと考えている。

これから人口で多くを占め、世界の主役となっていくであろう、アフリカの人びと。そのアフリカの多様な環境を使いこなし、各地で今まさに学び育ちつつある子どもたち。本書の多くのエピソードを通じて、こうした同時代の動きのあるアフリカ、そしてそれが示す未来の数かずに出会ってほしいと、執筆者一同、心から願っている。

本書をよりよく理解するために

気候と植生――本書関連箇所：第Ⅰ～Ⅲ部

アフリカには湿潤帯から乾燥帯まで、さまざまな気候とそれに関わる植生が見られる。図1は、アフリカにおける降水量の概要を示している。[1]西アフリカのギニア湾沿岸から中部アフリカのコンゴ盆地にかけて降水量の多い地域が広がり（図中で黒く示した地域、おおむね本書の熱帯雨林の部に関連）、その北側、東側、南側を「同心円状」にやや乾燥した地域が取り囲んでいて（やや濃い灰色の複数の帯で示した地域、おおむね本書のサバンナの部に関連）、さらにその外側により乾燥した半砂漠や砂漠が広がっている（白および薄い灰色で示した地域、おおむね本書の乾燥地の部に関連）。マダガスカルでは、逆に東側に熱帯雨林が集中し、西へ行くにつれて乾燥した景観へと移ろっていく。

主要な湖沼と河川――本書関連箇所：第Ⅳ部

アフリカには豊かな水資源に恵まれた地域があり、多種多様な水辺環境で生活を営んでいる人びとがいる。図2は、アフリカの主要な湖沼と河川を示している。湖沼や河川のほとりでは、漁労や農耕を営んだり、水上交通を利用して商業に従事したりする人びとがいる。また、大陸と島じまの海辺の環境は、漁労の生業文化を育むほか、アラビア半島やインド、中国、ヨーロッ

図１　アフリカの降水量の概要
注）色が濃いほど降水量が多いことを示す。

図２　アフリカの主要な湖沼と河川

パ、南北アメリカなど、諸大陸とアフリカとを結ぶ長距離交易・文化的交流の舞台ともなった。

都市化するアフリカ——本書関連箇所：第Ⅴ部

「野生」のイメージが伴うアフリカだが、各地では急速に都市化が進んでいる。都市住民の人口がアフリカの全人口の半数を超える日も近いといわれている。図3は、一〇〇万人以上の人口を持つアフリカの諸都市を示している。一千万人以上の人口を擁するメガシティもあり、政治、経済、文化などの各側面で重要な役割を担っている。一方、急激な都市化によりさまざまな問題が生じており、その解決のためにも、アフリカの都市に関する理解が欠かせない。

注

1　図1～3の地図は以下に基づいて亀井が作成した。
Pourtier, R. 2001. *Afriques noires*. Paris, Hachette.
Demographia: World urban areas. 13th annual edition: 2017: 04.

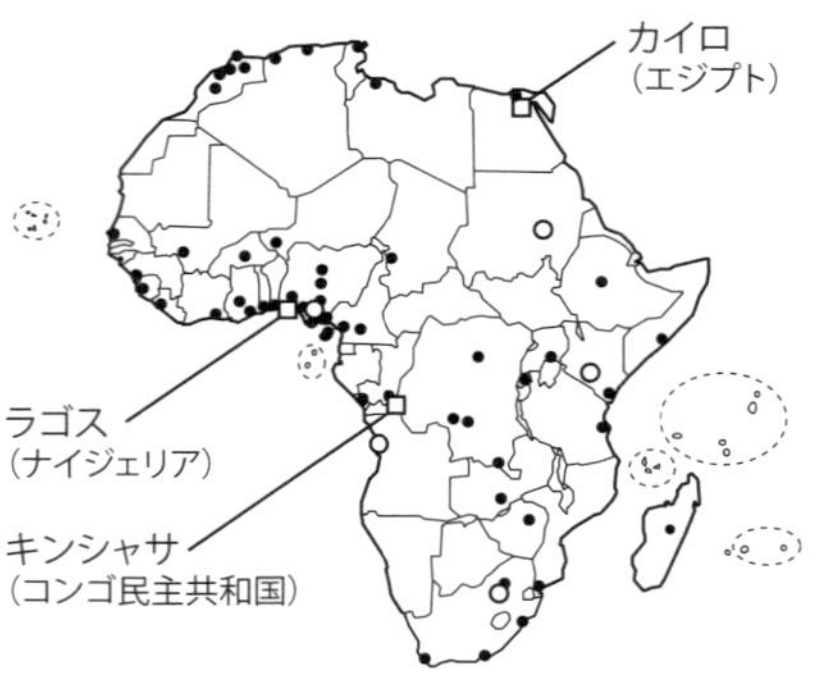

カイロ（エジプト）
ラゴス（ナイジェリア）
キンシャサ（コンゴ民主共和国）

図３　アフリカの人口１００万人以上の都市圏（61 都市）

注）□1000 万人以上、○500 万人以上、●100 万人以上。

図４　本書のおもな調査地
注）清水貴夫作成。

目次

第Ⅰ部

乾燥地に生きる

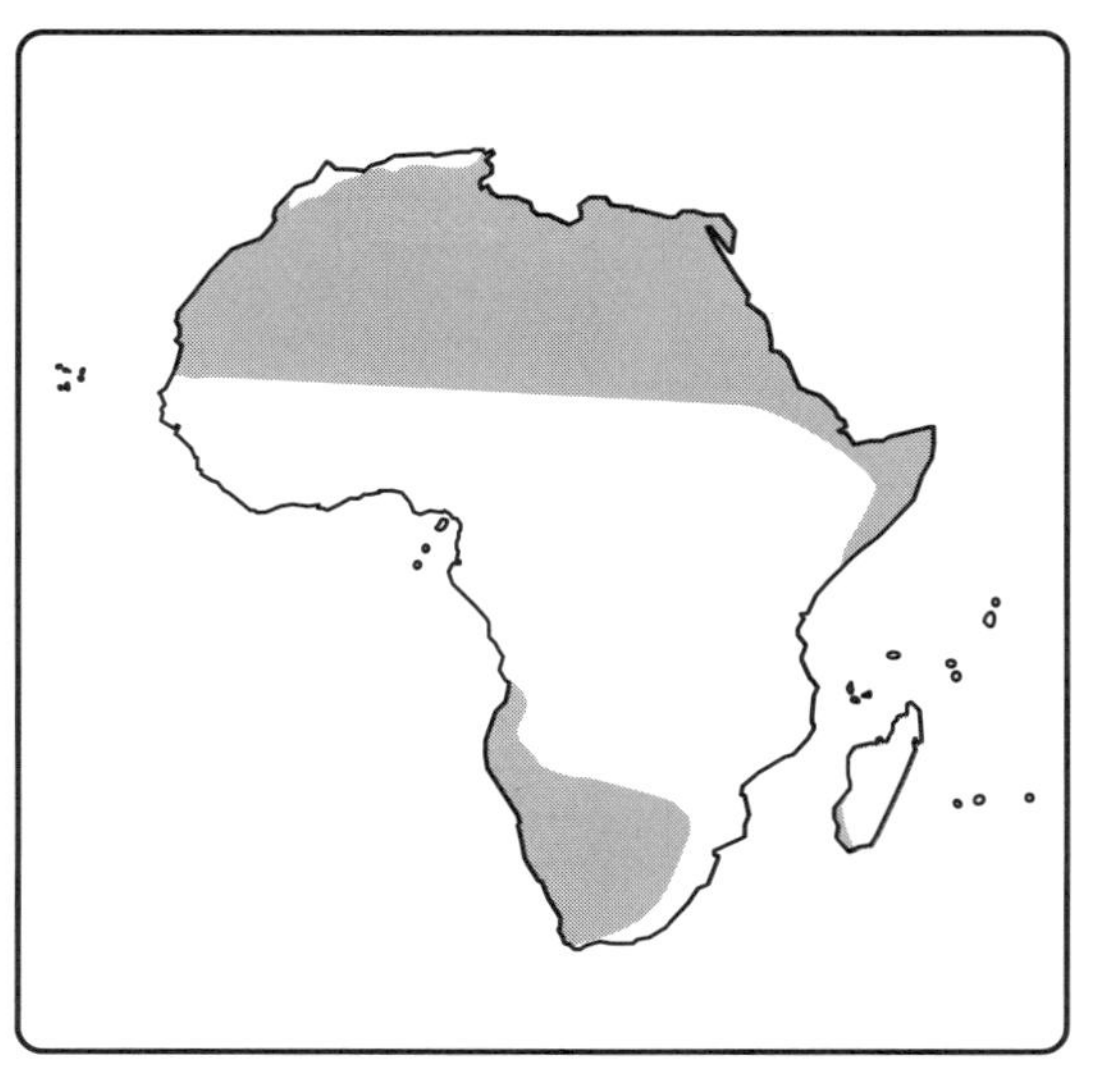

乾燥地の環境と文化

清水貴夫

自然と環境　アフリカ大陸にはサハラ、ナミブなどの砂漠を中心に、広大な乾燥地が広がっている。乾燥地は、その景観から砂漠、半砂漠、ステップに分類される。最も乾燥した砂漠は私たちがイメージするような果てしなく砂丘が続く砂砂漠ばかりではなく、ゴツゴツとした岩場が続く荒涼とした岩砂漠もある。砂漠の植生は乾燥に強い一部の低灌木に限定され、この環境に適した農作物は少なく、オアシスを除けば天水農業をすることは難しい。砂漠よりも若干雨量の多い半砂漠やステップになると、草丈の短い草原が混じるようになる。そして、雑穀類などある程度の農業生産は可能となり、私たちが想像するような茫漠とした砂漠の風景とは大きく異なる（門村二〇一四：三三九）。

生業と人びと　乾燥地に住む人びとは、家畜を追いながら遊動する遊牧や狩猟採集活動という生業手段を用いてきた。こうした人びとの生活が、定住して安定的な生産に重きをおく農耕民と異なるのは、広大な土地を頻繁に移動しながら用いるため、機動性に富んだ生活スタイルを確立していることである。しかし、遊動的な生活を営んできた遊牧民や狩猟採集民も、近年では、第一章で示されるように、生活上の理由からだけではなく、政府の政策的な方針から、多くの人が定住生活を始めるようになった。こうした定住化は、第Ⅳ部で紹介するような水辺やオアシスなど水資源が確保できるところに限られる。また、そうした場所においても、土地の権利に関わる複雑な問題が存在するため、どこにでも定住できるわけではない。

歴史と文化　乾燥地の自然環境は、豊かな水資源を背景に農耕を営む日本と比較すると、非常に厳しいものに見える。実際、農耕ということだけに限れば、人間が生活できる地域は非常に限定的だが、この地域に暮らす人びとの文化は非常に豊かなものである。西アフリカの乾燥地は長い歴史の中で特有の文化の蓄積を見た顕著な事例であり、重要な都市が発達した地域として知られている。たとえば、第二章や第三章で描かれるセネガルやブルキナファソはイスラーム文化が花開いた場所である。そして、第Ⅳ部第二章でも述べられる、現在のマリのトンブクトゥやジェンネといった町は、イスラームの学術都市であると同時に、アラブ世界とサブサハラ・アフリカをつなぐ重要な結節点となった。西アフリカの乾燥地では、イスラームと経済、政治が強く結びつき、独特の文化を形成したのである。

近年の問題　乾燥地の自然状況を考えた時、「砂漠化」は最も重要な問題である。「砂漠化」とは、土壌劣化によって、牧畜民や狩猟採集民にとっては、家畜の放牧地や狩猟採集を行うための資源が減少する現象、農耕民にとっては可耕作地が減少、劣化する現象をいう。その原因は、当然のことながら気候変動など自然要因を考慮に入れなければならない。しかし、それと同時に、従来人口の希薄だった乾燥地において、昨今の人口増加によって耕地の単位面積あたりの人口圧力が急増し、結果的に生産力が低下している、といった人為的な要因も、大きいと指摘されている。

参考文献
門村浩　二〇一四「ゆらぐ地球環境の中のサヘル——気候と社会の変動、緑の回復をめぐって」宮本真二・野中健一編『自然と人間の環境史』海青社、三三七—三六二頁。

第1章　子どもの物質文化
ボツワナの狩猟採集民ブッシュマン

秋山裕之

近代化の中のブッシュマン

ブッシュマンが居住するカラハリ砂漠は、中央部あたりで年降水量が四〇〇ミリ前後である。海抜約一千メートルにある平坦で広大な土地であるが、周囲の土地は海抜一五〇〇メートル内外の高地であるため、盆地性の砂漠気候となり、気温の変動が年間を通じても、また一日においても大きい。雨季は一二月から三月、乾季は四月から一一月頃となるが、雨の降り始める時期や年降水量の変動も大きい。雨季が終わり四月から五月にかけてが最も実りの多い豊かな季節（バラ）であり、六月から八月中旬ぐらいまでが寒い乾季（サオ）、それ以降雨季に入るまでが暑い乾季（コー）、雨季（ナオ）と季節に関する民族カテゴリーは四つ存在する。

ブッシュマンといえば文明から隔絶された砂漠の狩猟採集民として映画化され、日本公開時には主演俳優が来日してテレビのバラエティ番組などに出演したことがある。現在の学生には知らない人も多いが、当時の日本人にとって印象に残る「アフリカ原住民」であった。映画『ミラクル・ワールド　ブッシュマン』に登場する彼らは、腰みの一つの裸足で原野を駆ける、旧石器時代人を思わせる姿であった。その映像は、日本人がアフリカ民族のステレオタイプを形成するのに一役買ったことであろう。

近年では遺伝子解析によって、ブッシュマンは人類最古のDNA系統に属するとされていて、全人類共通の母はブッシュマンだと言われることもある。アフリカの人びとへのイメージがかつてよりは現実に近くなってきた現在においても、一般的な日本人がブッシュマンに対して持つイメージは、最も原初的な暮らしを営む人びとといったものだろう。しかし、現在のブッシュマンは衣服を身につけ、靴を履いている。狩猟採集を放棄したわけではないが、家畜飼養、土木工事、観光業など、さまざまな職業に就き、自動車を所有する者や大学へ進学する者がいる。

親に買ってもらった服を着て、写真を撮られにやってきた子どもたち

それらを近代化の結果と呼ぶとして、その始まりは、ボツワナ政府によって進められた遠隔地開発計画（以下、RADP）が、一九七〇年代後半よりブッシュマンの住む中央カラハリ動物保護区に及んだことによる。井戸が整備されたことによって定住化が進み、土木工事業に就くことが一般的になった。一九八四年には小学校が正式開校し、診療所が開かれた。その後、一九九七年に政府が保護区の外に新しく村を作り、ブッシュマンを移住させた。動物保護区で最大の定住地であり、学校などが置かれた地区がカデと呼ばれていたことから、新しい村はニューカデと名付けられた。

ブッシュマンの近代化過程は政府主導による部分が大きく、「上からの近代化」と呼んでも差し支えない。その大きな流れの中で、個々のあるいは小グループのブッシュマンが何をどのように選び取ったかが現在の多様な暮らしぶりにつながっている。

本章では、子どもたちが均質でなくなっていく経過を示すものとして所有物に注目する。ニューカデへの移住から三年を経た時点での子どもの所有物とその入手経路を網羅的に調査した結果から、物を通して分かる子どもたちのありようを記述し、子ども間の格差と学校や親族との関係について指摘したい。

なお、「ブッシュマン」は、国外では「サン」と呼ばれることが一般的であり、日本国内においても政治的、学術的な文脈ではサンと記述されることが多い。「ブッシュマン」は、アフリカに入植した白人による蔑称であるからだ。しかし「サン」もコイコイ（ホッテントット）からの蔑称（家畜を持たぬ者）であるといわれること、彼ら自身の言葉でブッシュマンという総称に相当する語である「クワ」には自らを卑下するイメージがついて回ることなどから、本章ではこれまで日本で出版されてきた書籍にならって「ブッシュマン」を採用する。

本章で対象とするブッシュマンには二つの言語集団があり、それぞれ「グイ」「ガナ」と自称している。それぞれグイ語、ガナ語を話すが、ほとんど違いはなく、互いに完全に理解できる。通婚も多い。しかし、バントゥー系であるツワナ（の一支族であるカラハリ）との関係の深さの違いに起因する所得格差があるため、所有物の分析においては両者を区別して比較する。また、本章では小学校に在学中の子どもを児童、学齢に達しても小学校に入学していない者を未就学者、小学校を中退した者を中途退学者と表記する。

子どもの所有物

かつてのブッシュマンは移動生活をしていたため所有物は少なく、物質文化は質素であった（田中 一九九四）。しかしカデ定住化以降、人びととの移動性は極端に小さくなった。現金経済の浸透や配給などの影響も重なって、ブッシュマンの所有物は増えた。

それでも子どもの所有物はあまり多くなく、たとえば衣類に関しては、学校で配られた制服ただ一着を毎日着続ける少女も珍しくなかった。高収入を得ている世帯でなければ子どもが現金を使う機会はなかった。

しかしニューカデへの移住後、子どもが現金を使うようになった。現金の出所の大部分は親であり、その収入源は移住手当とパイプライン施設工事である。子どもたちはおつかいで買い物に行くとお釣りで飴などを買うことができ、親か年金をもらったばかりの祖母にねだれば五〇テベから一プラ（二〇〇〇年一一月のレートで一プラはおよそ二三円、一プラ＝一〇〇テベ）の小遣いをもらえることがある。経済的に裕福な世帯の子どもには、毎日小遣いをもらっている者もいる。もらった小遣いは飴、ガム、水に溶かして甘いジュースにする粉末、揚げパンなどの菓子類に使われる。親から小遣いをもらった子どもが揚げパンを買い、友達と食べながら歩いている姿は、カデでは決して観察されなかった。

甘いものの美味しさを覚えた子どもは、贅沢に甘みを追求する。カデではまったく見られなかったが、ニューカデでは学校給食に砂糖やジュースの粉末を入れるようになった。さらに、砂糖を一キロの袋ごと学校に持ってきて、給食時に大さじ一杯一〇テベで他の児童に売る子どもが現れ、たくさんの児童が彼から砂糖を買って給食に入れた。

子どもの所有物はカデの頃に比べて飛躍的に増えた。身近な大人が現金を得て、子どもに物を買い与えるようになったからである。ブッシュマンは平等主義的な分配で知られているが、個々の物について、誰が所有者であるかを明確に認識している。子どもも同様で、個人所有の観念がある。子どもが使用している物について、一つ一つ所有者を確認することができる。

一般に、贈与交換によって物が移動する場合は所有権も移動するが、貸し借りによる物の移動においては、使用権が分与されるに留まり、所有権は動かない。しかしここでは、調査時点において恒常的に借り続けていて、使用者がその個人にほぼ限られている物についても使用者の所有物と見なし、子どもの所有物数を集計した。

児童または六～一四歳までの未就学者と中途退学者であるグイ五二人とガナ三一人について所有物をすべて聞き取り、それらを一二種の品目に分類し、個人別に番号を振って、それぞれの所有数を一覧にしたのが表1‐1‐1、表1‐1‐2である。学年は二〇〇〇年度のもので、「S1～7」はニューカデ小学校の一年生から七年生までを表す。「幼児」は翌年度小学校入学予定者、「未就学」は学齢に達した未就学者であり、「退S１〜５」は中途退学者であることと、退学した時の学年を表す。所有物数は一個、二個と数えることのできるものについては個数を、砂糖などについては一袋などの単位を用いた。

表１‐１‐１と表１‐１‐２から子どもの所有物の多くは衣類であることが分かる。衣類には帽子や靴も含んでいるが、それらを持つ子どもは少ない。男子の場合、半ズボンと襟付きシャツ、または学校で配られた制服類が多く、女子は学校で配られたもののほかにはスカート、ワンピース、Ｔシャツが多い。また、下着は女子の全員が持っているが、男子の多くは持っていない。

衣類以外で多くの子どもが持っているものに寝具がある。寝具は、すべて毛布であるといってよく、ごくまれに枕やマットレスなどを持つ者がいる。たいていの子どもは、自分の毛布を持っていて、複数の毛布を持つ者が珍しくなく、一人で三枚の毛布を持っている者もいる。カラハリ砂漠は寒冷期には気温が氷点下になる。毛布の所有はそのような気候を反映したものである。

犬を中心にロバやヤギなどの家畜を持つ子どもがおり、母の死後に六頭の牛をすべて相続した子ども（表１‐１‐１の四四番）もいる。アクセサリーにはネックレスやブレスレットなどがあり、ほとんどは村内の誰かがビーズや革を用いて作ったものである。アクセサリー所有数に関する男女差はなかった。狩猟・牧畜用具としたものには槍や罠などのほか、馬具や牛に印を付けるための焼きごてなどが含まれる。これらの所有者と見なされている子どもは男子であり、女子では一人（表１‐１‐１の二〇番）がロバ用のくつわを持っているだけであった。

工具・材料の主なものは、ナイフ、針金、針、糸、布切れなどである。狩猟・牧畜用具と同様に、多くは男子が所有している。女子が用いるのは針、糸、布切れであるが、子どもが所有しているケースは少なく、必要な時に母親や姉などに借りて使っている。遊び道具には、ままごとの時に鍋として用いる空き缶のほか、弓矢、自動車模型、人形、ゴム跳び用のゴムなどがあり、低学年の児童が所有する傾向にある。衛生化粧用品には、石鹸のほかに歯ブラシ、ボ

表 1-1-1　グイの子どもの所有物一覧

番号	性別	学年	衣類	アクセサリー	家畜	狩猟・牧畜用具	工具・材料	遊び道具	寝具	衛生化粧用品	生活用品・雑貨類	消耗品	文具類	パスポート	計
1	男	S1	13	0	1	1	0	1	2	0	0	0	0	0	18
2	男	S1	13	0	0	0	1	2	1	2	3	0	0	0	22
3	男	S1	10	0	3	0	1	3	1	0	2	0	0	0	20
4	男	S1	14	0	11	0	1	1	1	2	0	0	0	0	30
5	男	S1	20	0	6	0	0	1	0	0	5	0	0	0	32
6	女	S1	9	0	0	0	1	3	0	0	0	0	0	0	13
7	女	S1	5	1	1	0	0	1	0	0	0	0	0	0	8
8	男	S2	13	0	0	0	1	2	1	1	3	0	10	0	31
9	男	S2	9	0	0	1	1	3	1	0	1	0	0	0	16
10	男	S2	9	0	9	0	0	1	1	0	0	0	0	0	20
11	女	S2	13	1	0	0	0	2	1	0	0	0	0	0	17
12	女	S2	14	0	1	0	0	0	2	3	4	0	0	0	24
13	女	S2	8	0	0	0	1	3	0	3	2	0	0	0	17
14	男	S3	7	0	3	3	2	1	1	2	5	0	4	0	28
15	男	S3	12	0	2	1	1	1	1	2	1	0	0	1	22
16	女	S3	6	0	0	0	1	3	0	0	1	0	0	0	11
17	女	S3	15	1	0	0	1	2	1	0	4	0	0	0	24
18	男	S4	11	0	0	0	0	0	0	0	1	0	0	1	13
19	女	S4	10	0	1	0	0	0	1	0	0	0	0	0	12
20	女	S4	23	1	2	1	0	1	1	0	1	0	0	1	31
21	女	S4	16	2	0	0	1	3	3	1	3	0	0	0	29
22	女	S5	10	0	0	0	0	0	1	1	1	0	0	0	13
23	女	S5	14	1	1	0	0	1	3	2	6	0	1	0	29
24	男	S6	11	1	2	4	6	2	3	4	6	2	4	0	45
25	女	S6	14	1	0	0	0	0	2	2	3	0	0	0	22
26	女	S6	21	4	0	0	1	0	2	3	1	1	6	1	40
27	男	S7	10	0	1	0	0	1	1	0	2	0	0	1	16
28	女	S7	19	1	0	0	0	0	5	1	5	0	0	1	32
29	男	幼児	5	1	0	1	1	3	3	2	1	0	0	0	17
30	男	未就学	3	0	0	0	0	0	0	0	0	0	0	0	3
31	男	未就学	2	0	1	1	0	1	1	0	0	0	0	0	6
32	男	未就学	2	0	1	1	2	4	1	1	0	0	0	0	12
33	女	未就学	6	1	0	0	0	0	1	0	0	0	0	0	8
34	男	退 S1	4	0	3	1	1	0	1	0	2	0	0	0	12
35	女	退 S1	4	0	1	0	1	2	0	0	1	0	0	0	9
36	女	退 S1	7	1	1	0	2	0	2	0	0	0	0	0	13
37	女	退 S1	9	0	0	0	0	0	1	0	0	0	0	0	10
38	女	退 S1	4	0	1	0	0	0	2	0	0	0	0	0	7
39	男	退 S2	6	0	0	0	0	2	1	0	0	0	0	0	9
40	女	退 S2	12	2	1	0	2	0	2	2	1	0	0	0	22
41	男	退 S3	4	0	1	1	2	3	2	0	0	0	0	0	13
42	男	退 S3	2	0	4	1	0	0	3	0	0	0	0	0	10
43	男	退 S3	5	0	3	1	1	0	2	1	0	0	0	1	14
44	男	退 S3	8	1	6	0	0	1	1	0	2	0	0	1	20
45	男	退 S3	10	2	0	1	1	0	1	0	0	0	0	0	15
46	男	退 S4	3	1	1	0	1	1	1	0	1	0	0	0	9
47	男	退 S4	2	0	1	0	0	0	1	0	0	0	0	0	4
48	女	退 S4	5	1	0	0	0	0	0	0	0	0	0	0	6
49	女	退 S4	12	0	0	0	0	0	1	0	1	0	0	1	15
50	女	退 S4	3	0	0	0	0	0	1	0	1	0	0	0	5
51	男	退 S5	4	0	4	2	0	0	3	1	0	0	0	1	15
52	男	退 S5	7	0	0	0	0	1	2	0	2	0	0	1	13
平　均			9.2	0.5	1.4	0.4	0.7	1.1	1.3	0.7	1.4	0.1	0.5	0.2	17.3

ディローション、頭髪用の油などがある。親が子ども用に買うことがあるが、なくなるたびに新たに子ども用を買うわけではなく、子どもは大人のそれらを使うのが一般的である。

生活用品・雑貨類のうち、子どもの所有物となっているのは、主に皿、ボウル、マグカップ、スプーンなどの食器である。子どもは、これらを学校行事での賞品としてもらうほか、親からもらったり拾ったりして自分のものにしている。タバコ、砂糖などの消耗品類が子どもの所有物となっているケースはほとんどなく、子どもらは、年長の所有者に随時それらをねだってもらう。筆記用具や教材などの文具類については、表1-1-1、表1-1-2の八三人中六人しか自宅には置いておらず、他の児童は全員学校に置いたままにしている。パスポートは、学校行事でナミビアや南アフリカに行くために必要な、南部アフリカ限定のもので、八三人中一九人が所有していた。低学年の児童は、退学しなければ、数年のうちに取得する機会があると思われる。

カデ時代の子どもの所有物に関する定量的な報告がないため、当時に比べてどの程度増えたのか分からないが、私が詳細を把握している子どもに関していえば、全体に一・五～二倍ほど所有物が増えているようである。ニューカデでは干魃時の援助プログラムとして雇用機会が与えられるなど、大人が現金収入を得る機会がたびたびある。本調査は移住後三年半近くを経過した二〇〇〇年一一～一二月時点のものであり、大人の購買力が増したのに伴って、子どもの所有物が種類と点数の両方とも増えた結果が現れている。

また、ハンシー（県庁所在地）の中学校に通う中学生と小学校を卒業して三年以内の青年計九人について表1-1-1、表1-1-2と同様に集計して表1-1-3に示した。F1～2は中学一～二年生である。サンプル数は少ないが、カテゴリー別に平均所有物数も示している。表1-1-3から明らかなように、青年や中学生は所有物が多い。表1-1-3は中学一年生の女子（九〇番）を除いてすべてグイであるが、表1-1-1と比較すると、中学生が衣類をたくさん持っている点が目立つ。

青年の多くは親と別に家を建てて暮らすこと、中学生はハンシーで寮生活をしていることから、青年と中学生の所

表 1-1-2　ガナの子どもの所有物一覧

番号	性別	学年	衣類	アクセサリー	家畜	狩猟・牧畜用具	工具・材料	遊び道具	寝具	衛生化粧用品	生活用品・雑貨類	消耗品	文具類	パスポート	計
53	男	S1	15	0	1	0	0	0	2	1	1	0	0	0	20
54	男	S1	49	0	0	0	1	2	1	1	0	0	0	0	54
55	男	S1	21	1	11	2	0	1	0	1	2	0	0	0	39
56	女	S1	17	0	1	0	0	2	2	1	3	0	0	0	26
57	女	S1	16	0	5	0	0	1	1	0	1	0	0	0	24
58	女	S1	12	1	1	0	1	2	1	0	0	0	0	0	18
59	女	S1	22	0	5	0	1	2	3	2	1	0	0	0	36
60	女	S3	17	0	0	0	0	1	1	0	3	0	0	0	22
61	女	S3	14	0	0	0	0	1	1	1	1	0	0	0	18
62	男	S4	14	0	1	1	1	4	1	0	1	0	0	0	23
63	女	S4	10	0	0	0	1	4	0	0	2	0	0	0	17
64	女	S4	12	0	1	0	0	2	2	0	4	0	0	0	21
65	男	S5	12	2	2	0	3	1	3	0	2	0	0	1	26
66	女	S5	21	0	2	0	0	2	2	2	4	0	0	1	34
67	女	S5	16	2	0	0	2	5	1	1	3	0	0	1	31
68	男	S6	15	0	1	1	0	0	3	0	3	0	0	0	23
69	女	S6	26	0	0	0	0	1	3	0	4	0	0	1	35
70	男	S7	10	0	0	0	0	0	2	3	3	0	0	1	19
71	男	S7	9	1	0	0	0	0	2	5	3	0	0	1	21
72	男	S7	15	2	3	2	1	0	3	0	1	0	1	1	29
73	女	幼児	18	0	0	0	0	3	0	0	2	0	0	0	23
74	男	未就学	5	0	1	0	1	2	1	0	0	0	0	0	10
75	女	未就学	4	2	0	0	0	1	1	0	0	0	0	0	8
76	女	未就学	24	1	1	0	0	0	1	2	3	0	0	0	32
77	男	退 S1	2	0	1	0	0	0	2	0	0	0	0	0	5
78	男	退 S2	5	0	1	1	1	0	3	0	3	0	0	0	14
79	女	退 S2	12	0	0	0	0	2	1	2	0	0	0	0	17
80	男	退 S3	5	0	2	1	3	0	2	1	6	1	0	0	21
81	男	退 S4	2	0	0	0	0	0	2	0	0	0	0	0	4
82	男	退 S5	11	0	8	0	0	0	2	0	1	0	0	1	23
83	男	退 S6	9	0	19	9	2	11	3	1	1	0	0	0	55
平　均			14.2	0.4	2.2	0.5	0.6	1.6	1.7	0.8	1.9	0.0	0.0	0.3	24.1

表 1-1-3　青年と中学生の所有物一覧

番号	性別	学年	衣類	アクセサリー	家畜	狩猟・牧畜用具	工具・材料	遊び道具	寝具	衛生化粧用品	生活用品・雑貨類	消耗品	文具類	パスポート	計
84	男	青年	10	2	1	4	12	0	4	3	7	0	0	−	43
85	男	青年	19	8	2	5	2	0	1	4	4	3	1	1	50
86	男	青年	2	0	18	5	0	2	1	4	7	0	0	−	39
87	男	青年	12	1	3	2	6	1	3	4	9	2	0	−	43
88	男	青年	11	2	0	1	1	0	6	2	6	5	1	−	35
89	女	青年	36	5	0	0	6	0	3	8	9	0	0	−	67
青年平均			15.0	3.0	4.0	2.8	4.5	0.5	3.0	4.2	7.0	1.7	0.3	−	46.2
90	女	F1	26	2	0	0	2	0	4	11	6	1	0	1	53
91	男	F2	31	7	0	0	4	2	3	10	13	11	13	1	95
92	女	F2	40	17	0	0	1	1	6	22	2	3	0	1	93
中学生平均			32.3	8.7	0.0	0.0	2.3	1.0	4.3	14.3	7.0	5.0	4.3	−	80.3
全体平均			20.8	4.9	2.7	1.9	3.8	0.7	3.4	7.6	7.0	2.8	1.7	−	57.6

有物には、衛生化粧用品や生活用品・雑貨類なども多くなる。四〇点の衣類を持つ中学二年の女子（九二番）は、マニキュアや汗の臭いを消す消臭スプレーなど、二二品もの衛生化粧用品を持っていた。表１-１-３で唯一衣類をほとんど持たない青年（八六番）は、家畜をロバ一一頭、犬四匹、馬三頭の計一八頭も所有しているほか、槍や馬具などの狩猟用具も多い。中学生は、家畜や狩猟・牧畜用具を一切持たない一方で、全員がパスポートを取得しているなど、個々の生き方の違いが所有物の違いに反映されている。

青年と中学生も、親や親戚から物をもらっているが、青年は自ら賃金労働に就いて現金収入を得ており、中学生はハンシーのＲＡＤＰから配給を受けている。中学生の衛生化粧用品が目立って多いのはＲＡＤＰのおかげである。中学生は他に衣類や生活用品についてもＲＡＤＰから配給がある。なお、中学校に通う上で、学費や寮費は一切かからない。小学校の卒業試験で満点の五割以上の成績であれば、誰でも中学校に進学できる。

持つ子どもと持たざる子ども

表１-１-３の青年は中学校に進学していない。中学生は青年よりも衣類、アクセサリー、衛生化粧用品、文具類を多く所有していることが分かるが、衣類と文具類は学校から、衛生化粧用品はＲＡＤＰからもらっているからである。中学校に進学すると物質面で公的な支援を受けられるということであるが、小学生においても同様である。たとえば、小学校では給食が出る。給食は、子どもが通学を継続するための大きな誘因となっている。さらに、長期休暇前の終業式の日に、児童に食糧配給が行われるが、それは親にとって子どもを学校に行かせることの魅力の一つである。一〇歳前後の子どもにおいて、児童と中途退学者には所有物数に差があることが報告されている（秋山 二〇一三）が、ここではもう少し詳しく踏み込んで検討する。

表１-１-１と表１-１-２から、言語別・児童／非児童別に、衣類と衣類を含んだ全体の所有物数の平均を示し

表 1-1-4　カテゴリー別にみた所有物の平均数比較

言語	グイ			ガナ		
児童／非児童（n）	全体（52）	児童（28）	非児童（24）	全体（31）	児童（20）	非児童（11）
衣類	9.2	12.5	5.4	14.2	17.2	8.8
計	17.3	22.7	11.1	24.1	26.8	19.3

注）「衣類」は表 1-1-1 と 1-1-2 の「衣類」の列、「計」は同表の最右列。

たのが表1‐1‐4である。なお、「非児童」とは、未就学者と中途退学者を合わせたカテゴリーである。

サンプルの年齢分布はグイとガナとで差がないが、所有物数の平均は「衣類」「計」ともにガナがグイを上回っている。しかし、児童だけで比べるとサンプル数が少なくなることもあり、「衣類」はガナの児童の方がグイの児童よりも多く持っているといえるが、「計」については統計的に有意な差は認められなかった。

児童同士を比べてもガナの方が衣類を多く持っていることは注目に値する。ニューカデにおけるグイとガナの経済格差について、ガナの方が経済的に裕福であるとの報告がある（高田二〇〇二）。グイとガナの間の経済格差が子どもの所有物数の差に現れていると考えられる。

一方、グイの子どもに限っても、所有物数の個人差が大きい（表1‐1‐1）。表1‐1‐4から分かるのは児童と未就学者・中途退学者に差があることであり、「計」「衣類」ともに児童の方が物質的に豊かである。グイの非児童は衣類以外の所有物数も平均五・七と少なく（ガナの非児童は一〇・五）、身近に経済力のある血縁者がいない者が多いようである。

以上より、子ども間の格差は、学校に通っているか否かと、所属している言語集団、すなわち親の経済格差が関係していることが示唆された。では、子どもは具体的に誰から何を得ているのだろうか。

誰から何をもらうのか

ほとんどの子どもには収入がないので、子どもの所有物はもらったか、借りているか、交換したか、拾ったかに分類できる。現金で買うこともあるが、その場合はその現金を子どもに与えた者がいる。例外的なのは、学校代表としてハンシーでの学校対抗運動会に出場した者や、同じく学校代表としてハンシーで踊りを披露した者が三〇～五〇プラ（約七〇〇～一二五〇円）の賞金をもらえることである。そのような賞金は半分ほどをそのままハンシーで衣類などを買うのに使い、残りをニューカデに持って帰って菓子類の購入に費やした者が多かった。また、退学した少女の中にはベビーシッターとして雇われて収入を得ている者がいる。

子どもが誰からどのような物をもらったかについての資料は、子どもの生活を物質面で支えている人びとを明らかにし、子どもが物を通じてどのような人間関係を形成しているのかを知るのに役立つ。表1－1－1と表1－1－2の「衣類」から「生活用品・雑貨類」までの九品目計一六〇一点を入手経路別に分類したのが表1－1－5である。

表1－1－5にはブッシュマンの親族名称を記しているが、ここでその詳細に立ち入るには紙幅が足りない。平行イトコ（親の同性キョウダイの子）と交叉イトコ（親の異性キョウダイの子）を区別し、前者はキョウダイと同じ親族名称（年長がキアホ、年少がギバホ）となること、後者はドアオと呼ばれ異性の場合は唯一結婚可能な近親者であるほか、親族関係のない友人関係にも広く適用されること、親の年長キョウダイおよび異性の年少キョウダイは祖父母と同じくキアクと呼ばれ、親の同性年少キョウダイのみコンツォア（小さな親）と呼ばれること、そして表1－1－5の「その他血縁者・姻族」には祖父母のキョウダイ（キアク）のほか、自分の年長キョウダイの子どもである甥・姪（ノーリ）や子（ツォアン）などが含まれることを述べておく。

衣類については、学校等の公共機関からもらったケースが多く、三二％を占めている。このうちほとんどは学校でもらった制服類であり、他に配給がある。学校以外では母親が多く、学校を除いた分の二八％を占める。他には父、コンツォア、キョウダイ、非血縁者が多い。非血縁者からもらった物の八六％が衣類である。非血縁者には学校の友人（ドアオ）のほかに、親しくなったカラハリの大人や日本人研究者、政府関係者などが含まれる。

父に比べて母が三倍も多い理由として、まず、父または母の収入で母が衣類を買って子どもに与えていることが挙

表 1-1-5　子どもの所有物の入手経路

入手経路・親族名称		衣類	アクセサリー	家畜	狩猟・牧畜用具	工具・材料	遊び道具	寝具	衛生化粧用品	生活用品・雑貨類	計
母	コーン	177	5	33	1	2	2	55	17	33	325
父	コーン	63	1	58	15	6	9	23	11	13	199
祖父母	キアク	17	3	17	8	2	2	14	7	7	77
伯父・伯母等	キアク	11	1	7	1	0	0	1	2	2	25
親と異性の叔父・叔母等	キアク	21	0	3	2	1	1	2	2	0	32
親と同性の叔父・叔母等	コンツォア	51	1	4	1	2	2	4	4	8	77
キョウダイ	キアホ・ギバホ	68	5	3	1	2	1	8	4	6	98
平行イトコ等	キアホ・ギバホ	41	3	0	1	3	0	2	0	2	52
その他血縁者・姻族	–	26	2	11	3	0	0	2	3	2	49
交叉イトコ等	ドアオ	26	3	2	0	2	2	4	3	4	46
交叉イトコ等と交換	ドアオ	10	0	0	0	0	0	0	0	0	10
非血縁者	ドアオ等	49	3	2	0	1	1	1	0	0	57
非血縁者と交換	ドアオ	24	0	0	0	0	0	0	0	0	24
学校等公共機関	–	289	0	0	0	1	1	0	1	30	322
拾得・自作	–	8	4	0	5	30	84	4	0	13	148
自分で購入	–	37	5	0	0	0	1	1	6	10	60
計		918	36	140	38	52	106	121	60	130	1,601

注）グイ 52 人、ガナ 31 人。

げられる。とくに下着類のほとんどは母親が子どもに手渡している。子どもは直接手渡してくれた相手を自分にその物をくれた相手として認識しており、それを買った現金の出所までは把握していない。また、死亡や離婚などで実質的な母子家庭となっているのが表1-1-5の八三人中一六人であるのに対し、父子家庭は五人であることも、父より母を経由するケースが多いことの理由である。たとえば表1-1-2の一年生男子（五四番）の母親はシングルマザーであるが、野生生物局に勤務しており、高収入を得ている。彼が所有する四九点の衣類のうち、三九点は母親が給料で購入したものである。

　家畜は父からもらうことが多い。次に母が多いが、政府から配給された牝牛六頭とその仔牛を息子に与えたケースの他には犬かヤギが少数あるのみである。子どもにとっての犬は名前を付けて可愛がるなど、家畜というよりペットに近いが、一〇歳ぐらいになった男子はトビウサギ猟に犬を連れていく。父は犬のほかにロバや馬を息子に与えており、祖父母もロバのほかにヤギなどを与えている。家畜は父を筆頭に母、祖父母らの直系親族から与えられることが多く、これら直系親族またはキョウダイから与えられたケースが全体の八割を占めた。

狩猟・牧畜用具も、父から息子に与えられるケースが多い。他には祖父から与えられるケースも若干あり、子ども自ら拾った物もある。工具などの製作具も父からもらうが、子どもはまだ自分用の道具を持っていないことが多い。針金などの材料は、自分でブッシュや道ばた、他人の敷地などに落ちていたものを拾って得ることが多く、遊び道具はほとんどが拾うか、拾った物で自作している。

寝具は家畜と同様に直系親族から与えられる。母と父の差は、衣類における差と同様の理由から生じている。直系親族またはキョウダイから与えられたケースがおよそ八三%あり、家畜と同等かそれ以上に入手経路が近縁の者で占められている。衛生化粧用品と生活用品・雑貨類は、親から与えられたものが多い。生活用品は学校からもかなりの数があるが、これらはすべて食器類である。

子どもの所有物のうち、二割を学校から配られた制服類や食器類が占めている。これらのほかにも児童は文具類やパスポートなどを得ることができる。また、子ども自身のお金で購入した品が六品目六〇点に上るが、これらの現金の多くは、運動会や踊りなどの学校を通じた活動によって得られた。学校は相当数の衣類と食器だけでなく、現金収入の機会をも児童たちに与えているのである。前節で児童と非児童では児童の方が多く物を持っていることを示したが、入手経路を見ることによって、子どもの生活の物質面における学校の貢献がより明確になった。

学校から受け取った物を除いた計一二七九点の所有物については、そのおよそ二五・四%が母親から与えられた物である。次いで多いのは父親であり、一五・六%を占めている。とくに「家畜」と「狩猟・牧畜用具」において父親が目立っている。祖父母とキョウダイも、ほぼまんべんなく子どもの生活を物質面で支えている。祖父母は、衣類における貢献は比較的小さいが、家畜や寝具などを中心に子どもに物を与えており、キョウダイは、主に衣類において子どもの生活の物質面に貢献している。

他の血縁者では、親のキョウダイと見なされる人びとのうち、キアクは家畜を除くと子どもの物質面への貢献は大きくないが、コンツォアは比較的子どもに物を与えており、衣類を中心に生活用品などを含めて、祖父母やキョウダイと同等以上に子どもの生活を物質面で支えている。コンツォアはその名の通り、潜在的な親として関わっていることが窺えた。

平行イトコは、キョウダイほどではないが、交叉イトコ以上に子どもに衣類を与えている。交叉イトコで特徴的であるのは、衣類の交換が見られることである。表1-1-5の「非血縁者と交換」はすべて交換相手であった。そのような同年代の血縁のない友人は、すべて交叉イトコと同じくドアオであると見なされる。今回の所有物調査において、子どもが明確に「誰々と交換した」と述べたものは、すべてドアオが相手であった。ドアオは互いの所有物を交換する関係であると認識されているようだ。私がグイの男と持ち物を交換した時に、グイの男は私に「私のドアオよ、私のドアオよ、おまえは私のドアオであるよ」と繰り返し言った。そのことがあるまでは彼が私をドアオと呼んだことは一度もなく、ドアオと呼ぶ契機が物の交換であったことは疑いない。

子どもの所有物の入手経路を調べた結果、およそ六二%は親族から得ていることが分かった。学校から与えられることが多い衣類に限っても、五六%は親族から与えられている。サンプルの児童数と中途退学者・未就学者の比率は全体のそれに近く、本節で示した子どもの所有物とその入手経路は当時のニューカデ全体をほぼ反映したものであると考えられる。

格差をもたらすもの

カデ時代にすでに「持つ者」と「持たざる者」の格差が拡大傾向にあったことが報告されている（大崎 一九九一）が、

その差は主に家畜の飼養頭数や耕作地の面積、狩猟によって獲得される肉の量であったため、世帯間の経済格差が子ども同士の所有物数の差としては現れにくかった。

ニューカデに再定住後、大人の購買力が増したのに伴って子どもの所有物も増えたが、表1-1-1と表1-1-2から明らかなように、所有物の多い子どもと少ない子どもの差が大きい。ニューカデにおいて、子どもの間の格差が顕著になった。移住手当は、カデ地域に所有していた畑の面積や家畜囲いの大きさを基準に算出されたため、大きい畑を持っていた者や家畜を多く飼養していた者が、そうでない者に比べて多額の移住手当を得ることになった。その幅は、五〇〇プラ（約一万五千円）から一万七千プラ（約五一万円）（池谷 二〇〇一）と大きく、カデ時代に進んだ財の偏在は、ニューカデ移住によって直接的な購買力の差となったのである。

一般に子どもは親などの近しい親族から物をもらう。一方、大人はニューカデ移住以前とほぼ同じメンバーによる親族関係に基づいた小グループでさかんに贈与交換を行っている（丸山 二〇一〇）。子どももその枠内にいるため、血縁があってもその交換経済の範囲の外にいる大人からは物をもらうことがほとんどない。子どもは特定少数の年長者から物を与えられ、その経路は閉じている。

政府によって比較的安定した高給の職に雇われる人は少数であるため、そのような経済力のある大人を含むグループと含まないグループとでは購買力に大きな差がある。ニューカデでは、カデ時代以上に賃金労働の種類と賃金格差があるため、貧富の差がいっそう拡大した。さらに、酒に溺れる大人もカデの頃より増え、彼らは労働をしたとしても現金でなく酒で報酬が支払われている。彼らの子どもは、親に購買力がないために衣類が少なく、毛布さえ持っていないケースもある。

一方、身近に中学生がいる子どもは、長期休暇にハンシーから帰省してきた中学生から服などをもらえる。中学生はハンシーのＲＡＤＰからたくさんの衣類のほか、トイレットペーパー、石鹸、乳液、シャンプーなどの生活物資を配給されるので、親の所得にかかわらず、物をたくさん持つようになる。そして近しい親族に中学生がいる子どもは、そのおこぼれに預かることができる。

このように、個人単位で見れば財は偏在しており、さらに余剰の財が閉じた交換経済の枠内でしか動かないため、家族集団単位で財が偏在するようになる。あるグループには野生生物局員と保母がいて、別のグループには賃金を得ている者がほとんどいない。また、中学校進学者が多いグループは、衣類や化粧用品類に恵まれる。子どもにおける所有物数の差は、ニューカデへの移住後に財の偏在が強まったことと、交換経済の系が閉じていることから半ば必然的に生じた。野生生物局員・保母・看護師はすべてガナである。グイの子どもとガナの子どもの間で衣類の所有数に差が生じているのは、高収入を得ている者がガナに偏っているからである。

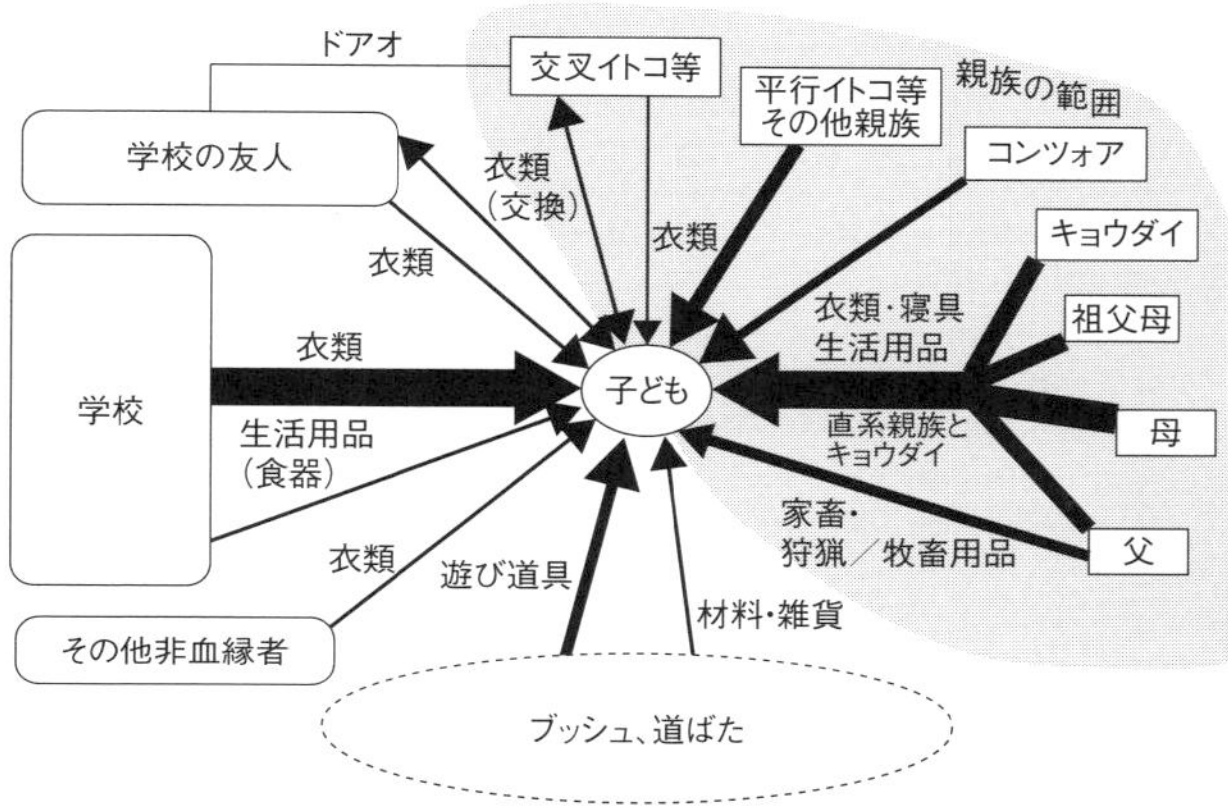

表1‐1‐5に基づいて、子どもへの物の流れを単純化した模式図が図1‐1‐1である。矢印の太さはそのルートで与えられる物の数を反映している。学校からもらう衣類と、ブッシュで拾った材料で自作する遊び道具を除くと、子どもは多くを親族から得ている。とくに寝具や家畜などは、核家族構成者および直系親族である祖父母から多くを得ている。他の親族では、コンツォアが子どもに衣類などをよく与えていることが目立つ。また、交叉イトコと学校の友人はともにドアオと呼ばれ、物を介した人間関係において、衣類の交換が見られることが特徴である。

図1‐1‐1の右側に位置する近親者に購買力がある上に学校に通う子どもは、物を多く持つようになり、両親と祖父母に購買力がなく、学校にも行かない子どもは、物を入手する機会が少ない。このような子ど

図 1-1-1　子どもの所有物の入手経路

も間の格差は、子ども同士の友人関係が児童と中途退学者とで別々に結ばれている（秋山 二〇一四）ために、青年期にはいっそう拡大することになるだろう。

原始共産制的な結果の平等を実現してきたブッシュマン社会であるが、近代化を経て経済格差の拡大が進んでいる。それが子どもにおいても明確に現れている事実は、スタートラインの不平等を意味する。持つ子どもと持たざる子どもがそれぞれにどのような選択肢を持ち、どのような人生を実現するのか、また両者の交流、協働はいかになされ、または阻害されるのかについて注視していきたい。

参考文献

秋山裕之 二〇一三「学校教育が少数民族の子どもに与えた影響――ボツワナの狩猟採集民サンの事例」『アフリカ教育研究』四：一一一八頁。

秋山裕之 二〇一四「ボツワナ 優等生国家における少数民族と学校教育――狩猟採集民の小学生」澤村信英編『アフリカの生活世界と学校教育』明石書店、七二―九六頁。

池谷和信 二〇〇一「リザーブの外へ出た人、出ない人――ボツワナの移住政策とサン社会」和田正平編『現代アフリカの民族関係』明石書店、五一一―五三〇頁。

大崎雅一 一九九一「カラハリ狩猟採集民サンの定住化とその影響」田中二郎・掛谷誠編『ヒトの自然誌』平凡社、五六七―五九三頁。

高田明 二〇〇二「セントラル・カラハリ・サンにおける社会変容――人口動態、生業活動、乳幼児の体重の分析から」『アフリカ研究』六〇：八五―一〇三頁。

田中二郎 一九九四『最後の狩猟採集民――歴史の流れとブッシュマン』どうぶつ社。

丸山淳子 二〇一〇『変化を生きぬくブッシュマン――開発政策と先住民運動のはざまで』世界思想社。

第2章　小さなイスラーム教徒たち

セネガルの農耕民ウォロフと遊牧民フルベ

阿毛香絵

マラブーの話を神妙に聞くタリベたち

地域に根ざした伝統教育

サンルイ市は、セネガルの北部にある海と河とに挟まれた島の都市だ。大航海時代よりヨーロッパ文化やキリスト教の影響を受け、かつては旧「フランス領西アフリカ」植民地の首都が置かれていた。近くにはモーリタニアとの国境があり、アラブ圏から砂漠を渡ってきたイスラーム文化の影響も強く、さまざまな文化が交差する都市として発展してきた。

島の上にある中心街には、植民地時代の名残を残す桃色の壁や、テラスやバルコニーのある家々が立ち並んでいる。そこから海側へ向かって一本の橋を隔てると、ゲット・ンダールという漁村地区がある。ウォロフの漁民が多いこの地区は、今にも崩れそうなむき出しの土壁とトタンの家々が寄り添うように密集しており、道端に家畜や裸足で遊ぶ子どもたち、行商をする人びとの姿が見られる。サンルイ市は今でも漁業がさ

かんで、住人の多くが漁業やそれに伴う商業にいそしんでいる。河と海を隔てる中州の両岸には、大木を切り抜いて作り、原色のペンキを塗った小船がびっしりと並んでおり、その船と船の間から子どもたちが水に飛び込む姿が見られる。

サンルイ市の河べりの街角

一歩海岸を離れると、サンルイ市の近郊にはサヘルの草地が広がり、遊牧を生業とするフルベ（セネガルではプルと呼ばれる）や、農耕民のウォロフの村々がある。フルベの人びとは、マグレブ地域との通商を通して一四世紀頃からイスラーム化し、マラブーと呼ばれるイスラーム指導者が多く生まれた。彼らが開いたダーラ（クルアーン学校）には、セネガル各地や、ギニアやモーリタニア、マリなど近隣の国からも、多くのタリベ（弟子）が訪れた。ダーラは、西アフリカにおいて最も長い歴史を持つ教育機関だ。その歴史は一四世紀にさかのぼり、植民地時代の一八〜一九世紀ごろには一気に数が増えた。サンルイは、北アフリカからの影響を受け、イスラーム教育がさかんな土地であると同時に、多様な民族、文化的影響が入り混じる場所だ。植民地時代の抑圧にもかかわらず、現在に至るまで、サンルイ市やその近郊には、二〇〇近い伝統的なダーラが存在する。ダーラで学ぶ子どもたちの中には、フルベもウォロフもいる。本章では、サンルイ市とその近郊地域のダーラで学ぶ子どもたちの生活について取り上げる。

ダーラの生徒たちは「タリベ」と呼ばれ、マラブーのもとで寄宿生活を行う。寄宿生活を送るのは男子がほとんどで、女子は近隣の家や村から通うことが多い。教育者であるフルベのマラブーは、「ダーラは人間形成（デファル・ニット）の場だ」と言う。そこで生活し学ぶ子どもたちは、単に教育を受動的に受けるばかりでなく、「ヤルワーン（托鉢）」や自炊、家事、農村部では農業や牧畜などをこなし、集団生活を営む中で自主的に生きる知恵や社会のマナーを身につけていく。近代教育の浸透に伴って、ダーラは国際組織やセネガル政府から子どもの搾取のシステムというレッテルを貼られてきた。しかし、サンルイのような地方都市のダーラでは、地域に根ざした伝統教育が息づいている。

確かにダーラの共同生活にはたくさんの困難がつきまとう。夜露がおりる中、蚊帳もないゴザの上で雑魚寝したり、托鉢して集めた近所の家々の残飯を分け合って食べたり、ろうそくもない中、街灯の明かりでクルアーンを暗記したり。そのような生活で病気になる子どももいる。しかし、こうした困難を、教育者やかつて自らタリベだった青年たちは、正しく秩序ある人間になるための、そして神からのご加護を得るための「良い苦痛」「ご利益のある痛み」と呼ぶ。しかし「良い苦痛」とは何だろう。そしてダーラで学ぶ子どもたちは、どう考えているのだろう。

クルアーンの章句を書き写すタリベ

ダーラの一日

ダーラの一日は朝五時から始まる。涼しい朝の風が河と海のにおいを運んでくる中、薄暗い路地の至るところから、クルアーンを暗唱する声が聞こえてくる。タリベはそれぞれ自分専用の木の板を抱えて座り、前のめりになって体を前後させながら、必死に暗記している。覚えられるまで、同じ章句を何度でも繰り返す。

日の出と同時に朝の清めと礼拝を済ませたタリベたちは、それぞれ空き缶やプラスチックのボールを手に、近所の家々を回り、砂糖や米、パンなどを乞う。これはヤルワーンと呼ばれ、クルアーンの暗記と並んで、ダーラでの主要な活動の一つだ。ヤルワーンは、精神修練のための手段でもあり、ストリート・チルドレンの「物乞い」とは異なる。サンルイなど地方都市や農村

自分専用の木の板にクルアーンを書き写し暗記する

で行われていた従来のヤルワーンは、決まった時間に集団で近所の家々の戸をたたき、食べ物や喜捨を乞うもので、朝・昼・晩の三度の食事の後に行われてきた。

タリベたちは、裸足のままか、プラスチックのサンダルをつっかけ、薄汚れたブカブカのTシャツを着た姿で三～四人の集団を作り、家々を回る。中でも小さなタリベたちにとっては、朝五時頃から起こされ、眠い中すきっ腹を抱えたまま薄暗いアスファルトの路を家々の門をたたいて回るのは、大きな試練となる。ボールに入れてもらったパンや残り物などは、ダーラに持って帰って皆で分けるまで手をつけてはいけない。一二歳のイスマエル（ウォロフ）は、「これ（ヤルワーン）がダーラの生活で一番大変なことだと思う」と言ったあと、「ナムナ・サマヤーイ（お母さんが恋しい）」と付け加えた。托鉢の辛さは、ただお腹がすいたというだけでなく、家族から離れて過ごす集団生活の中で強いられているというところにある。イスマエルは、毎朝ヤルワーンに出るたびに、モーリタニア国境近くの村に住んでいる家族や――特にお母さんのこと――、乾し魚と豆を一緒に炊き込んだ大きなボールいっぱいのご飯、「チェブ・ケチャフ」のことを考えるという。

タリベの托鉢は、国際組織や援助団体などから子どもの搾取・虐待として非難されている。それは、ダカールなど人と人のつながりの薄い都市部ではダーラの役割が形骸化してしまい、マラブーを見張る地域の目もないため、一部のマラブーがタリベたちを一日中物乞いさせてお金を巻き上げたり、ひどい体罰を加えたりするということがあるからだ。それと違い、サンルイ市など伝統教育への関心が根付いている地域では、住民が皆でダーラの生活を監視しサポートする習慣がある。タリベが来る時間に備えて食事の残りをとっておいたり、厄払いのろうそくや小銭などを用意しておいて寄付したりする。近所に住む女性たちが炊き出しをしたり、差し入れを持ってきたりしてくれることも多い。

ヤルワーンから帰ると、年長のタリベが、皆が集めてきた残り物のご飯を大きなボールにまぜこぜに入れて温め、朝食になる。バケツの水で手を洗ったタリベたちは皆で一つの大皿を囲む。近所の女性たちから寄付されたフランスパンを、砂糖をたくさん入れたインスタントコーヒーに浸して食べる姿もある。

朝食を終えると勉強が始まる。子どもたちはそれぞれゴザの上に座り、自分専用の木の板を持って、インクでクルアーンの章句を書き写し、何度も何度も読みながら暗記する。クルアーン学校の主な活動は、ひたすらクルアーンの章句を暗記することだ。まずはアラビア文字の読み書きを学ぶことから始まり、次に短い章句を覚えていく。一つの章句を暗記し終えた者は、木の板を洗い流して、次の章句を書き写す。

暗記の速度は一人一人違うため、一年間でたくさんの章句を暗唱できるようになるタリベもいれば、文字を正しく発音するのさえ困難なタリベもいる。タリベたちは暗記が進まないからといって馬鹿にされたり、いじめられたりすることはない。ただ、怠けていたり、よそ見をしたりしているタリベは、マラブーに耳をひっぱられることがある。

一日に何度か、年長のタリベかマラブーが、テストを行う。タリベは指導者の前で、書き写した章句を見せて綴りに誤りがないか確認してもらい、正しく読めるかチェックされ、最後に暗唱させられる。章句を読むタリベは真剣そのものだ。

表 1-2-1　クルアーン学校の一日
（サンルイのダーラの例）

時　間	活　動
5〜6時	起床、クルアーンの復習・暗記
6時	礼拝
7〜8時	托鉢
8時半	朝食
9〜13時	クルアーンの暗記
13〜14時	礼拝・休憩
14〜15時(16時)	托鉢
15〜17時	昼食・休憩
17時	礼拝
17〜20時	クルアーンの暗記
20時	礼拝
20〜23時	クルアーンの暗記、托鉢、夕食など
23〜24時	礼拝後、就寝

注）2009年に行った観察や聞き取りなどをもとに筆者作成。
出所）阿毛 2013：44。

ちょっとでも発音が違うとマラブーは容赦なく止めて「もう一度！」と言う。小さくうずくまって一生懸命唱えるタリベの鼻に汗の粒が光る。

最終的にはクルアーン全章を暗唱、読み書きできるに至って、クルアーンを「終了した（ウォッチ・クルアーン）」とされる。これは大変名誉なことで、親類一同や地区の人びとが見守る中、衆前にてクルアーンの全句を暗唱するテストを経て、初めてイスラーム教育の第二の段階である「知識（ハムハム）」、すなわちクルアーンの内容、イスラーム法やその他のイスラームの教えをアラビア語文献によって学ぶ段階に入る。

サンルイ市では夕方になると、また、街角の至るところからクルアーンを熱心に暗唱する子どもたちの声が聞こえてくる。電柱の下に集まった子どもたちは、ぼんやりとした街灯の明かりを頼りに、章句が書かれた木の板に身をかがめている。子どもたちの声は、夕方の礼拝が終わる八時過ぎから夜の一二時頃まで地区に響き渡る（表1-2-1）。

ダーラの道徳教育

筆者はサンルイ市近郊のダーラをいくつも回り、そこで学ぶタリベたちから話を聞いた。そのとき、彼らが何を考えているかを理解するのに、とても時間がかかった。それは子どもたちが大人の前で「沈黙」してしまうからである。タリベたちはダーラでの集団生活や日夜続くクルアーンの暗記に対する不平不満を決して口にしない。淡々と日々の活動をこなし、先生であるマラブーの言うことには決して逆らわず、目線を落として敬意を示す。彼らは決して年長者の目を直接覗き込まない。それは伝統教育においてとても失礼なこととされているからだ。

しかし、ダーラでの生活を長く観察しているうちに、タリベたちが苦痛によって、あるいは大人を恐れるあまりに無言になっているわけではないことに次第に気づいた。

年少時クルアーン学校で学んだ大学生は言う。

「教育には二種類ある。学校で学ぶ知識もあるが、もう一方で、人間として生きていく上で正しい振る舞い方や考え方、信仰心を育てる教育、『デファル・ニット（人間形成）』がある。学校に行ったからといって責任ある正しい人間になるとは限らない。ダーラの目的は、この二番目の教育をすることだ」（ダカール大学学生O、二〇一二年のインタビューより）。

近代社会では、「教育を受けること」と学校へ行くことは、しばしば同一視される。しかし、ウォロフ語の「ジャング（学ぶ、教育する）」には、いくつかの異なった意味がある。

まず、一つ目の意味として、社会的マナーや価値観、人間としての器量あるいは生きる知恵を得ることがある。ウォロフ語では好ましい人格を表す言葉として、「ヤル（貞淑さ、謙虚さ、相手を敬う態度）」「テギン（落ち着いた態度、何事にも動じない姿勢）」などがある。ダーラでの厳しい集団生活や托鉢は、こうした態度を養い、共同生活をする同胞たちとすべてを分け合う態度を培うためのものだという。

次に「ハムハム（知識）」を増やし、理性を養う教育がある。これには、数学や語学といった一般的な知識を身につけるという面と、イスラーム法や規則を学ぶという面がある。また、農業や漁業などの実生活に必要な知識や技術を身につけるという面もある。

最後に、クルアーン学校で最も大事なのは「ディーン（信仰心）」を養う教育だ。礼拝、断食、喜捨などの宗教実践を通し、神に対する信仰心を育てることがダーラの大きな目的である。セネガルに根付いてきたイスラーム神秘主義教団では、「タルビーヤ」という修行を通して神に近づく「魂の教育」と呼ばれる教育実践を行う。マラブーの指導のもと、礼拝のあと神の名を繰り返し唱える儀礼や、教団によっては農地での労働などの肉体労働を通して、心身ともに神に近づき、バラカ（ご加護）を得るという。たとえば農村部にいるタリベたちは、托鉢のかわりにマラブーの畑に植えられた豆や落花生などを共同で栽培する。家畜を飼っているところもある。落花生は土地がやせたサヘル地域でも栽培しやすい作物だ。収穫の際には、掘り起こした落花生の束を皆で力いっぱいたたき、実を振り落として拾い集める。炎天下、小さな体にはかなりの重労働だ。

こうした修行を進めていくと、自我から解き放たれる瞬間があるという。仏教における「解脱」にも似たこの経験は、「ファナー（神への没入）」という言葉で表現されている。こうした高い精神レベルに達するには、ある程度の年齢（おおむね二〇歳くらい）に達していることが必要だという。これは伝統社会における男子の結婚年齢に相応する。

ダーラの教育の目的は、これらの三つの柱を通して、「デファル・ニット（人間形成）」をすることだ。ウォロフ語で「ニット」は人間を意味する。

ダーラの子どもたちは、年長者に対する敬意や、両親を敬うこと、男女の役割など、伝統社会の価値観や家族観を学ぶ。また、宗教教育の役割は、礼拝のたびに自らの外にある神の存在を繰り返し想起することを教えることで、神を怖れさせること、現世の利害を突き放して、人間が生きる目的について考えさせることだという。

そのため、天国や地獄、来世についての考え方もダーラで学ぶ重要なことの一つだ。この世で大変なことや割に合わないことがあっても、努力したこと一つ一つをアッラーはすべて見ていて、来世で必ず報われると信者たちは信じている。マラブーはクルアーンの章句一つ一つの内容を逐一説明することは少ないが、この教えについては、繰り返し何度も語って聞かせる。こうした教育によって、厳しい集団生活において些細なことでイライラしたり絶望したりすることのない広い（ヤートゥ）心と、イスラーム教徒としての敬虔さを持つことができるという（サンルイ市のマラブー、二〇一〇年のインタビューより）。

こうした価値観の中で育ったタリベたちは、よく「老人のようだ」といわれる（サンルイ市民B、二〇一三年のインタビューより。彼は年少期をダーラで過ごした）。子どもたちは伝統社会で良しとされる規範や行動を習得し、自ら率先して実践することで、年長者から認められたり、年少者に手本を示したりして、誇りを持つようになる。大人の前で「沈黙」する、視線を落とす、その言葉に素直に従うという振る舞いは、単に言いなりになっているからではなく、伝統的な価値で良しとされる態度を見せることで「認められたい」というタリベの願望を表している。大人の前で跪いて話を聞く姿も、マラブーのちょっとした命令、たとえば「近くの小売店までお茶っ葉を買ってきて」という注文にすぐに走って応じる姿も、こうした伝統教育の価値観を体現しているのだ。

こうしたことを知ると、子どもたちの「沈黙」は、伝統教育の賜物であると同時に、子どもたちの自己主張の一つの手立てであると気づく。年長者のタリベたちが、より幼いタリベを、まるで大人がするように叱ることもある。一五歳のママドゥ（フルベ）は、三歳の時から父親がマラブーを務めるダーラで育った。彼は、「謙虚に規律正しく」振る舞えることを自ら誇りに思うようになると言う。

「ぼくはダーラの人間だ。知っている唯一の教えはクルアーン。やることも、考えることも、イスラームについてここで学んだことだ。ほかのことは何一つ習わなかった。今は他の仲間たちより大きくなったから、ますます責任が増した。もちろん、ぼくが絶対言ったりやったりできないようなことを、同じ年頃の子どもたちがやっていることは知っている（公立の小学校に行ったり、海外のテレビドラマを見たり、携帯電話を持ったり、ゲームで遊んだり……）。でも、どうとも思わない。ぼくはここで習ったことを無駄にしたくないし、誇りに思っている。今はクルアーンの暗記を終えて、伯父からイスラームのハムハム（知識）を学び始めた。ぼくの歳ではまだ何もかも習うなんてできないし、もし学んでも使うことが禁止されている知識だってある。たとえば、病人を治すお祈りとかジン（見えない精霊）と話す方法など。試したことはないけれど、成人して結婚して初めて一人前になるから、それまでこういったテクニックを使うのは禁止なんだ。使って頭がおかしくなったタリベもいるらしい」（二〇一三年のインタビューより）。

ママドゥは、今までで一番うれしかったのは、「ウォッチ・クルアーン」した時、家族が皆でクルアーンを暗唱しきった自分を祝ってくれたことだった、という。彼は、すでにクルアーンの暗記をすべて終え、マラブーが外出している時は、年少のタリベたちを監督している。ダーラでは、教えられる者が教える側に回ることが多くあり、それぞれが可能な範囲で、教えたり教えられたりしている。

タリベにとって「良い苦痛」とは

こうしたダーラでの規律の厳しい生活の中での「苦痛」とは、また「良い苦痛」とは何だろう。イスラーム伝統教育の場だけでなく、ウォロフやフルベの伝統教育の場でも、大人への服従や、苦痛を伴う農業労働、托鉢などは「良いこと」として教えられてきた。それは子どもを虐げるのではなく、むしろ反対に、社会や宗教の価値観を身につけさせ、強い人間に育てるという目的がある。それに加え、こうした努力は信仰心の現れであり、その対価として神のバラカを賜るという目的もあるという。

ダーラで一番つらいのは何だろうか。タリベたちはよく「ナムナ・サマヤーイ（お母さんが恋しい）」と答える。生まれた村から遠く離れた地で送る集団生活において一番恋しいのは家族。寄宿生の多くは、遠方の農村や地方都市からダーラに送られてくるため、家族に会えるのは年に一度、タバスキー（イスラームの犠牲祭）の時だけという者が多い。中には国境を越えたギニアからやってきて、クルアーンを暗記し終わるまで帰ってこないよう言われ、何年も家族に会わぬままタバスキーの日さえダーラに残って過ごすタリベもいる。集団生活の中で、ダーラは彼らにとって第二の家庭になっていく。

むろん、まだ一〇歳に満たないタリベたちは、母親に甘えたいという気持ちが強い。マラブーは確かに信頼できる指導者であり、共同生活を指導する「父」として敬愛に値する存在だが、恐れ敬う存在であって、甘えることはできない。そうした中、子どもたちの記憶の中で、それぞれの「お母さん（ウォロフ語で「ヤーイ」、フルベ語で「ネーネ」）」が、家族の大きな絆を象徴して輝いている。遠く離れた母親の話を通して、タリベは家族みんなのことを語る。たとえば、兄弟の誰かがいたずらをしたとき母親が叱った。一夫多妻制の多い農村の家族で、父親の別の妻と母親が一緒に家事や食事の準備をしていた。早朝、母親や叔母たちが連れ立って、離れた農地まで歩いていくのについていった。

薪にする木を一緒に担いで帰った。家族の持っている牛の群れについて遠出した。去年のタバスキーに母親が晴れ着を用意してくれた……。

ダーラでの生活の圧倒的な「苦痛」は、家族の庇護や甘えが許されない厳しい物質的、精神的状況に常におかれ、新しいコミュニティの規則に従って生活しなくてはならないことだ。食べるもの、寝る場所、そして時に着るものまで、すべて共同で分け合ったり管理し合ったりする。自分専用なのはクルアーンを暗記するための一枚の木の板だけ。共同生活では、イスラームの知識により通じた者、より年長の者の命令が絶対となる。小さなタリべたちは年上のタリべに従い、年上のタリべたちはクルアーンやイスラームの教えを習得した若いマラブーたちに従い、若いマラブーたちはダーラの責任者の年長のマラブーに従う。

実際自らもタリべとしてヤルワーンを行っていたセネガル人男性T氏は、時に体罰を伴う厳しいクルアーンの暗記や、朝早くからのヤルワーンは、社会的な地位に関係なくすべてのタリべに、傲慢な態度を改め、社会性と敬虔さを身につけさせることが目的だったという。

こうした共同生活の中での「デファル・ニット」としての「学び」のプロセスには、指導者であるマラブーの指導によって成り立つ「上から」の一面があると同時に、子どもたち同士の努力や協力によって成り立つ「下から」の教育という面もある。教育を先に述べたウォロフ語でいうような、生活面、社会性、精神性、宗教性などを含めたトータルな人間形成のプロセスであるとした時、子どもたちは決して受け身であるだけではなく、自ら「教育者」としての役割を果たしている。タリべたちが無口なのも、「老人のように」振る舞うのも、共同生活の責任感を自ら背負っているからだ。西洋の社会で考えられている家庭や両親に課されている扶養義務が、ここではマラブーや、時に子どもたち自身によって担われている。ヤルワーンやクルアーンの暗記、時には体罰などの経験により、子どもたちは社会的なマナーや責任感を叩き込まれ、コミュニティの価値観を内面化していく。両親から離れ、何年間も集団生活を行うことで培う人間関係や絆は強く、それがその後の職業集団につながることもあり、友人関係は一生続く。

クルアーンを毎日暗記するのも、ヤルワーンも「ダファ・メッティ（辛い）」と、一二歳のイスマエルは言う。一方で、「ディナー・バーフ（良くなる、どうにかなる）」「ヤッラ・バーフナ（神は良い、神様が助けてくれる）」とも言う。ダーラの一員として、その価値観を体現することで、タリベたちはその小さな体を通してコミュニティの絆や、イスラームの価値そのものを表象する存在になっていく（Ware 2014: 239）。そのための「苦痛」は有意義で必要なものなのだと、マラブーや成人したかつてのタリベたちは語り、小さなタリベたちは、それに対して頷かずとも硬い「沈黙」を守る。

このように、タリベは両親に守られ、権利を保障された先進国でいう「子ども」とは様子が異なる。彼らは、ダーラの集団生活で苦痛や服従を強いられるにもかかわらず、それに屈せず、逆にその経験や宗教的な価値観に根差して自らの考え方やあり方を作っていく。社会的な意味だけではない。タリベは伝統社会の精神的・宗教的価値を象徴してもいる。クルアーンを暗記し、その規範や神秘的な力を体に染み付けたタリベたちは「歩くクルアーン」（Ware 2014）であり、地域の人びとから敬われ大事にされる存在だ。托鉢に来た子どもたちに残りものの食べ物や小銭をあげながら、両手を広げてお祈りしてほしいと頼む住人も多い。タリベたちもこれに応じて、差し伸べられた大人の手に小さな手を添えて、覚えたてのクルアーンの章句を唱えながら「家族に平和を」「健康を」とお祈りする。

このように、社会、宗教という視点を加えると、タリベたちがなぜ目の前の苦痛に屈しないのかが分かる。裸足で何時間も歩いても、風で砂が舞い込むような茣蓙の上で雑魚寝しても、タリベたちの口からはよく「ディナー・バーフ」という言葉が出てくるのだ。タリベたちは、この世の幸福だけでなく、あの世での幸福を考えて日常を送っている。それは、厳しい集団生活や伝統教育、そしてそれを取り巻く自然環境（暑く厳しいサヘルの風土、海や河）によって身体に刷り込まれた経験知であり、これがタリベと、先進国で当たり前のように考えられている、大人に保護され守られるべき子どもたちの態度との違いにつながっている。

むろん、ダーラにおける体罰の是非については慎重な検討と議論が必要である。しかし、このような伝統的なダーラでの生活は、マラブーの監視や日夜のクルアーンの暗記、托鉢などの厳しい面はあるが、子どもたちは虐げられ搾取されているのではなく、時には試行錯誤の上、自ら共同生活を作り上げていく。彼らの中には、クルアーンを暗記し終え、故郷に錦を飾ることを目指す者もいれば、クルアーンの暗記が終わらぬうちに農業や漁業、インフォーマルセクターの仕事などに従事せざるをえない者もいる。また、より高い精神修練を求めてダーラに残り、自らマラブーに昇格する者もいる。

近代化の波の中で

木曜日はダーラの「お休み」の日。タリベたちは洗濯をしたり、空き缶で遊んだり、河や海に行ったりしてのんびり過ごすことが許される。親類や家族が近くにいる場合は彼らを訪れることもできる。ダーラに残って汚れたTシャツやシーツなどを数人で手分けして洗っているタリベたちは、クルアーンを暗唱している時の厳しい顔つきとは打って変わって「子どもらしい」笑顔を見せ、うまく洋服を絞れない小さなタリベをからかったりしながら、きゃっきゃっとはしゃぐ。

遊んでいたタリベたちが数人、筆者が持っていたカメラに興味を示し、写真を撮ってくれ、と近づいてきた。監督するマラブーがいるところでは決して見られない態度だ。カメラを向ける筆者に対して、一番年長のタリベが「ちょっと待って」と言い、古い型の携帯電話を取り出して自分の耳元に持っていき、他のタリベたちにテレビのミュージッククリップで見た「ラッパー」のポーズをとるように言う。皆、カメラを前に大はしゃぎだ。

タリベたちはダーラという特殊な環境で何世紀も以前より変わらない宗教教育を受けているので、まるでタイムカプセルの中にいるように見えるが、実はテレビや周囲の子どもたちなどから、近代教育や西洋文化の影響も受けているのだ。その後、液晶に映された自分たちの姿をのぞきこんで笑いあい、自分もシャッターを切りたいと言う。カメ

カメラを前に「ラッパー」のポーズをとるタリベたち

ラを渡すと筆者にもポーズをとるように言った。その時、ふと真剣な顔になり、筆者は女性なので、写真に映る前にきちんと髪の毛をベールで覆うように、と言う。タリベたちは伝統的な価値観、イスラームの教えをしっかり守りながら、さまざまな価値観を吸収しつつ生きている。

一九九〇年代以降、政府は教育改革を通してクルアーン学校の近代化を進め、新たなカリキュラムの導入や、教育環境の改善の政策を進めてきた（Basse 2004）。ダーラなどインフォーマルな教育の場とは別に、政府や国際的なイスラーム組織の援助を受けたフランコ・アラブ学校、「ダーラ・モダン（近代的ダーラ）」などと呼ばれるバイリンガル（アラビア語、仏語）やトリリンガル（前記に加えウォロフ語などの現地語）の初等教育機関も増えている。とくに二〇〇〇年より、ワッド前大統領率いる政府は、アラブ地域からの資金援助を得るために、イスラーム教育に力を入れ、今までインフォーマルだった各地のクルアーン学校やフランコ・アラブ学校を私立の教育機関として認定した。こうした「ダーラ・モダン」では、机や椅子、黒板や子どもたちの制服といった物資面でも、カリキュラム（クルアーンの学習だけでなく、フランス語や数学、職業訓練、家庭科、道徳教育の導入）についても、伝統的なダーラとは大きく異なる。

二〇一三年より大統領となったマッキー・サールは、子どもの物乞い撲滅のキャンペーンを始めた。政府は路上で物乞いをする子どもたちを保護する施設を充実させたり、子どもに物乞いをさせるマラブーに罰金や禁固の刑を科したりといった取り組みを進めている。こうした措置は、単に子どもたちの生活環境を改善しようという意図だけでなく、路上で小銭を求めるストリート・チルドレンがたむろする首都のイメージを一掃することによって、近代国家の仲間入りをしたいという政治的な意図も含まれている。

こうした国内外からの要請に応じて、伝統的なダーラも改革を迫られている。筆者が観察をしてきたダーラでも、学びの環境を改善する試みがあちこちで見られる。サンルイ市郊外の貧困地区にあるダーラでは、地域の人の資金援助で黒板を設置した教室を作り、週に何度かフランス語を教えられる先生がボランティアで来てくれるようになった。サンルイ市内のダーラのマラブー、ムサーは、子どもたちの生活環境をより良くするために、地区の女性たちとともにアソシエーション「ヤーユ・ダーラ（ダーラの母の会）」を立ち上げた。親から離れて暮らすタリベが、近隣の家の主婦に臨時の保護者になってもらい、一週間に一度だけでも体を石鹸できれいに洗ってもらったり、美味しい昼食を家族と一緒に食べさせてもらったりできるようになった。近所の「家族」に会いに行き、お母さんのように面倒を見てくれる女性に甘えたり、同い年の子どもたちと遊んだりする時、タリベたちはもう「沈黙」しない。

ダーラに通う子どもの中には、寄宿生ばかりではなく、国公立の小学校に通いながら、休み時間にクルアーンを学びにくる子どもや、夏休みだけ通う子どもも増えている。今後、国の改革や近代化の中で、伝統的なダーラは「苦痛」を強いる教育を少しずつ改革させていかなくてはならないだろう。その時、タリベたちが伝統社会で担ってきた文化的・社会的役割や、彼らの体現する宗教的な価値は、どう変容していくのだろうか。

参考文献

阿毛香絵　二〇一三「セネガルにおける伝統教育とクルアーン学校」（竹ノ下祐二・亀井伸孝・阿毛香絵・清水貴夫・澤村信英「第五〇回　日本アフリカ学会学術大会『アフリカ子ども学フォーラム』報告『アフリカ子ども学』フォーラム　フランコフォン・アフリカの学校教育と『伝統』教育」『アフリカ研究』二〇一三（八三）：四四頁。

Basse. M. 2004. *Etude sur les besoins en éducation qualifiante des jeunes des daara*. UNESCO, Republique du Sénégal.

Bouche, D. 1975. *L'enseignement dans les territoires français de l'Afrique occidentale de 1817 à 1920: Mission civilisatrice ou formation d'une élite ?* (Vols. 1-2). Lille Paris: Atelier Reproduction des thèses, Université Lille III diffusion H. Champion.

Dozon, J.-P. 2012. *Saint-Louis du Sénégal: palimpseste d'une ville*. Paris, Karthala.

Ndiaye, M. 1982. *L'Enseignement arabo-islamique au Sénégal*. Sources and studies on Islam in Africa series 1. Istanbul: Centre de recherches sur l'histoire, l'art et la culture islamiques.

Ndiaye, S. 2015. *Quelle approche systémique pour la modernisation des daara(écoles coraniques)* du Sénégal. Mémoire de fin d'études du CESAG; Dakar. 2004-2005: 19-20.

Ware R. T. 2014. *The Walking Qur'an: Islamic Education, Embodied Knowledge and History in West Africa*. Chapel Hill: University of North Carolina Press.

第3章　ストリートに生きる子どもたち

ブルキナファソの最大民族モシ

清水貴夫

じゃれあう子どもたち

イスラーム文化の都市で

本章では、西アフリカの中央に位置するブルキナファソの首都、ワガドゥグ市のストリート・チルドレンの暮らしについて描写する。ブルキナファソには、いわゆるサヘルと呼ばれる乾燥帯から、巨木が密生する森林帯まで、多様な気候帯が見られる。本章の中心的な舞台となるワガドゥグ市は、ブルキナファソの中央の、降雨量八〇〇ミリ前後の湿潤サバンナに手がかかる地帯に位置し、厳密な意味での定義から考えれば、必ずしも乾燥地には当たらない。ブルキナファソの最大民族であるモシの歴史的文脈や定住農耕を基礎とする生業形態を考えても、遊牧や農牧混淆の多い乾燥地のものではない。しかし、ここでなぜワガドゥグを乾燥地文化に位置づけるかといえば、ワガドゥグを取り巻く文化的背景は、アラビア半島からマグレブ、サハラへと続くイスラーム文化、すなわち乾燥地文化を基層に持つためである。

ワガドゥグ市はブルキナファソの首都であり、政治経済の中心として、一五〇万人を超える人口を抱える同国最大の都市である。モシの人びとにとっては、現在も中部モシ王国の王都として、伝統的にも中心的な町である。二〇〇〇年代前半までは、複層階の建造物は、国際機関の入ったビルや官公庁など数えるほどしかない、都市というにはあまりにのどかな町であったが、二〇一〇年を過ぎる頃から一気に高い建物が増え、近代的な都市らしい雰囲気に変化していった。

上の写真は、何に見えるだろうか。この写真は二〇世紀初頭に建てられた、ワガドゥグで最初のモスクである。このモスクを建てたのは、現在のナイジェリア北部やニジェール共和国東部に起源を持つ、ハウサというムスリム通商民の民族である。

ワガドゥグ最古のモスク跡

八世紀には西アフリカにイスラームが紹介され、その後、巨大な版図を領有したいくつかのイスラーム王国が勃興した。西アフリカの人びとのイスラーム化を考える上では、巨大権力による上からのイスラーム化と並び、ムスリム通商民による経済活動とともに行われた草の根的な布教が強調される。イスラーム帝国が勃興した地域では、権力者によりイスラームが優遇されたものの、一九世紀まで王がイスラームに入信しなかった中部モシ王国は西アフリカでは特殊な背景のもとで広まった。少なくとも一七世紀にはマンデ系イスラーム商業民のヤルセがモシ王国内に土地をもらい受けて定住化を始めている。さらに彼らよりも少し遅れてモシ王国内で活動するようになったハウサのようなイスラーム通商民が、モシの人びとのはるか北側で展開したサハラ交易の終着点と、ギニア湾岸の人びとの間をつないでいた。彼らが運んだ商品は、コラの実、タバコ、塩といった、人びとの生活になくてはならないものだ。こうしたムスリム商人たちはワガドゥグの人びとと草の根レベルでの経済的な交流を持っていたのである。ハウサの人びとは、西アフリカ各所に「ザング（ザンゴ）」と呼ばれる街区を形成したが、ワガドゥグにも「ザングエテン（外国人の街）」という街を形成した。

このように、ワガドゥグという町は歴史的にイスラームから強い影響を受けてきたわけだが、一方で、一九六〇年代にワガドゥグを調査した文化人類学者のスキナーは、ワガドゥグを「ムスリムがマジョリティのクリスチャン都市」（Skinner 1974: 302）と呼んだ。この一節は、ワガドゥグという都市における、とてもイスラーム的とはいいがたい文化的な状況を示したものである。少々卑近すぎる気はするが、ビールを出すバーが大通りの両側に立ち並び、街の角々で豚肉を焼く様子などがその例で、ワガドゥグの歴史文化的特色といっても良いかもしれない。

ストリート・チルドレンの枠組み

それでは、ワガドゥグの子どもたちに目を移してみよう。ここで紹介するのは、いわゆる「ストリート・チルドレン」と呼ばれる子どもたちである。

まず、一般的なストリート・チルドレンの問題について簡単に述べておこう。

ストリート・チルドレンという子どもたちの存在に国際社会から注目が集まったのは一九八〇年代のことで、都市化が顕著に進行していた東南アジアや中南米でのことであった。ストリート・チルドレンの問題は、住宅や交通、医療、環境といった他の問題と合わせて、都市の貧困問題の一つとして語られるようになる。

ストリート・チルドレンが暮らす「ストリート」という空間は、必ずしも辞書に書かれているような、「路地」や「道」のみを指しているわけではない。誰も所有していない空間、いいかえればバスターミナルや駐車場などの公共の空間も、「ストリート」という語が指す空間に含まれている。たとえば、ある人の敷地内に知らない人が寝ていれば、その家の人はこの人を追い出してしまうだろうし、警察を呼んで彼らを排除しようとするだろう。しかし、道や公共の広場となるとそうはいかない。彼らにもそこにいる権利があるのだから、警察もおいそれと彼らを排除することはできないのである。つまり、ストリート・チルドレンと呼ばれる子どもたちは、こうした簡単に排除されない空間をうつろいながら生活しているのである。

また、ストリート・チルドレンという言葉の定義にも絶対的なものはない。時代とともに、子どものあるべき姿が変化するに従い、その姿から逸脱する存在として同時に変化してきている。つまり、理想的な「子ども」像が変化すれば、ストリート・チルドレンが指すところも変化するということだ。近年の議論を踏まえて、本章では、「家庭や学校に居場所をなくし、学校に行かずに、ストリートで生活している子どもたち」と定義しておく。

現在のストリート・チルドレンの枠組みから考えれば、街中でタバコやティッシュを売る子どもたちも含まれるが、こうした子どもたちの姿をワガドゥグの路上で目にすることは珍しいことではない。しかし、こうして彼らを定義づけして画一的に理解しようとしても、子どもたちが路上で物売りをする理由はさまざまで、その定義が外来者の目線によるものであることはすぐに明らかになる。その理由をいくつか挙げれば、家族を支えるため、自身の小遣いを稼ぐためであることが多いが、時に、路上で小物を販売する友だちと話をし、遊びながら一緒に歩いているという動機も聞かれる。

そして、こうした子どもたちの中には、明確な目標を持って路上販売に精を出す子どももいる。

一つ例を挙げよう。ブルキナファソ南部からやってきたA君は一二歳の男の子である。A君は筆者が出会った当時小学校五年生だったが、前年度は文房具が買えずに、ほとんど学校に行けなかったという。そこで、A君は、七月から九月までの長期休暇の間に、ワガドゥグの叔父さんのところに寝泊まりしながら路上でティッシュ売りをして、次の学年の学用品をそろえるつもりでいると話していた。A君は、一〇個入り一パックのティッシュを六五〇セーファ・

フラン（約一三〇円、一ユーロ＝六五五・九五七セーファ・フラン（固定相場）、以下フラン）で購入し、一個を一〇〇フラン（二〇円）で販売する。一〇個売り切れば三五〇フラン（約七〇円）の儲けになる。A君が最終的に目標を達成して、ぶじ次の学年に上がれたかどうかは分からないが、話を聞いた後もA君がティッシュを持って街を歩く姿を目にした。

こうしたA君のような物売りの子どもは、それほど多くはないかもしれない。ストリート・チルドレンといってイメージされる、泥棒や物乞いをする、汚い身なりをした子どもとA君とは、どうも同じ文脈では語ることができなさそうである。

ストリートの子どもと「学校」

二〇〇〇年代以前のブルキナファソは、「最貧国」と呼ばれ、就学率も三〇％前後であったが、国内外の諸機関の取り組みにより、現在では七〇％を上回るようになってきている。しかし、皮肉にもワガドゥグでは、これと時期を同じくしてストリート・チルドレンの存在に注目が集まるようになる。統計上、この時期にストリート・チルドレンの数は増大し、それに比例するようにストリート・チルドレンを保護するNGO活動が活発化したのである。

この二つの正反対の動きがほぼ同時に起こった背景には、二つの理由が考えられる。まず、この時期に活動を活発化した欧米のNGOが、もともと存在していた、ストリートで働いたり、彷徨ったりする子どもたちを、ストリート・チルドレンとして「発見」し、問題自体を掘り起こしたこと。もう一つは、この時期に広く学校が建設され、さまざまな形で教育が語られるようになったこと。つまり、教育へのアクセスが安易になったことで、学校に行かないストリート・チルドレンがより強く認識されるようになったことも大きな理由だろう。

後者の教育に関して少し考えておこう。これ以前にこの地域に教育がなかったかといえば、それは間違いだ。現在のブルキナファソのフランス植民地政府の拠点でもあったワガドゥグには、早くからエリート養成校としてカトリック系の学校が存在していたし、民衆の間には、これから述べるようなクルアーン学校が一般的な教育の場として存在していたのである。クルアーン学校とは、いわゆる我われが「学校」と呼ぶ、国家の制度下でカリキュラムを管理された場とは異なり、ムスリムが日常の宗教を中心とした生活をつつがなく過ごすのに必要な、クルアーンの全章目の暗唱、ムスリムとして正しく生きるための規範、そして共同生活を学ぶ場である。

ストリート・チルドレンの中でも、とくにストリートで寝起きする子どもたちは、国家の制度下にある学校には通っていない。ただし、後述するように、クルアーン学校に関わっているケースがあり、また、ストリートを離れて家族のもとにいる間は学校に通っている子どももいる。筆者が二〇一四年にこうしたストリート・チルドレンの学校遍歴を調べたところ、約四〇％が小学校、六％が中等教育、三五％がクルアーン学校に通ったことがある、ないし卒業したと答えた。二〇〇九年にも、同様の調査がブルキナファソ政府と現地NGOの協働で行われたが、この時はクルアーン学校に通っていた、ないし現在通っているとした子どもの割合は約四五％に上った。このように、ワガドゥグのストリート・チルドレンを考える時、クルアーン学校のことを無視するわけにはいかない。ここでは、まずクルアーン学校やそこでの生活を概観してみたい。そして、その次の節では、クルアーン学校とは無縁の、ストリートで寝起きしている子どもたちについて詳述する。

クルアーン学校とストリート

クルアーン学校は、ブルキナファソのとくに西部や北部のムスリム村落部に多く存在している。村落のクルアーン学校ではマラブー（クルアーン学校の教師役）が村内の子どもや村外の知人の子息を寄宿させ、クルアーンを教えながら、子どもとともに自給自足の生活を送っている（清水 二〇一四）。しかし、昨今の環境変動による作物収量の減少や、貨幣経済の浸透に伴い、現金の必要性が増したことにより、多くのクルアーン学校が、つまりマラブーがタリベを伴って町に出てくるようになる。こうしたクルアーン学校には、そのまま都市に居つく学校と、都市と農村を往還する学校があることが知られているが、都市に移ったクルアーン学校の生徒（タリベ）たちの生活は大きく変化する。

クルアーン学校では、クルアーンを学ぶことと、もう一つの重要な営みとして、日常生活を保つ術、村落部であれば、すなわち農業を習得することである。農業に従事することは、二つの意味を持つ。一つは、タリベにとって将来の生業を習得することである。もう一つは、そこで作られた生産物は、マラブーとタリベの食糧となる。しかし、都市に移ったクルアーン学校では、この営みが大きく変わる。畑を持つことのできない都市では、タリベたちは畑に出る代わりに、ストリートにおける物乞いを行うようになる。畑を耕すことが目的としていた「日常生活を保つ術」は後景化し、学校を維持することに特化することとなる。なぜなら、都市での生業の術を持たないタリベたちにできるのは、物乞いだけだからだ。

モシの大人たちは物乞いをするタリベを、アラビア語の「外来者」という意味を持つ「ガリブ」と呼び、一般的な「子ども」と一線をひく。そして、大人たちは彼らを忌避の対象としながら、一方で、イスラームの五行の一つである喜捨の受け手であり、その対価としてバラカ（祝福）を与えてくれる存在として聖性をそなえた子どもたちとして接する。タリベたちは施しを受けた相手にクルアーンの一節を唱えて祝福を祈るので、大人たちは、何か気が乗らない日やおもしろくないことがあった日には、彼らに小銭を与え、バラカを得ようとする。こうした大人たちのまなざしをどこまで理解してのことかは分からないが、タリベたちはこの慣習に則って喜捨を受けようとするのである。

ワガドゥグの北部に学校を構えるBマラブーのタリベたちは、毎朝決まったガソリンスタンドにやってくる。朝のガソリンスタンドは、バイク移動の多いワガドゥグで最も人の出入りの多い場所である。そして、すべての客が小銭を扱ううえ、釣銭が出ることも多いので、物乞いをするのにちょうど良い。そして、朝の忙しい時間、すべての人がそれぞれの目的地を目指し、すぐにその場を立ち去っていく。いちいち物乞いをする子どもに多くの時間を費やすことができない大人たちが集まる場は、物乞いをする子どもたちにとっては「回転率」が良い上、説教する大人もすぐに立ち去るため、最も物乞いしやすい場所なのだ。

タリベたちは、年長者から年少者まで同じクルアーン学校の者同士でグループとなり、毎朝、クルアーン学校からこのガソリンスタンドに通う。年長者と年少者が一緒にグループで行動することで、稼ぎが少ない時に、年長者が稼ぎの少ない年少者に稼いだ小銭を分配することができる。また、物乞いの仕方が年長者から年少者に伝授され、年長者がクルアーン学校を離れてしまっても、毎朝のルーティーンが引き継がれていくのである。

Ｂマラブーのタリベたちは、朝の数時間をガソリンスタンドで過ごしたのち、さらに路上で食事を売る屋台の周囲へ行き、パンや米飯をもらうために歩く。午後にはクルアーン学校に戻り、クルアーンの章句の暗唱に精を出すのである。タリベたちはこのように、ストリートと学校を行き来して一日を過ごす。村のクルアーン学校であれば畑で作業をしていた時間が、そのまま物乞いの時間となっている。

この物乞いについては、ムスリムの間でも評価が大きく分かれる。まず、本来、教育を受けるべき時間に、子どもが物乞いに携わるのは、人間の尊厳を貶めることにつながるので良くないとの批判がある。他方で、イスラームの宗教的要請として物乞いを捉え、いいかえれば、物乞いを仏教における托鉢のような行為として捉える考え方がある。東南アジアの仏教僧院で頻繁に行われる托鉢行為に対しても果たして同じ議論が成立するのか。この議論は、人びとの信仰心や物乞いの根源に触れる問題になりそうだ。

注意深く彼らを観察していると、ストリートで物乞いをするタリベの人数が曜日によって若干変化することに気がつく。イスラームの安息日である金曜日は、クルアーンの授業はないが、マラブーとともに金曜礼拝を行うためにクルアーン学校に残っていることが多い。また金曜礼拝の前日の木曜日もタリベたちは慣習的にクルアーン学校で過ごすため、この日も物乞いのために外に出ることは少ない。クルアーン学校と一概にいっても、ワガドゥグだけで数百を数え、その様相は一様ではないが、多くはこのようなイスラームの宗教的カレンダーに基づいて日課が決定されている。

以上が、ワガドゥグで、ストリート・チルドレンと目されているタリベの生活の一端である。次に、タリベ以外のストリート・チルドレンの話をしていきたいと思う。

ストリートに居つく子どもたち

タリベたちが集団で決まった時間に物乞いを行う一方で、単独か二〜三人の少人数で行動する子どもたちがいる。一般的なストリート・チルドレンのイメージに近いのは、これから述べるような子どもたちではないだろうか。彼らがなぜストリートにいるのかを理解することは実は非常に難しい。もちろん、NGOや国際機関が言うように、経済的な困窮から小銭のより集まる都市に移り住むという説明や、家庭不和や伝統的規範を嫌って家出し、居場所を失って都市にさまよい出るといった説明は、もっともらしい。そして、直接的であれ、間接的であれ、何がしかの部分で貧困の問題が背景にあることは否定できない。しかし、先ほど紹介した二〇一四年の調査で、実際に彼らに接して分かったのが、彼らの多くは頻繁に親元に戻っており、必ずしも極貧家庭出身というわけでもないことだ。それでは、なぜ彼らはストリートにいるのか、居続けるのか。この、疑問点を次のC君の例で共有できれば、と思う。

二〇〇九年に筆者が出会ったC君は、ガーナ中部のタマレという地方都市の近郊出身の男性で、当時一八歳だった。ファミリーネームから、彼がモシの少年であることは推察できたが、C君はモシ語以外に、かなり流暢なフランス語と英語を話すことができた。

二〇〇四年、「ザカ計画」という政府による都市計画によって、ワガドゥグ市中心部の約四七ヘクタールの地区に建っていた数千の家屋がすべて撤去された。ここには官公庁や企業が入るオフィスビルが建つ予定だ。しばらくすると新たな区割りが確定し、区割りに沿うように、約六〇センチメートルの側溝が整備されていった。C君は主にこの側溝を寝床にしていたが、警察の見回りがある夜などは寝る場所を移して生活していた。食事は、不定期にNGOが開く昼食付きのイベントに参加したり、周囲の露店の手伝いをしたりして得ていた。C君は当時すでに一八歳で、この年齢になるとタリベのような物乞いは難しい。

C君の話を聞いていて、とりわけ筆者が関心を持ったのは、C君のワガドゥグまでの道のりだった。約六〇〇キロ離れたガーナの村から、何度か乗合バスの屋根の上に設けられた荷台に乗ったりしたものの、ほとんど徒歩で移動したということであった。その後聞いた彼の経験談や、筆者の調査を手伝ってくれていたNGOのスタッフの話などによると、C君が六〇〇キロを踏破したというのは、どうも本当らしかった。しかも、彼が何度かガーナの親元に戻っていることも確認できた。一人でバスに乗っても拒否されないほどに成長したC君がバスの荷台に張り付いていく距離は長くなっているようだが、その後も何度もワガドゥグと出身村を往復しているようだった。

二〇一〇年以降、C君をワガドゥグのストリートで見かけることはなくなった。C君と関わりを持った最後の時期、C君は食事もせずに日常的にコル（シンナー）を吸引するようになっていた。コルはどこでも手に入るし、都市なら、ワガドゥグ以外にも、彼の出身村とワガドゥグの間にいくつもある。C君は何を求めてこれだけの距離を歩くことができたのか。なぜワガドゥグにやってきたのか、ということを何度となく問いかけたが、そのつど彼の説明が変化したため、結局よく分からないままだった。それほど明確な意図を持たずに移動していた、ということなのかもしれないが、やはりどうも理由は明らかになっていない。

しかし、その後、二〇一四年に行った調査で興味深いことが明らかになった。この調査は、二〇〇九年にNGOがストリート・チルドレンの統計調査の再調査として行った。基本的に前回の質問票を踏襲し、前回と同様その中には「なぜストリートにやってきたのか」という質問を用意した。本来、この項目は子どもたち一人一人に自由回答してもらうべきものであるが、量的調査の性質上、選択式にせざるをえなかった。その選択肢は、主に「仕事を探すため」「家族との不和」といった、貧困や困難な状況を表すものであった。しかし、回答してくれた子どものうち何人かが、わざわざ「興味」や「冒険」がストリートに来た理由だと回答してくれた。アンケートを手伝ってくれたNGOのスタッフと子どもの信頼関係があったから、こうした回答が得られたのではないかと思われるが、こうした点は子どもとストリートの関係を考える上で、さらに掘り下げて考える必要があるような気がしてならない。

ストリートの先に

ストリートの子どもたちは非常に柔軟に動き回る。これは、先に紹介した二〇一四年の調査で明らかになったことだが、子どもたちは短い時間にワガドゥグ市内を動き回るというだけでなく、半数ほどが家族の元とストリートとの間を行き来している。ストリートの約三〇％の子どもたちは、雨季が始まる頃になると、農業が忙しくなる家族のもとに戻り、雨季の中盤から終盤になると、またワガドゥグに舞い戻る、という移動パターンを示している。これは、新たに分かった事実というわけではなく、ワガドゥグのNGOの間でもずいぶん前から知られていたことである。その証拠に、八月頃になると、ストリート・チルドレンを保護する宿泊施設は「バカンス」をとり、一時的に閉鎖してしまうのだ。クルアーン学校は、先述のような経済的理由の他にも、都市の高名なマラブーの元でマラブー自身が学ぶために都市へと移動する。また、わずかではあるが、都市から農村に帰っていくマラブーもいる。クルアーン学校は、農村と都市との間を実によく移動するのだ。「教育」という観点から子どもたちを見た場合、こうしたサイクルの中にある子どもたちは重要な教育機会を逃しているように見えるだろう。

しかし、人が移動することは、この地域の人にとって珍しいことではない。それは最初に述べたように、ムスリムたちは、通商を通した移動の中でクルアーンや生き方を学ぶことが常態だった。そして、ブルキナファソという国一般で見たとき、国民の三〇％がコートジボワールに出稼ぎに出ているといわれるほどに、この国は移民を輩出している国である。ストリート・チルドレンから出稼ぎ者、移民労働者などと年代に応じて装いを変え、様々な場所を移動するなかで、彼らは多くのことを学んでいるであろう。

一方、そのまま町にとどまる者も少なからずいるだろう。筆者の友人のことを思い出すと、かなりの人数の人たちが、一〇代前半から中盤の間にワガドゥグに辿り着き、今ではすでに三〇歳を超えている。彼らは、路上民芸品商などの物売り、タクシードライバーなどをしている。この枠組みでいえば、筆者の周りにいる大人のかなりの部分が元ストリート・チルドレンだといっても良いくらいだ。最後に、ストリート・チルドレンのその後として、少々特殊な二人を紹介して本章をまとめたい。

まずはDさんという四〇歳を過ぎた「ストリート・チルドレン」である。Dさんは自称一九七二年生まれで、一九八六年にワガドゥグにやってきた。以来、約三〇年にわたって路上生活を続けており、これまでストリート・チルドレンの社会の中で生き、NGOも彼をストリート・チルドレンと見なしている。現在では、二〇～三〇代の数名の子分を使い、二四時間体制でワガドゥグ市の繁華街の駐車スペースの一画を取り仕切っている。彼は、その年齢や経験から、この街区のストリート・チルドレンのナワバリのとりまとめ役として権勢をふるい、その一方で、NGOの連絡窓口にもなっている。

もう一人は、Eさんという元NGO職員である。Eさんは一九八五年頃の生まれで、一三歳の頃に村の家族の元を離れてワガドゥグにやってきた。二年ほどのストリート生活ののち、NGOのシェルターに入所し、リセ（高等学校）を卒業した。しばらくのち、欧米のNGOによるストリート・チルドレンの社会への適応促進プログラムにより、NGOで働くこととなる。しかし、Eさんは働いていたNGOに反発し、「ストリートのことはストリート出身者でなければ分からない」と言い残してそのNGOを退職し、自身の団体を立ち上げる。二年ほど活動を続けたもののメンバー間のいざこざから団体の運営が立ち行かなくなったところ、所属していたNGOがEさんをサポートし、その後はこのNGOの臨時雇いとして再び現場で活躍している。

子どもは学校に行かなければならない、という認識は、今やアフリカの多くの親の共通認識となり、以前に比べれば考えられないほど多くの子どもたちが学校に通うようになった。この点から考えれば、ストリート・チルドレンは定型化された子どもたちからは逸脱している。しかし、この二人のように、何十年もストリートにとどまり、ストリート・チルドレンの社会の中で暮らす者がいて、ストリートから家庭へ、都市から都市へと移ろう子どもたちもいる。ストリートで稼いだ現金は、時に学費や、宗教組織の運営に充てられている。ストリート・チルドレンと名付けられた子どもたちの表向きの姿からだけでは、こうした文化や家庭、現代的な諸問題などが複雑に絡み合った実態を読み取ることはできない。ストリート・チルドレンという状況が望ましいものでないとしても、彼らを単に一掃すべき社会問題であるかのごとく表層的に捉えることは、実態に即していない。貧困の問題のみならず、乾燥地で育まれたイスラーム文化と、その現れの中で、子どもたちは生き抜いているのである。

参考文献

清水貴夫　二〇一四「ニジェール共和国における伝統教育と社会――ザルマ社会のイスラーム教育」大場麻代編『多様なアフリカの教育――ミクロの視点を中心に』未来共生リーディングス五、大阪大学未来戦略機構第五部門、六九―七九頁。

Skinner, E. 1974. *African Urban Life: Transformation of Ouagadougou*. Prinston University Press.

第II部

サバンナに生きる

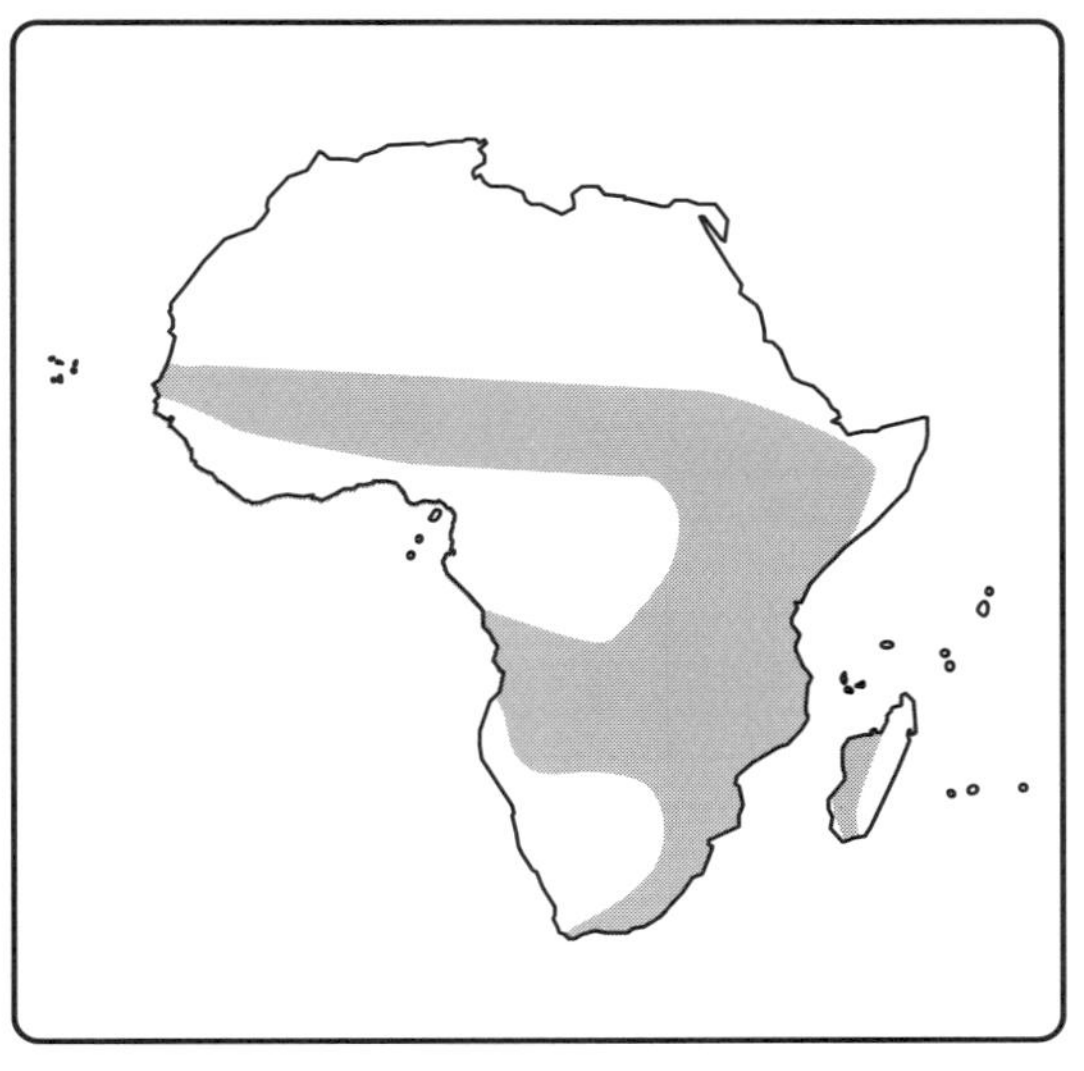

サバンナの環境と文化

清水貴夫

自然と環境　シマウマやバッファローなどの大型草食動物やそれらを追うライオン……。いわゆるサバンナの光景であるが、この景観は私たちのアフリカのイメージを代表するものではないだろうか。サバンナには、草丈の高い草本植物による草原に、乾燥地で見られたアカシア類や、さらにバオバブなど巨大化する木本植物が見られる。降雨量や植生を厳密に見れば、サバンナは乾燥地の中でも湿潤な部類に属するが、その光景や環境はいわゆる乾燥地のそれらとは若干異なる。そこで本書では、サバンナを独立させて子どもたちを取り巻く環境を考えてみることにした。

生業と人びと　サバンナの多くはラテライト（紅土ともいい、鉄やアルミニウムの水産化合物を主成分とする土）に覆われており、その土壌は、第Ⅰ部で述べた乾燥地と同じく、必ずしも農業に適したものではない。しかし、砂漠などのような極端に乾燥した地域に比べると、ある程度の雨量が期待できるため、サバンナでの農耕は格段に有利な環境にあるといえよう。乾燥帯の農作物はモロコシやシコクビエなどの雑穀に限られていたが、より湿潤なサバンナにおいては、トウモロコシやキャッサバ、モロコシ、ヤム、ラッカセイなどが加わり、作物のバリエーションが広がる。

しかし、農耕におけるこうした特徴は「東アフリカと南部アフリカ」と「西アフリカ」に大きく分けて考えておいた方がよいだろう。東アフリカと南部アフリカに広がるサバンナは農耕民が暮らす世界で、右のような作物の生産が生業の中心である。一方、西アフリカのサハラ南縁に広がるサバンナは、定住農耕と遊牧が入り混じる地域である。同じサバンナに区分されるものの、人びとの生業のあり方は東アフリカや南部アフリカと異なり、複数の生業を組み合わせて営む人びとが多い。

歴史と文化　サバンナ帯では、過去に数多くの王国が生まれた。石造りの遺跡で有名な南部アフリカのグレート・ジンバブエは一四世紀に最盛期を迎えた王国であり、西アフリカには、ガーナやマリ、ソンガイなど、歴史書によっては「帝国」と呼ばれるほどの巨大な地域を領有した国家が存在した。これらの中には、当時の世界で屈指の規模を誇る領土と富を誇った王国もあった。たとえば、一四世紀のマリ王国最盛時の王、マンサ・ムーサがメッカ巡礼の際にばらまいた金（きん）が原因となり、イスラーム世界の金（きん）相場を押し下げたという逸話があるほどである。

その後、西欧諸国による奴隷貿易、さらには植民地化を経る過程で、これらの王国群は次第に表舞台から姿を消し、さらに近代国家が成立してその諸制度が確立していく中で、その影響力はさらに小さくなっていった。しかし、一部の王国は、現在でも近代国家の中で静かに息づいており、諸民族の儀礼を行う上で重要な役割を持つことがある。

近年の問題　人間の生活に直結した環境問題の中で、人口の急激な増加に伴い、耕地が過剰に拓かれ、さらにそれらが休むことなく使用されることにより地力を失う様子が、多くの報告に見られる。こうした過開発は、サバンナでも注目しておかねばならない。また、希少動物、とくに絶滅危惧種の保護に関する問題に触れておこう。一九七五年に締結されたワシントン条約では、約一千種の「今すでに絶滅する可能性のある動植物」が定められている。サバンナの動物で絶滅危惧種に定められているのが、アフリカゾウやクロサイである。これらの野生動物は、国際社会のサポートもあり、その数は回復してきているが、依然として密猟事件が絶えない。こうした種の保全と、サバンナに暮らす人びとの生業との両立は、重要な課題である。

第1章　日常生活の中の学び

ケニアの牧畜民マサイ

田　暁潔

変化を生きぬくマサイの学び

自然と社会環境

牧畜民マサイは、ケニア南部とタンザニア北部でウシやヒツジ・ヤギに依存した生活を送っている。彼らが居住しているのは、「人類発祥の地」ともいわれる東リフト・バレーに横たわる約一五万平方キロの半乾燥地域であり、降水の季節的・地域的な変動が大きく、干ばつや洪水などの自然災害が頻繁に起こる。また、疎林と低木の散在するこの地域では、ゾウやライオン、キリン、シマウマなどの大型の野生動物も暮らしている。マサイは、こうした自然環境の中で季節の移り変わりに伴う植生と水源の変化をうまく利用しながら牧畜を営んできた。筆者の調査地はケニア東南部に位置しており、そこに暮らすマサイは、雨季は標高九〇〇メートルほどの平原サバンナと灌木林で家畜を放牧する。そして雨季が終わり、土が風に乗って高く舞い上がり、草木が枯れる乾季になると、標高一千〜一五〇〇メートルの山地へと家畜を連れて行き、乾季が終わるまでそこで放牧する。マサイの人びとは、家畜の栄養状態を詳細に観察し、季節に応じてより良い放牧地を選択するのである。

家畜に強い関心を持つ東アフリカの牧畜民の生活は、しばしば「伝統的」と表現されるものの、社会の外部から隔絶されているわけではない。マサイの人びとは、一九世紀末に始まるイギリス植民地時代に結ばれた土地利用に関する協定によって、大半の土地を失った。独立後のケニアは、欧米の野生動物の保全理念を受け入れて、マサイの居住地内に国立公園を設立したため、マサイはさらに放牧地を制限されるようになった。同時に、農業開発や土地の私有化、そして家畜の市場化などの近代的な開発政策が実施されるようになり、人びとは定住的な生活を送り始めた。彼らの食卓には農作物を使った料理がのぼるようになり、携帯電話やラジオ、バイクなども生活必需品となった。

日帰り放牧へ出発する前に放牧ごっこに興じる少年たち

市場経済に巻き込まれたマサイの社会では、多くの人びとが家畜の売買によって現金を手にしているが、その一方で依然として生業牧畜を維持している。すなわち、マサイは社会の外部から利用可能な資源を取り入れながらも牧畜活動を継続し、自然と社会の変化に対処してきた。彼らの生業牧畜と近代的な生活の両立は、個々人が性別と年齢に応じて社会的役割を担いながら生業活動に参加することによって可能になっている。そして、この社会的分業には、大人だけではなく子どもも参加している。

本章は、こうした自然・社会環境における子どもの「学び」について考察する。ここでいう「学び」とは、学校での学習にとどまらず、大人も子どもも自らの社会に参加し、社会の一員としての生き方を理解し、習得するプロセスを指す。このプロセスをとおして、マサイは、自然環境の変化に対処し続け、一生かけて学ぶのである。この意味での「学び」について検討するために、本章ではマサイ社会における子どもの日常実践に着目する。具体的には、子どもが牧畜や薪採集などの生業活動に参加している場面（五七頁）と遊びの場面（六二頁）を検討の対象として取り上げる。

社会的分業と子どもの生業参加

マサイの人びとは、成長段階によって異なる年齢カテゴリーに属している。男性の場合、少年[1]は割礼を受けることでモラン（青年あるいは戦士とも呼ばれる）になり、さらに結婚後に長老になる。女性の場合には、少女は割礼を受けて結婚することで成年女性となる。近代的な衛生教育や女性解放運動、キリスト教の影響によって少女の割礼が道徳と法律に反した行為とされ、以前のように盛大な儀礼として実施されなくなったものの、割礼を受けて結婚するまでの女性（二〇代前後まで）は依然として少女と見なされている。本章の対象である子どもは、おもに二歳から一五歳であり、少年と少女の年齢カテゴリーに属している。

マサイ社会では、長老が、家畜の所有権を持っている。彼らは、土地や水源の利用・管理や、地域のもめごとの調停と裁定に関わったり、家畜の売買や放牧活動について青年や牧童たちに指示したりする。近年では、出稼ぎのために村を不在にする長老もいるが、彼らは稼いだお金を携帯電話で家族に送ったり、家畜管理について指示を出したりする。また、青年たちの中には出稼ぎや進学のために都市部に出る者がいる一方で、村に残って家畜の放牧や水場の修繕などを行う者もいる。青年たちはそうした活動の報酬として家畜を受け取るが、最近では、家畜ではなく現金で雇用されるケースも多い。

一方、成年女性は、少女たちと分担しながら家作りや家畜の搾乳と給水、水汲み、薪採集などの家事労働に従事している。雨季の放牧のために青年を雇用することがない場合には、子どもが学校にいる間、しばしば成年女性が小型家畜の日帰り放牧を行う。また、村から一〇キロほど離れた沼地帯で農家の野菜収穫を手伝ったり、農家から購入した野菜を町で販売したりする成年女性もいる。

このような社会的分業によって特徴付けられるマサイ社会において、子どもたちは大人から独立した生業参加を求められる。彼らは、家畜の幼獣と成獣の分離や搾乳をし、ホームステッド[2]とその周辺で幼獣を管理する。八歳頃になると少年は兄弟と一緒に家畜の日帰り放牧に出かける。また、彼らは母親と少女たちによる皿洗いや掃除などの家事を手伝うことがあるのだが、成長とともに女性と一緒に行動することが少なくなる。他方で、少女たちは母親と分担しながら料理や薪採集、掃除、搾乳などの作業に携わる。一五歳前後の少女の家事の遂行能力は、成年女性と比べて遜色ないほどである。筆者が滞在したホームステッドでは、母親が一日中出かけることがあったが、その際には、一三歳と一四歳の少女が二人ですべての家事をこなしながら、自分と兄弟姉妹が学校に通えるようにしていた。忙しい大人を支えながら社会を担っているのは子どもたちである、といっても過言ではないであろう。

現在の私たちの社会では、子どもは成長するにつれて「一人前」になるといわれることがある。この一般的な理解とは対照的に、マサイ社会では子どもは「一人前」になっていくのではなく、歩行可能な年齢から一人前のメンバーとして、大人とともに生業活動に参加し、各自の役割を自立的に果たしている。

学校と生業参加の両立

近年、ケニアでは学校教育が無償化されたこともあって、マサイ社会では行政官や親などの大人が教育を重視するようになり、子どもの就学率も徐々に上がりつつある。筆者の調査地では、二〇一五年の小学校の就学率が八〇％以上に達した。現在、子どもたちの一日の活動は、季節変化だけでなく学期中かどうかによって異なるものとなる。この節では、子どもたちの生活と生業参加について、学期中と長期休暇中に分けて紹介する。

学期中の一日

学校に行く日の子どもたちの一日は、朝五時半頃に始まる。家畜がホームステッドにいる雨季の場合、起床した子どもたちはあくびをしながらヤギとヒツジから搾乳する。その後、朝ご飯として砂糖をたっぷり入れたミルクティー（チャイ）が用意されるのを待つ間に、幼獣と成獣を一つの家畜囲いへと誘導する。その仕事が終わると、チャイを飲み、体を洗って制服に着替えてから学校へ走っていく。就学齢前の子どもたちは就学中の子どもたちよりも遅く起床するが、チャイを飲み終わると、家畜を放牧するモランが来るまでに幼獣と成獣を分離するという作業が待っている。その後、母親たちは水汲みへ出かけるが、子どもたちはホームステッドの近くで遊び、幼獣を見守りながら家の留守番をする。

就学中の子どもたちは、昼食時に一時的に帰宅する。小学校四年生以上の子どもたちは昼食後に学校に戻って午後の授業を受けるのだが、三年生までの子どもたちは着替えてから家にいる兄弟姉妹と遊ぶ。彼らは買い物や皿洗い、掃除、子守りなどの家事を、大人から任せられる。また、少女たちは午後の搾乳の準備としてコップを洗ったり、ホームステッド周辺で薪を集めたりする。少年たちは成獣群が放牧から戻るまでに、幼獣を家畜囲いへ誘導する。

日暮れ前に成獣群がホームステッド周辺まで戻ってくると、子どもたちは母親の指示を待つことなく即座に搾乳にとりかかる。学校から帰ってきた年長の少女たちも、搾乳を手伝うとともにチャイや夕飯の準備に加わる。日が暮れると、子どもたちは昔話をしたり、歌を歌ったりしながら団らんする。また、夕飯ができるまでの時間に、灯油の光で宿題を済ませるとともに制服をきれいに洗って翌日の準備をする。

乾季になると、マサイはホームステッドから家畜を放牧キャンプに移動させ、給水のために一日か二日おきに村の水場へと連れていく。学齢未満の子どもたちは、朝早くから鞭になる枝を用意して、放牧キャンプから戻ってくる家畜群を追いながら水場へ行く。就学中の子どもたちは学校のある日には家畜と過ごす時間は少ないが、週末になると年長の少年たちはホームステッドから二〇キロ以上離れた放牧キャンプを訪れる。少女たちは搾乳のほか、雨季と同様に掃除や洗濯、料理などの家事に従事する一方で、週末には薪採集のために村から三～五キロほど離れた場所へと出かける。

長期休暇中の一日

ケニアの小学校は一学年が三学期に分かれており、四月（大雨季）、八月（乾季）、そして一二月（小雨季）は長期休暇となっている。未就学の子どもたちにとって、大雨季と小雨季の長期休暇は年長の兄や姉と一緒に長時間遊ぶことのできる数少ない機会である。彼らは朝のチャイを飲み終わると、兄や姉と一緒にホームステッド周辺で家作りや放牧ごっこなどをして遊ぶ。その後、年長の少年たちは食事を済ませ、モランの代わりに二人一組で家畜群の日帰り放牧へ出かける。また、この時期には多くの成年女性が農家の作業を手伝うために明け方に出かける。家に母親がいない場合、年長の少女たちは遊んだり休んだりするだけでなく、家族全員分の食事の準備や洗濯、掃除などをしたり、年少の子どもたちに家事を分担させたりする。また家に客が訪ねて来る際には、チャイを作ったりして、来客に対応する。

乾季の長期休暇には、八歳以下の子どもたちは家畜群が村に戻ってくるタイミングに合わせて水場に行き、家畜をいくつかの小さい群れに分けて水場へと誘導する作業を手伝う。また、帰宅後はホームステッド周辺で遊びながら、ヤギとヒツジの餌になるアカシアの実を集める。その際、ほかの家の家畜がアカシアの実を狙って近くに移動してくると、それらを追い払う。年長の少女たちは雨季の場合と同様に、ホームステッド内で家事を手伝ったり、村から遠く離れた場所で薪を拾ったりする。一方、八歳以上の少年たちは、学期の開始までの間、放牧キャンプで家畜と過ごすことが多い。キャンプからホームステッドへと戻って来るたびに、彼らはペットボトルいっぱいの乳や、時には珍しい野生の果物を携えている。

筆者は調査期間中に、少女たちが学校の休みの時に薪採集という大変な仕事をなぜ選ぶのか、不思議に思って何度も訊ねた。これに対する彼女たちの回答は、「家にいると何もやることがないし、じっとしてはいられないんだ」「学期が始まったら友達と薪採集に出かけて長時間を一緒に過ごす機会が少なくなってしまうから」「休みの間にいっぱい集めると、開校後に母親の負担が減るから」といったものであった。また、少年たちは放牧キャンプでの放牧について、「清潔を村に残して〔学校で強制されている衛生的な状態は村にいる間だけにして〕、家畜のそばへ行ってマサイになる」と、しばしば自慢げに語る。学校では、放牧や薪採集といった活動は「勉強時間を奪う無駄な活動」や「児童労働」と見なされている。そのために子どもたちは、外部からマサイランドに赴任した教師に対して、放牧や薪採集に参加していることを隠す。他方で、子どもたちは集めた薪の一部を学校に持って行き、給食の用意や教師の生活を支えるために利用する。彼らは、自分が集めた薪の中から、学校で自慢できるような質の良いものを吟味して選ぶ。また、少年たちは、放牧したウシからいっぱい搾った乳を好きな先生に手渡す。

学校教員のストライキに対処する子ども

筆者は二〇一三年から現地調査を続けているが、その時から今までにケニアでは教員組合による全国規模のストライキが少なくとも二度実施された。ストライキ期間中、子どもたちは、学校の再開に関連する情報をこまめに収集しながら、家事労働と牧畜活動を継続して行った。

二〇一五年のストライキの期間中、筆者が滞在していた家の子どもたちは、朝からFMラジオ機能つきの携帯電話からニュースを流していた。彼らは耳をそばだてながら朝のチャイを飲み、英語で放送した内容を母親に説明していた。普段は音を立てながら熱いチャイをすするのだが、その時だけは家族全員が息をひそめてニュースに集中していた。その後、少女たちは、母親と料理や洗濯などの家事を分担したり、薪採集に出かけたりして、一日の大半を家事で過ごした。その時期は乾季のため、年長の少年たちはストライキが起こった日から放牧キャンプへと移動し、モランたちと協力しあって、搾乳や放牧、家畜の栄養状態の確認などの牧畜活動を繰り返していた。放牧キャンプでは電波状況が悪かったために、彼らは家畜が給水のために村に戻るたびに学校のことを聞いたり、放牧の途中に出会った人と情報交換したりしていた。一ヶ月以上も続いたこのストライキは、雨季が到来する直前の一〇月上旬に終わった。学校再開のニュースを聞いた少女たちはあらためて制服とカバンを洗い、破れた箇所を縫い付けた。放牧キャンプから戻った少年たちは、散髪をして長い時間をかけてシャワーを浴び、学校に行く準備を整えた。学校に行く前夜、子どもたちは夕飯を食べながら、長く延びた休暇中の経験を自慢しあった。年長の少女たちは雨季の備えとして二ヶ月分もの薪を貯めたことについて、そして少年たちは放牧キャンプで新しく生まれた仔牛の様子や母牛の乳の状況などについて、夜遅くまで談笑した。ストライキの期間中に、学校の再開に強い関心を示していた子どもたちは、ただ待っていただけではなく、季節の変化や学校再開の情報に応じて、必要な生業活動に従事していたのである。

自分が集めた薪から学校へ持っていくものを選ぶ少女

生業活動に能動的に関与する

以上で述べたように、マサイの子どもたちは、年齢と性別によって異なる生業活動に参加している。少年は主に家畜と関わる活動に、そして少女は成年女性が行う家事にこまめに参加している。具体的に少年が参加する活動としては、成獣と幼獣の分離、ホームステッド周辺での幼獣の管理、搾乳、休日の遠距離放牧、そして放牧から戻ってくる家畜個体の確認などが挙げられる。一方で少女たちは、搾乳と幼獣の日常的な管理のほか、料理や薪採集、洗濯などの家事労働を成年女性と分担して行う。大人が出稼ぎと牧畜を両立できているのは、大人と子どもが協力的に生業に参加しているためである。

ここで「協力的」という表現を使ったのは、子どもたちが大人からの指示や教えに受動的に従うのではなく、能動的に生業に関わっているからである。そして、この子どもたちの能動的な態度は、家庭内だけでなく、学校の先生たちの生活を支える際にも現れている。また、一定の年齢に達した子どもたちは、大人と比べて遜色ない家事と家畜管理の能力を身につけ、自らの判断に従って行動する。たとえば一三歳以上の少女たちは、成年女性と同じくらいの量と質の薪を採集する。また前述のようにこの年齢の少女は母親に代わって来客に対応したり、家事の全般的な調節などを自発的に行ったりして、母親が不在でも生活を切り盛りする能力を備えている。他方で、少年たちは一〇歳前後になると、放牧時にライオンやハイエナなどと遭遇しないように野生動物の足跡や糞から危険度を判断するとともに、自分で放牧ルートを選択・変更することができるようになる。

生業活動と関わる遊び

前節まで、マサイの子どもたちの自発的で能動的な生業参加について述べてきたが、そのような特徴は遊びにおける意思決定の局面に注目するとより明確になる。マサイの子どもたちは遊びで盛り上がると、大人の呼ぶ声をすべて無視して半日ものあいだ遊び続ける。大人の指示に従わないと細枝の鞭で打たれるという罰を受けることもある。しかし、罰を恐れて遊ばないという選択をする子どもは少なく、罰を受けることを覚悟して遊び続ける場合がほとんどである。

表2-1-1は、筆者が収集した遊びの具体例をまとめたものである。それらの遊びを、「ごっこ遊び」「家畜遊び」「物質遊び（自然環境から）」「物質遊び（道具などの人工物）」「身体遊び」そして「学校で学んだ遊び」の六種類に分けた。中でも、最も出現頻度が多かったのが、植物や草食動物（たとえばキリン、ヒツジ、ヤギなど）の丸い糞、昆虫、水、石などを用いた「物質遊び」であり、総時間が最も長かったのが「ごっこ遊び」であった。また、これらの遊びの中には、少年か少女のいずれかしかしないものもあれば、男女ともに参加するものもあった。なお、遊びの中には牧畜

表 2-1-1　マサイの子どもたちの日常的な遊び

遊び類別	全　員	少　女	少　年
ごっこ遊び	食事、学校、教会、体罰、割礼や出産祝いなどの行事	家を作る、料理をする	家畜囲いを作る、放牧する、放牧キャンプを作る
家畜遊び	家畜に乗る、家畜群の中でかくれんぼをする		移動中のウシの乳を飲む、ウシの糞遊び、家畜を追いかける、仔ウシで跳び箱遊び
物質遊び（自然環境から）	木登りとジャンプ、木の枝でブランコを作る、シマウマを追いかける	砂でお絵かき	昆虫で遊ぶ、杖と石の遠投競争、泥でウシを作る、アカシアの棘で槍を作る、放牧用の鞭を作る
物質遊び（道具などの人工物）	道具（ひも、刀、など）遊び、椅子の取り合い	ビーズを作る	服で叩き合う
身体遊び	ダンス、モランと成人たちのまね、皮膚に絵をかく、家畜や動物のまね、耳に空気吹き、ジャンプ競争	お互いにピアスの穴をあける	口笛を吹く
学校で学んだ遊び	ボール遊び、英語の歌、縄跳び		

や家事労働と深く関連し、性と年齢に応じた分業の特徴が表れているものがある。たとえば、ホームステッドの中で地面に落ちたビーズを集めて遊ぶのは少女たちだけであり、その遊びと関連の深いビーズ作りは成年女性の日常活動の一つである。また、少年たちの鞭作りと口笛吹きは、放牧中の家畜の誘導と関わる行動だが、木陰で休憩をとる少年たちはその行動自体を楽しむことがある。以下では、遊びと生業活動との関連について「ごっこ遊び」の事例から考察を進める。

「ごっこ遊び」と生業活動の連結性

学校が休みの日には、子どもたちは放牧ごっこから家作りごっこへ、さらには料理ごっこへと、メンバーを入れ換えながら延々と遊び続ける。もちろん、少年たちは遊んでいる間も幼獣の世話を怠らず、少女たちは任せられた家事と搾乳の準備を済ませる。これらの遊びは、子どもたちが日常的に行う生業活動と類似しているだけではなく、それらの活動との間に関連性と連続性を備えている。たとえば、家族の料理を用意したばかりの少女たちは、トマトとジャガイモを一個ずつ服の下に隠しながらホームステッドの外で集まって、火を起こして料理ごっこを始める。家畜を水場へ誘導して給水した少年たちは、水場から戻ると地面に大きな穴を掘って、集めたキリンの糞を家畜に見たてて、それに給水する遊びに興じる。日帰り放牧に行く少年たちも同様に、放牧へ出かけるまでのあいだ年下の子どもたちと放牧ごっこをし、実際の放牧から戻ると放牧ごっこを再開して、放牧中の出来事を再現したり、行った場所の地名や牧草地の位置などを遊びの中に取り入れたり、想像上の状況（たとえば、ライオンがたくさん出現する）を設定して放牧のシミュレーションをするといった遊びに夢中になる。

事例――放牧ごっこにおける家畜管理の知識の応用

少年たちの放牧ごっこは、家畜に見たてる材料を集める作業からスタートする。遊びとはいえ、家畜は実際の管理方法と同様に、種類と大きさによって分類される。この遊びで家畜として使われるのは、植物の実、野生果実の核、小石、そして乾燥したキリンの糞などであるが、参加する子どもたちは全員でこれらをできるだけたくさん集める。収集した材料は、最も年長の少年によって分類され、それぞれウシ、ヒツジ、そしてヤギとなる。ウシ用の材料のうち最も珍しいと判断したもの（たとえば、同じ植物でも実の色が珍しいものや、ほかの植物より大きいもの）が、種ウシとなる。通常、種ウシとして選ばれる材料は、一～二頭分であり、残りは大きさに応じて去勢ウシや母ウシ、そして仔ウシに分類される。ヒツジとヤギになる材料も幼獣と成獣に分類され、それぞれの家畜囲いに順番に入れられる。

事例――料理ごっこにおけるチャパティ[3]作り

この遊びは、砂をもとにして小麦粉を作ることから始まる。作業を主導する少女たちは、ホームステッドの周辺から砂を集めてくる。そして、地面に座って大きめのプラスチック容器のキャップ（直径八センチほど）を上向きにして衣服の端で覆い、一方の手でキャップを覆った布地を引っ張りながら固定し、もう一方の手で砂をその上に載せて

細かい砂でチャパティを作る料理ごっこ

ていねいにこすり、布地をフィルターとして使って、粒子の細かい砂だけが布地を通してキャップの中に落ちるようにする。参加者の中に質の良い衣服を着ている者がいれば、それが使われる。この遊びに新たに参入しようとする子どもたちは、自分の衣服を作業用に推薦したり、水を持ってきたりする。柔らかくて粒子の細かい砂がある程度集まると、少女たちは、直径三〇センチほどの深めの容器に水と砂の一部を混ぜて、泥状の生地を作る。その後、前述の大きめのキャップに細かい砂をいっぱい流し入れて手で軽く叩き、これをフライパンと見なして、三つの石で作られたかまどの上に載せて、そこにチャパティの生地を流し込み、焼いていく。ここで「焼く」というのは、生地の水分がフライパンに見たてた砂に吸収されるまで待つという動作のことである。この遊びにおいて、少女たちは実際の料理の手順にならって生地を作り、焼くという工夫をしていた。

以上の二つの事例には、前述したマサイの子どもたちの遊びと生業参加との間の関連性と連続性が如実に現れている。すなわち、「ごっこ遊び」の中では生業活動に見られる知識が活用され、生業活動が再現されていると同時に、理想をシミュレーションするという過程が繰り返されている。子どもたちは生業活動のうち自分が関心を抱いている側面を遊びの中で再現し、試行錯誤しながら理想の状態を探求しているのである。

一人前のマサイとして

本章は、生業活動と日常的な遊びを題材として、サバンナで暮らす牧畜民マサイの子どもたちの生活から彼らの「学び」を紹介した。マサイの子どもたちは、大人とともに牧畜と家事労働に参加し、自分の生活をより良いものにするために、そして学校生活と日常生活を両立させるために、日々工夫を凝らしている。家族と協力しあいながら、自らの判断で能動的に生業活動や遊び、学校教育に参加している。そのような「学び」を通して、彼らはマサイ社会をよく理解し、一人前のメンバーとして理想の生活へ向かう努力をしている。

牧畜を含むさまざまな社会における学習に関するこれまでの研究では、欧米とは異なる文化と社会的背景を持つ子どもたちの社会化の過程が議論されてきた。それらの研究の多くは、子どもたちの社会参加が知識の革新と社会的・文化的変化を促進する要因となっていると指摘してきた（たとえば、Corsaro 2014）。中でも、子ども研究の先駆者であるランシーは、子どもが生業活動に貢献することと、文化を革新する子どもの「潜在的労働力」について議論を展開した（Lancy 2015）。彼によると、独自の文化を持つ社会では、突発的な災害や社会と家庭内の不慮の出来事に直面する子どもたちには、生業活動を能動的に調整し、自らの社会と文化を持続させるとともに、自分の生活をより良くするための潜在的な力が備わっている。

しかし、このような関心から子どもの生業参加について詳細に調査し、それを肯定的に評価しているのは研究者のみであり、教育現場や地域社会の子どもたちを対象とした開発・援助プロジェクトにおいては、子どものこうした能力が考慮されることはほとんどない。

筆者は本章の執筆時に調査地の子どもたちに電話して、彼ら／彼女らの日常生活について書いていることを伝えた。すると、ある少女は「私たちが家でやっていることを全部先生たちが知ったら、やめさせられてしまうわ」と心配そうに話した。「書いて、先生たちに理解してもらえるようにしたらいいのではないの？」と尋ねた筆者に対して、彼女は、「そうしたいけど、先生たちは本当に分かってくれるかな」と続けた。彼女の憂慮する声に対して、私はそれ以上答えることができなかった。ただ、マサイの子どもたちの日々の努力と彼ら／彼女らが正しいと思って続けていることを、本章の記述によってより多くの人びとに理解してもらいたいと願っている。

注

1 歩けるようになってから割礼を受けるまでのマサイの男の子は、本章では少年と呼ぶ。

2 ホームステッドとは、マサイが家畜とともに居住する家のことである。ライオンなどの野生動物から身を守るために、ホームステッドは棘のあるアカシア系の木の枝で作られたフェンスによって囲われている。中心部にはウシの成獣群の囲いが置かれており、その隣に仔ウシの家畜囲いが設置されている。ヤギ・ヒツジの成獣群については、所有者ごとに囲いが設けられているが、一番外円にある人が住む小屋に囲われるように設けられている。仔ヤギ・ヒツジ群の囲いは小屋のすぐ隣に建てられるか、囲いなしで小屋の中で管理される場合もある。ホームステッド周辺とは、ホームステッドの周囲約九万平方メートルの区域のことである。普段幼獣の放牧が行われているこの場所は、幼獣の餌を確保するためにほかの家族の家畜が入ることは許されない。また、ここはホームステッドの六歳以下の子どもたちが過ごす場所でもある。

3 チャパティとは、小麦粉を水でこねたものをフライパンで薄く伸ばして焼いた食べ物である。ケニアを代表する主食の一つとされているが、マサイランドで普及したのはごく最近であり、水をたっぷり入れた泥状の原料を、油をひいたフライパンに流し入れて焼くのが一般的である。

参考文献

Corsaro, W. A. 2014. *The Sociology of Childhood, Fourth Edition*. California: SAGE Inc.

Lancy, D. F. 2015. Children as a Reserve Labor Force. *Current Anthropology* 56(4): 545-568.

第2章　大人顔負けの子ども組織

マリの農耕民マリンケ

今中亮介

もう一つの教育の場

マリの首都バマコより南西へ車を走らせると、道の両側に畑が広がっているのが見える。雨で湿り気を帯びた畑では、子どもたち十数人が一列になって鍬を振るっている。畑に生えた雑草を、手鍬を用いて土ごと剥ぎ取る除草作業の最中である。少年たちは競うように大声を張り上げて、腰を折りながら鍬を振り下ろす。その横の木陰で少女たちは、給水のタイミングを計りながら少年たちに声援を送っている。

こうした少年少女たちの集団は、マリンケ語で「トン」と呼ばれる。トンの成員たちは、田畑を持つ大人から依頼を受けて、現金を対価として共同労働を行う。作業内容は、田畑の耕起、除草、収穫などである。農作業の他にも、乾季には建材として使われる日干しレンガ作りも行う。共同労働で得た資金は組織として貯蓄し、年に一度の宴においてそのほとんどを一夜にして使い果たす。

トンは次のような特徴を持つことから、かつてより「教育の場」であるとされてきた。子どもたちは共同労働を通して農耕技術を習得し、週に二回開かれる会議では話し合いの作法を学ぶ。さらに、トンでは労働の欠席に罰金が科されるなど厳しい規則が徹底されており、社会規範の伝授も行われている。

このようにトンの活動は、労働や娯楽、教育といった子どもの生活の多方面にわたっている。また、こうした活動は大人の手をほとんど借りずに、子どもたち自身により自律的に営まれている。本章では、こうしたトンの活動を中心に、マリンケの農村における子どもの生活を描きたい。

サバンナの農耕民マリンケ

スパゲッティを食べるトンの成員たち

マリンケは西アフリカのサバンナ帯を中心に居住する農耕民である。本章の対象となるマリンケの農村K村は、バマコから南西に約一〇〇キロのマリ南西部に位置している。年間降水量は約一二〇〇ミリで、季節は六〜一〇月の雨季と一一〜五月の乾季に分かれる。農業を主な生業とし、イネやトウモロコシ、ラッカセイなどを栽培している。トウモロコシやラッカセイの畑では、アグロフォレストリー（混農林業）が行われており、マンゴー、シアーバターノキ、パルキア、アカシア・アルビダなどの有用樹が植えられている。そのため、畑といっても遠くから見るとちょっとした林のように見える。主食となる穀物のほかに、タマネギやトマト、ナスなどの野菜やバナナ、パパイヤ、オレンジなどの果樹も栽培されている。

農業とともに牧畜と漁労も営まれている。家畜として飼養されるのは、ウシ、ヤギ、ヒツジ、ロバである。乾季の間、マリンケのウシは、一定の賃金と引き換えに牧畜民フルベに預けられ、放牧される。そして、牛耕を行う雨季の初めになると所有者のもとに返される。漁労は村の近くにあるニジェール川や池において男性を中心に行われる。ニジェール川の水位上昇により池は川とつながり、川から魚が入ってくる。川の水位が最も下がる乾季の終わりには、川から分離して、魚が逃げられなくなった池において「ダラモン」と呼ばれる集団漁が行われる。この集団漁には、女性や子どもを含む村人が総出で参加する。

K村の人びとの現金収入源の重要なものとして、金鉱での出稼ぎがある。村人の多くが農閑期の一二〜五月に、周辺の金鉱へと向かう。K村はマリの都市バマコとキタ、ギニアのクルサに囲まれるマンデ地方に含まれる。マンデ地方は、一三〜一六世紀のマリ帝国のハートランドとして知られている。マリ帝国はカンクー・ムーサ王がメッカ巡礼中に金を湯水のように使った逸話で有名だが、マンデ地方とその周辺はその時代から現在に至るまで潤沢な金の産地である。現在のアフリカでの金の生産量を見ると、マリは南アフリカ、ガーナ、タンザニアに次ぐ四位を占めている。

日常生活と学校

村の子どもたちは、農作業や家事などの家族での労働に従事するとともに、学校にも通っている。学校のバカンスと雨季の農繁期は重なっており、家族での労働はバカンス中の六〜九月を中心に行われる。さらに就学期間中も、休日や休憩時間を利用して行われている。少年は家畜の放牧や農作業を行い、少女は調理補助や子守りなどの家事を主に行う。母親が畑を持つ場合は、少女も農作業を手伝う。

村の子どものほとんどは学校に通っている。学校と一言にいっても、いくつかの種類がある。国立の小中学校のほか、村立の幼稚園と成人学校、それから教師が個人的に運営しているクルアーン学校もある。最近では「メデルサ」と呼ばれる、クルアーンと数学などの教科をともに教える学校も開設されている。また、K村にはないが、他のマリンケの村ではンコ文字の学校も見られる。ンコ文字とは、一九四九年に隣国ギニアのスレマニ・カンテによって開発されたマリンケ語を表記する独自の文字である。

子どもたちの多くは、親の指示によりこれらの学校の一つないし幾つかに通っている。親の指示といっても、本人が望まなければ、やがては疎遠になっていくものである。ある少年は、クルアーン学校と国立の小学校をかけもちしていたが、途中でクルアーン学校に通うのをやめてしまった。その理由を問うと、「クルアーン学校では、毎年一年生を繰り返しているようだ」と語った。クルアーン学校では、初学者は覚えられるまで何度もクルアーンの節を詠んで暗記する。その意味を学んだりアラビア語の読み書きを覚えたりするのは、相当に訓練を積んだ後からである。そのため、この少年のように、ある程度まで節を詠めるようになると通学をやめてしまう者も多い。一方で国立の小中学校の場合も、一部の子どもたちは、成績不振や進級試験の不合格などを理由に通学を諦めてしまう。

寓話語りを行う女性と子ども

労働と学業だけが子どもの生活ではない。村の子どもたちはよく遊ぶ。サッカーやままごとのような、どの地域でも見られる遊びに加えて、マリンケでは寓話語りがさかんである。語りは夜、年長の女性が中心となって、家屋敷の中庭で行われる。女性と子どもたちが車座になって一人ずつ順々に語っていくのである。多くの場合、子どもは語りを聞いているだけだが、時には自分から語り出すこともある。次の寓話は、七歳の少女が語った寓話である。

少年がいた。彼は漁をしに川に行った。川の水は多かった。とても大きな魚を捕り上げた。彼はそれを料理した。(家族に対して)「ほら、魚だよ」。彼らもそれを受け取り、彼らは魚を受け取った。食べた後魚はなくなり、彼は泣いてしまった。「イッ、何もない。

エッ、アッラー」。

一緒にこの語りを書き起こした調査助手によると、この寓話の持つ意味は、「何か旨いものは、なくなってしまうまでその旨みを知ることはできない（食べている最中は夢中になって味が分からない。食べ終わって口の中に残った味を噛みしめて、ようやく、なくなってしまったことを後悔する）」というマリンケの諺と同じであるという。子どもはこうした短い寓話の語りから始め、だんだんと大人が語るような長いお話を覚えていく。このように村で語られる寓話は、周辺の生態環境や動植物がモチーフとなり、教訓めいた内容を持つことが多い。

近年では、ラジオやテレビ、携帯電話の普及などにより、村で寓話が語られる頻度は以前よりも減っている。そうした傾向とは反対に、近年新たに学校で寓話が語られるようになっている。二〇〇〇年頃の教育改正により、小学校の低学年では公用語のフランス語のかわりに現地語で授業が行われるようになった。[1] それに伴い、「言語とコミュニケーション」や「芸術」といった科目の授業の中で寓話が扱われるようになっている。現地語の教科書には、寓話に相当のページ数が割かれている（一年生の教科書では一四四頁のうち六〇頁（約42%）、二年生では一七七頁のうち三八頁（約21%）、三年生では一九一頁のうち二四頁（約13%））。寓話の授業は教科書に沿って行われるが、生徒に一人ずつ自由に語らせることもある。その時に語られる話は、教科書を通じて習ったものもあれば村で習ったものもある。

子ども同士の共同労働

子どもは家族での労働のほかにトンのメンバーとしても働く。半ば強いられて働かされる家族での労働とは異なり、子どもたちは自らが入りたいと思うトンに入会し、子ども自身の意思により共同労働に参加する。たいていは近所の同じような年齢の子どもたちが集まるトンに入会する。最年少のトンであれば、だいたい五〜一〇歳くらいの年齢の子どもたちが集まっている。

トンが行う作業は、畑の伐採・耕起から播種、除草、収穫、脱穀まで、農作業のほとんどである。トンによるこれらの農作業は、基本的に家族内の労働力不足を補うためになされる。中でも除草と収穫は重労働で人手が必要なので、多くのトンが駆り出される。

子どもたちの親の多くは、自身の子のトンへの入会を肯定的に捉えている。その理由について、トンに入会している子どもを持つある父親は次のように言った。トンでは、農作業にしろ日干しレンガ作りにしろ、家族での労働が始まる以前に行う。そのため、技術を早く学ぶことができる、と。次の事例は、こうしたトンにおける農耕技術の学習を示すものである。

除草を行うトンの成員たち

ある雨季の日の午後、ジェムサニウォリティギ（子どもの金持ち）という名のトンが共同労働を行っていた。およそ六歳から一二歳の八人の少年たちがラッカセイ畑で除草をしていた。作業が始まってから数分後に、組織の長であるセクバ（一二歳）は、隣で作業をしていた一〇歳のンコロに向かって次のように言った。

> ヘイ、ンコロ。除草をしろ。俺たちの除草は速いぞ。これは耕起じゃないんだ。チョンウ、チョンウ（と耕起のようにしていたら）、大きな睾丸が痛むぞ。こんなふうにするんじゃない。こうだ。

セクバには、ンコロの除草がまるで耕起をしているかのように見えたようだ。耕起ではなく除草をしろと述べた後に、耕起のような動作をしていると睾丸が痛んでしまうぞと警告している。「チョンウ、チョンウ」とは、ダバムソ（女の鍬）と呼ばれる小さな手鍬を用いて固い地面を叩いて掘る、耕起の際の擬音語である。一方で、除草は耕起とは異なり、ダバケ（男の鍬）と呼ばれる大きな手鍬を用いて、雑草を土ごと剥ぎ取るような動作を行う必要がある。その後、セクバは「こんなふうにするんじゃない」と言って耕起の動作を実演し、さらに「こうだ」と言って除草の動作も実演して見せている。年少の子どもは年長の子どもの農耕技術を見て盗むことが多いが、時にはこのように年長の子どもから直接教えてもらうこともある。

共同労働をした後には、労働の依頼者である畑の持ち主から報酬をもらう。この事例では、畑の持ち主であるサナバというお婆さんから、一千フラン[2]の報酬を受け取っていた。

子どもだけの宴

共同労働で得た報酬はトンの金庫に保管される。そして、貯められた資金は年に一度の宴において一気に消費される。資金は、宴でふるまわれるごちそうや音響機材の借り賃に充てられる。

宴の進行は極めて単調である。三～四回ほど食事がふるまわれるのを除いて、基本的にはステレオから流れる大音量の音楽に合わせて踊り続けるだけである。それ以外の時間はお茶を立てて飲みながらおしゃべりをする。しかし、かなりの大音量なので会話をするには耳打ちをしなければならず、おしゃべりも長くは続かない。

ここでは、ケラバラトンというトンが催した宴の様子を時系列に沿って具体的に紹介しよう。この年、ケラバラトンは共同労働で貯めた資金を元手にサンドイッチとスパゲッティを作った。この年は資金に余裕がなかったので、これらのメインの具をイワシの缶詰にしているが、余裕がある年はヤギをまるまる一頭購入してその肉を用いる。

ケラバラトンの宴は二二時ちょうどに始まり、翌朝の七時ちょうどに終了した。開始直後から音楽と踊りが続いた。一人没頭するように下を向いて素早いステップを刻み続ける者、ペアを組んで恥ずかしそうに互いの肩に触れ合う男女、四～五人で円を組んで手拍子を叩きながら少しずつ回っていく者たち。一曲終わるたびにポーズを決めて椅子に戻っていく。そして、また好みの曲のイントロが流れると歓喜の声とともに立ち上がり踊りに出る。成員たちは皆一年間の労を吹き飛ばすかのように踊り狂っていた。成員たちが呼んだ同世代の友人であるゲストたちも同様に楽しんでいたが、どこか控えめにふるまっているように見えた。

深夜の二時を過ぎると少しずつ疲労の色が見え始め、だんだんと椅子から立ち上がらない者も出てきた。食事はそういう時分に図ったように提供される。食事がふるまわれたのは、二時一四分（サンドイッチ）、三時一五分（スパゲッティ）、六時二三分（スパゲッティ）の三度である。一回目と二回目の食事はゲストにもふるまわれたが、三回目の食事と六時一二分に配られたペットボトルのジュースは、ゲストが全員帰宅していたので成員だけに提供された。

最後には食べきれずに大量のスパゲッティが残った。六時三〇分頃から、たらい一つ分のスパゲッティを成員たちが投げつけ合い始めた。その様子は、はち切れんばかりの笑顔でいかにも楽しそうだった。投げ合った後の残りを、ちょうどこの時間に起きてきた小さい子どもたちに組織の長のランシ（一七歳）がふるまった。子どもたちは、たらいに飛びついてスパゲッティを奪い合っていた。七時に音楽が止まり、撤収作業が一段落着いた七時二〇分頃に、調理を担当していた成員の母の家に行くと、たらい七つ分のスパゲッティがさらに残っていた。成員の母は、成員が家から持ってきた小さなたらいにこれを分けた。成員たちはこれを「サマ（お土産）」としてそれぞれ持って帰り、家族にふるまった。

子どもによる会議

トンの共同労働は雨季の始まりとともに開始される。まず畑を耕起し、それから除草を行う。乾季に入ると、収穫と脱穀を行い、日干しレンガ作りを行う。そうして共同労働が一段落すると、乾季の中頃から終わりにかけて先に見たような宴を開く。こうした共同労働の開始から宴までが一年のサイクルとなっている。一年のサイクルの中で断続的に行われる活動が会議である。

会議は厳密な規則に則って行われる。むだ話をすることは許されず、そうした場合には罰金が科される。加えて、居眠りや放屁のような行為も罰金の対象となる。参加者は全員意見を述べることができるが、その前にガルディと呼ばれる司会進行役に事前の承認を得る必要がある（今中 二〇一五）。こうした会議中に見られる規則は、大人の会議にも通じるものである。子どもたちは、トンの会議を通じて話し合いの作法を身につけていく。

会議を開く目的は、多くの場合、事前には決まっておらず、広く意見を交換することであるといえる。会議でよく話される内容は、共同労働や宴、サッカーなどの活動に関することや組織運営に関することである。

次のシーンは、アミントンと呼ばれるトンの会議中に見られたやりとりである。乾季のこの時期は、共同労働として日干しレンガ作りが頻繁に行われており、この日の会議ではそのことが話題となっている。話をしているのは、組織の年長者である一二歳のラミニ（以下R）と一三歳のカッセ（以下K）である。

R　たとえ鍬の一振りでもお前の着く前になされれば罰金を科す。だって怠け者なんだから。そう、皆は仕事のことをしゃべるのが好きだけど、全員怠け者だ。

K　俺たちは全員のことを言っているんだぞ。

R　お前らは全員「俺たちは働くぞー、俺たちは働くぞー」と言うが、お前は仕事場で誰も見ないだろう。

（中略）

K　待てないぞ、明日は。

R　お前はケラバラトンの仕事に行く。

K　昼ごはんを食べたらすぐに俺自身は行く。

R　ケラバラトンの仕事を燃えるようにする。終わってアミントンの日干しレンガの型枠のところに戻る。それも燃えるようにする。お前とアッラー。もし俺たちがロバのようによく働かないのなら、お前らは泥などを探すことができない。

まず、Rは遅刻をしたら罰金を科すことを成員たちに警告している。その理由として怠け者であることを付け加えている。この「怠け者」という語はトンにおいて頻繁に聞かれるものである。トンに一つも属していない者はそれだけで「怠け者だ」と罵られることもあるし、共同労働の回数が少なく金庫にあまりお金が貯まっていないトンは他のトンの成員から「怠け者だからだ」と嘲笑されることもある。このようにトンは、「勤勉であれ」というマリンケ農民における一般的な社会規範と密接に結びついており、成員たちはこの規範を身体化しているといえる。トンが「教育の場」であるといわれる理由は、このように労働の技術に加えて社会規範の伝授が行われることにある。

Kが「待てないぞ、明日は」と言った後、話題は翌日に予定されている共同労働に移る。ここでKとRは競うように類似の主張を行っている。内容は、二人がかけもちしているケラバラトンとアミントンの労働についてである。トンは、それぞれ組織ごとに涸れ池の特定の場所に自分たちの日干しレンガの作業場を設け、一シーズンの間そこで作業する。ケラバラトンとアミントンは同じ涸れ池の中で作業をしており、作業場は互いに見える位置にある。Rは両者の労働について、「燃えるように」「ロバのように」と、勤勉に働くことの比喩を用いながら成員たちに強く奮起を促している。

かけがえのない居場所

マリンケの子どもたちは、アフリカの他の地域の子どもたちと同様、家族の労働を手伝い、学校に通い、そしてよく遊んでいる。学校はともかくも、労働や遊びは周囲の環境に根差したものである。農作業や家畜の放牧などを行う労働は、必然的に周囲の環境と結び付いている。さらに、本章で取り上げた寓話に周辺の生態環境や動植物が出てきていたように、遊びも周囲の環境と切り離せないものである。こうした労働や遊びを通じて、子どもたちは自然環境に関する知識を身につけていく。

家族内での労働や遊びといった、どのような地域にも見られる活動に加えて、マリンケの子どもたちはトンにおいてユニークな活動を営んでいる。子どもたちは大人から一定の距離をおいた組織を自分たちで立ち上げ、運営し、金銭の管理まで行っている。単なる遊び集団であれば他の地域にも見られるが、トンは大人から労働を請け負い、実際に賃金を稼いでいる。さらに、そうした活動は周囲の大人から認められており、農耕技術や社会規範を学ぶ「教育の場」として積極的に評価されもしている。こうした活動を子どもたちが行い、周囲の大人たちが承認し支えているという例は、アフリカにおいてもそう見られないのではないだろうか。

トンはかなり以前からあったようだが、一九五〇年以前は村に一つしかなく、成員の年齢も一五歳くらいから六〇歳以上だったそうである。それが、二〇一〇年現在では四九組織になり、確認できた四六組織のうち二九組織では平均年齢が一五歳未満となっている。つまり近年になって急増し、低年齢化しているのである。

近年の市場経済化の影響から、田畑を持つ大人は肥料や除草剤を購入したり、トンや個人労働者を雇用したりするなど、農業に対してより多くの現金を使えるようになったと語っている。このように、トンに労働を依頼する大人が現金を多く持つようになったことが、トンの急増の背景にあると考えられる。しかし、それだけでは、子どもが自発的に組織を立ち上げ運営していることの説明はつかない。

まだトンに入会していない小さな子どもが身近な年長者のトンの活動についていき、彼らの真似をして参加しようとする光景をよく目にすることから、[3] 以前も同様に子どもはトンへの参入を試みていたと考えられる。しかし、かつて彼らは現金を持つことができなかったため、トンの活動を始められなかった。近年になり、親などの身近な大人から少額ながら「小遣い」をもらうようになったこと、子ども自身が小銭を稼ぐ仕事が増えたことが、一五歳に満たない子どもにもトンを組織するのを可能にした。このように、大人と子どもの双方が以前より現金を持つようになったことがトンの急増と低年齢化の背景にあると考えられる。

より小さな子どもたちがトンの活動に魅せられ、のめりこんでいくのは、トンが楽しいからだろう。しかし、それはふざけて冗談を言い合うような楽しさだけではない。大人に通じるような振る舞いを皆で夢中になって真剣に演じる楽しさであり、厳しい労働を重ねた後に待っている饗宴の爆発的な楽しさでもある。そして、そうした活動が周囲の大人から認められるという充足感もあるだろう。そうしたことから、トンは家族や学校とは異なる形で、つまり彼ら自らの手による形で、マリンケの子どもたちにとってかけがえのない居場所となっている。

注

1　調査村の小学校教師によると、フランス語の割合は一年生が〇%、二年生が二五%、三年生が五〇%、四年生が七五%、五年生が九〇%、六年生が一〇〇%であるという。もっとも、実際には、六年生や中学校の授業においても現地語は用いられている。

2　一ユーロ＝六五五・九五七フラン（二〇一〇年）。

3　バンバラの村で調査を行ったポラック（Polak 2012）も、五歳と七歳の少年が親の仕事にしきりについて行きたがる様子や、親との仕事中に若者の共同労働に特徴的な奇声を模倣している様子を報告している。

参考文献

今中亮介　二〇一五「マリンケの会議会話における発言権の構造と合意の方法」『アジア・アフリカ地域研究』一四（二）：二六八―二九七頁。

Polak, B. 2012. Peasants in the Making: Bamana Children at Work. In G. Spittler and M. Bourdillon (eds.). *African Children at Work: Working and Learning in Growing Up for Life*. Berlin: LIT Verlag. pp. 87-112.

第3章　恋する娘たちの結婚と就学

エチオピアの少数民族マーレ

有井晴香

女性のライフサイクルと学校

サブサハラ・アフリカ諸国では、初等教育を中心に学校教育の普及が進み、この一〇年ほどの間に就学者数が急増している。しかし、その一方で、就学における男女間・地域間の格差が問題となってきた。女子の就学をとくに妨げる要因として、学校の設備的問題や、世帯内労働の負担、経済的理由などがあるが、これらに加え、結婚や出産の経験が問題視されてきた。

本章で取り上げるエチオピア西南部のマーレにおいても、行政機関や学校が女子生徒の結婚・出産を防止するよう呼びかけており、人びとの間で結婚・出産が女子の就学を妨げるという考え方は広く浸透している。現在のマーレ女性は、だいたい一〇代後半から二〇代前半の間に結婚することが多い。マーレ社会において結婚は出産と結びつけて考えられるものであり、学校に通う年頃の娘たちにとって、結婚は、居住地を変えさせるだけでなく、妊娠・出産の経験により就学の継続を難しくさせるものである。しかし、その一方で、結婚や出産を経験していながらも学校に通い続ける女子生徒が少なからずおり、結婚することが必ずしも就学を阻害するわけではない（有井 二〇一五）。

本章では、マーレの人びとを事例に、結婚に至る前段階としての恋愛のあり方に注目する。恋愛経験を持ち始める年頃である、およそ一三歳から一八歳くらいの娘たちに焦点を当て、彼女たちの視点にできる限り近づきながら、近年の社会変容とともに恋愛と結婚のかたちが変化してきた様子を示す。そして、娘たちが周囲の人びとと交渉しながら自らの人生を主体的に選び取ろうとする姿を描き出すことを試みたい。

マーレの人びとの暮らし

市場で売買するマーレの子どもたち。このあと学校に向かうため、かたわらにノートを置いている

自然環境と生業

私は二〇一〇年からマーレ郡コイベ村で調査をおこなっているが、コイベ村はエチオピアの首都アジスアベバから道路距離にして約七〇〇キロ、車で移動すると最低二日はかかるところに位置している。マーレとはエチオピア西南部に居住する少数民族であり、人口数の正確な統計資料は公表されていないが、二〇一六年のマーレ郡役場の推計によれば、一〇万人程度である。

マーレの人びとは、標高およそ六〇〇〜一千メートルの地域を「低地」、およそ一千メートル以上の地域を「高地」として区別しており、コイベ村は高地として認識されている。ただし低地と高地の区別は厳密に標高に基づいているわけではなく、気候の差と結びつけた捉え方がなされている。低地は乾燥しており乾季の日差しが強いのに対し、高地は比較的湿潤で低地に比べ雨量が多い地域として定義づけられている。乾燥したマーレ郡南部および東部の低地では牧畜が、コイベ村を含む高地では農耕が生業の中心となっている。また、マーレ全域で農耕や牧畜に加えてハチミツ採集もさかんに行われている。

コイベ村は周りを山に囲まれており、山腹に農地が広がる。三月から六月にかけての大雨季と、九月から一〇月にかけての小雨季に耕作が行われ、主要な穀物であるトウモロコシとモロコシは年二回作付けすることが可能である。エチオピアで重要な換金作物であるテフというイネ科の雑穀も栽培されており、テフの裏作としてシコクビエが栽培されている。また、家屋の周辺にはコーヒーノキが植えられており、重要な現金収入源となっている。

生業における分業は、おおむね年齢や性別に基づいている。たとえば、ウシの放牧には一〇代の男子や成人男性が従事する。基本的に女性がウシの飼養に関与することは少なく、搾乳も男性が行う。ヤギやヒツジの放牧は六歳くらいから一〇代の子どもが担当することが多く、男女ともに従事している。また、農耕に関していえば、畑の耕起はウシに犂(すき)を引かせることで行うが、これは基本的には男性の仕事であり、一〇歳くらいから牛耕を担うようになる。播種や除草、収穫作業は男女ともに従事している。アフリカのほかの地域で見られるような性別分業は、マーレではそれほど厳格ではなく、世帯内の状況に合わせて男性が行うと思われる作業を女性が行うことや、その逆もある。たとえば、世帯内に男子がいない場合は、一〇代の娘が牛耕を行うなど、柔軟な対応がなされている。マーレの子どもたちは、これらの農耕や牧畜への従事に加え、炊事や水汲みなどの家事や、毎週きまった曜日に開かれる定期市で農作物の売買も行っている。

学校

現在、コイベ村の中心部には八年制の小学校と中学校がある。エチオピアの教育制度では、初等教育の教育年数は前期四年間、後期四年間の合計八年間であり、八学年の小学校を基本としつつも、前期四年間のみの小学校が多数存在している。中等教育は前期、後期それぞれ二年間となっている。初等教育と中等教育の間で学年の数え方が区切られることはなく、一年生から一二年生まで通して数えることになっている。マーレ郡は二〇〇六年に新設された郡であるが、それ以降、郡内の学校数は飛躍的に増加している。郡内にある学校のうち四分の三以上がマーレ郡設立以降に建てられたものである。二〇〇〇年代半ばから、エチオピア政府は学齢期にあるすべての子どもが小学校に通うこと、すなわち初等教育の普遍化を実現すべく、国内のすべての村に小学校を最低でも一校ずつ建設することを打ち出している（山田 二〇一四）。マーレ郡でも各村につき一校以上の四年制あるいは八年制の小学校がすでに設立されている。

コイベ小学校の前身は、一九六〇年代に北米のプロテスタント伝道組織によって建てられた教会学校で、これはマーレの居住域に最初に設立された教育機関であった。コイベ中学校は二〇一二年にマーレ郡で二校目の中学校として設立された。

各学校では、年度はじめに生徒の在籍登録を行う。この登録を行わなかった生徒は自動的に除籍され中退と見なされる。前年度に在籍していなかった人も、各学校に保管してある過去の在籍記録に名前が確認されれば再登録が可能である。現状では、七歳以上であれば年齢に関係なく入学することができる。また、中退した人の場合、学校を離れてから何年たっていようとも復学することが可能である。実際にコイベ小学校の教室を覗くと、子どもたちの間に明らかに「大人」と見られる人が混ざっている。

生徒たちは、一年生から四年生までの科目をエチオピアの実質的な公用語であるアムハラ語で、五年生以上はアムハラ語以外の科目をすべて英語で学び、母語であるマーレ語を学ぶ機会はない。街へ出かけた時や病院に行く時、教会で都市部から招いた人の説教を聞く時など、日常生活においてアムハラ語が必要となる場面が多いため、アムハラ語を知るために結婚後に就学あるいは復学する人もいるのである。

女子就学者の増加

マーレ郡内の女子就学者数の変遷を見ると、二〇〇五年から二〇〇九年の五年間で約五倍になっており、全体に占める割合もほぼ半数となっている。ただし、女子就学者数の急激な増加は二〇〇〇年代半ば以降の出来事であり、一〇年生以上の学歴を持つ女性は依然として多くない。

近年、女子就学者数が急増した背景にはさまざまな要因がある。たとえば、学校がつぎつぎと設立されたことによって、通学距離が短くなり、通いやすくなったことが挙げられる。それに加え、就職口が広がり、卒業後の進路が想定しやすくなっていることなどがある。

プロテスタントに改宗していない娘（左）と信者の娘（右）

また、現在のマーレでは、小学校・中学校ともに、学年ごとに午前か午後のどちらかに半日授業を行う二部制をとっている。そのため、世帯内労働をキョウダイ間で分担することが可能になっていることも、女子就学を支えている要因といえる。このほかに、二〇〇四年から国連世界食糧計画と米国国際開発庁などの支援により実施された給食プログラムも、女子の就学を後押ししたといえる。給食で提供されず余った食用油を、女子生徒のみを対象に配給することで、保護者のモチベーションを高めることに成功していた。

プロテスタント信仰の広がり

コイベ村では夜になると、どこからともなく太鼓の音と歌声が聞こえてくる。これはプロテスタントの礼拝であり、地区ごとに行われるものや、子どもや若者を中心としたものなど、さまざまな集団・規模の祈祷会が誰かの家や教会で毎日のように開かれている。コイベ村の大多数の住民はプロテスタントを信仰しており、子どもたちにとっても信仰や教会の行事は生活の重要な部分を占めている。「歌」といえば賛美歌のことを指し、学校のノートや家の壁に聖句を記す子どもも少なくない。

現在のマーレ郡地域でプロテスタントの布教が本格的に始まったのは、一九六〇年頃である。マーレの中で最初に改宗した人物がコイベ村の住人であり、彼が提供したコイベ村内の土地にマーレで最初のプロテスタント教会が設立された。それ以降、コイベ村を中心にプロテスタントへの改宗が進んでいった。改宗者の間では、飲酒や喫煙、在来の宗教的象徴となりうるビーズのネックレス、金属の腕輪を身につけることなど「伝統的慣習」として捉えられるものが禁じられ、非改宗者との差別化が進んでいった。もし、こうした禁忌に触れたら、改宗者は教会から謹慎や破門の処分を受けることになる。しかし、謝罪すれば、再び教会に戻ることができる。改宗者がこうした処分を受ける理由の大半は飲酒であり、酒から遠ざかることが改宗の重要な証となっている。

プロテスタント教会の教えは人びとの生活において重要な指針といえるが、必ずしもすべての側面において厳格に規律が定められ遵守されているわけではない。それはたとえば、若者たちの恋愛についても言えることである。次節では、変わりゆく社会とともに変化するマーレにおける恋愛と結婚のあり方について見ていく。

変わる恋愛と結婚の形

女性のライフサイクルと結婚

マーレの女性にとって結婚は人生の大きな節目となる出来事である。マーレでは男女ともに割礼などの成人通過儀礼は存在せず、女性に関しては、初潮の際もとくに儀礼は行われない。しかし、結婚を機に女性の生活は大きく変わる。妻となる女性が夫となる男性の家へ移住することによって結婚は成立する。そして、結婚を境に女性を示す言葉が変化する。結婚前の女性はウドゥロと呼ばれ、結婚して間もない女性はウータ、結婚後の女性はラーリと呼ばれる。

マーレは父親のクランを引き継ぐ父系出自の親族集団を形成する。女性は結婚と関連するいくつかの儀礼を経ることで、夫の親族集団に加わるが、自身の出自集団の成員としての帰属意識も持ち続ける（Thubauville 2014a）。ただし、これらの結婚に関連する儀礼は、プロテスタントの改宗者が多いコイベ村においては、ほとんど見られなくなっている。だが、結婚に関する儀礼に変化は見られるものの、既婚女性の帰属意識が出自集団と婚入先の両方におかれていることに変わりはない。彼女たちは、結婚後も出自集団の人びとと積極的に関わり続け、時には妹やイトコらの配偶者の選択に関与することさえある。

配偶者の選択

従来から、マーレの若者たちは結婚相手を自らの意志に基づいて、相手との交渉を経て選んできた。親やキョウダイなど第三者が、結婚に至るまでのプロセスにおいて介入・干渉することはあるものの、基本的には当事者間の交渉によって婚姻関係の成立にこぎつける。ただし、結婚相手としてどんな人でも自由に選べるというわけではなく、相手の血筋が結婚するにあたり好ましくないと判断される場合がある。たとえば、マーレでは同じクランに属する人とは結婚することができず、母親の親族とも結婚することができない。また、女性に限っては祖母のクランに属する人との結婚は禁じられている。このように、配偶者の選択において、婚姻関係を結ぶことができる血筋であるかどうかの判断は容易ではない。そのため、当事者である男女がそれを把握していないままに結婚の約束をすることが少なくない。このような場合、家族が結婚に強く反対することが常であるが、たとえ家族の反対にあったとしても、必ずしもその意向に従わなければいけないわけではなく、周囲の反対を押し切って結婚する例もしばしば見られる。

男女の交際は基本的に結婚が前提となる。男性から女性に対して好意を示すことから始まり、女性から男性に直接アプローチすることはない。男性が女性に好意を示す方法は、マーレ語で「女（ラーリ）を引っぱる」と表現される。夜に男性が意中の娘の家を訪れ、他の人に見つからないように、横になっている彼女の手を引っぱり、誘い出す。女性にも好意があれば、外に出て、二人で座って話をする。マーレでは、結婚前に女性が性交渉を持つことは避けられるべきことであり、この夜間の逢引の際に性的な接触を持つことは好ましくないこととされる[1]。年頃の娘は、夜間に「引っぱられる」ことを想定して、母屋で休むのではなく、穀倉の下を土壁で囲い、そこに寝床を作ることもあるという。このような夜間の逢引を繰り返していく中で、二人で結婚の日取りを決めていくのである。

「引くこと」から「訊くこと」へ

マーレの交際方法である「引っぱること」は、プロテスタント改宗者の間では行われない。改宗者たちの交際方法は、口頭で、あるいは手紙などを介して尋ねることによって関係を築いていく。男性が女性に、自分に好意があるかどうか、あるいは結婚の意志があるかどうかを、「訊くこと」と表現される。「引くこと」と「訊くこと」の間の明確な違いは、娘の誘い出し方のみであり、実質的には大差ないように見えるが、それは近年の変化によるものだという。

一九六〇年代にプロテスタントに改宗した六〇代の男性によると、マーレでプロテスタント布教が始まった頃、男女は夜間ではなく昼間に交際するべきであると教会から教えられたのだという。彼によれば、かつて改宗者たちは教会の教えに従って昼間に話すように心がけていたというが、近年では夜間に逢引をすることが一般的になっている。男性が家の中に入って娘の手を「引っぱる」ことはしないものの、事前に時間を決めて娘の家の近くまで訪れ、家族の目を盗んで夜間に会っているという。そして、そのような若者の素行を見て、教会の年配者たちは難色を示しているという。また、手紙というツールが取り入れられたのも、教会で聖書を学ぶための識字教育が行われていたことが契機となっており、プロテスタント布教の影響によるものといえる。

なお非改宗者であっても、現在は、「引っぱること」による結婚は減少しており、出会ってから結婚に至るまで従来よりも時間をかけない傾向にあるという（Thubauville 2014b）。このような変化が起こった要因の一つとして、市場や製粉所、学校など異性と交流する場が増えたことが挙げられる。若者たちは、そうした社交の場などで直接会って話すだけでなく、手紙や、近年では携帯電話も用いて好意を伝えている。

ディンコの恋

ここで、二〇一三年の夏に、八年生の女子生徒、ディンコ（当時一六歳）がこの時に初めてできた恋人について語ってくれた話を紹介しよう。相手はコイベ村の別の地区の出身で、都市部の高校に進学している男性であった。恋人の存在を打ち明けてくれた時、すでにディンコは彼から三通の手紙をもらっていた。それらの手紙は、台所に置いてある普段使われていない物が詰め込まれた段ボールの底にしまってあった。最も新しい手紙には、彼女が小学校の修了試験に落第したことに関して、なぐさめ励ます内容や、つぎに逢う日について書かれていたという。ディンコが彼と逢うのは、いつも夜であった。家族が寝てしまったあとに家を抜け出して庭畑で密かに逢っていたという。私に彼の存在を打ち明けてからは、冷え込む夜の逢引に備えて、上着を貸してほしいと頼んでくることもあった。ただ、逢引を重ねながらも、ディンコは、「彼のことを好きかどうか分からない」と語っていた。学校の長期休暇が終わり、彼が街へと戻ったあとは、月に数回、携帯電話で話すようになっていた。

ディンコは彼の手紙に対して、返事を渡したことはないと言いながらも、「でも、これ、昨日書いたの」と彼にあてて書いた手紙をそっと見せてくれたことがあった。紙は学校のノートの一ページを丁寧に破いたもので、アムハラ語で文章がつらつらと書かれていた。左上にはハートの絵と聖句が記されていた。私に手紙を見せたあと、やっぱり恥ずかしいと言って、笑いながらその手紙をかまどに放り込み燃やしてしまった。ディンコが近所に住む信頼のおける年上の男女（全員親族である）数人に彼について相談すると、誰もが彼を良い人と評価し、交際を続けるべきだと言ったという。

二〇一五年六月にコイベ村を訪れた時にもディンコと彼の交際は続いていた。ディンコから彼に対して何かをプレゼントしたことはないが、彼からは一度、お金を受け取ったという。「何か困ったことはない？手助けしようか？」と聞かれ、「問題ない」と言ったにもかかわらず、彼は五〇〇ブル（約二五〇〇円）を持ってきて、なかば強引に受け取らされたという。もしも彼が渡すものを受け取らないと「（ディンコが彼を）嫌っているからだ」と言われるのだと説明していた。恋人から現金を受け取ることは現在では一般的なことである。そのほかに娘たちが交際相手から受け取る代表的なプレゼントは、銀製のネックレスや携帯電話である。ディンコは学校を卒業して就職するまで結婚する気はないといい、ネックレスを今頼むつもりもないと語っていた。ネックレスをつけることによって人の噂の対象になるのが嫌なのだという。

モノを介して示される好意

プロテスタント信仰が広まる前は、女性が男性に、自分が身につけていたビーズのネックレスや金属製の腕輪などのアクセサリーを渡すことによって、結婚の意志と結びつくような好意を示していた。そして、男性は女性から受け取ったアクセサリーを身につけることで、周囲に対して「ある娘を好きにならせた」ことをアピールしていたという。

現在では、娘たちが、結婚するかどうか分からない段階で、恋人に何かをプレゼントすることはほとんどなく、ディンコが語ってくれたように、男性から女性に銀製のネックレスや携帯電話、あるいは現金などを渡すことが一般的になっている。恋人からのプレゼントを受け取ることについて、ある二〇代の女性がディンコと同様のことを語っていた。彼女の場合、現金を受け取ることを拒み続けていたらネックレスをプレゼントされたそうである。他に恋人がいるのではないか、と疑われ責められるのに耐えかねて受け取ったと説明していた。

一方、現在の娘たちは結婚を決めた恋人に編み物を贈る。カラフルなアクリルの毛糸を用いて鈎針でさまざまな形や模様の飾りや毛布を編むことが、この一〇年から二〇年ほどの間に急激に広まった。これはもともと、都市部の学校に通っていた娘たちが、都市の女性たちから学んだものだという。そのため、若い娘たちは編み物ができるのに対して、四〇歳以上の女性たちは編み方をまったく知らない。結婚する際に、女性は衣類と毛布、編み物を嫁ぎ先へと持っていくが、結婚の日取りを決めたころに、娘が恋人に編み物の一部を先立って贈ることがある。娘たちにとって、椅子やベッドマットを飾る編み物は結婚の際に重要である。必ずしも自分で編むことに重きはおかれておらず、手っ取り早くたくさん用意するために、友人たちに依頼することもある。

このように、恋人間において、その内容や授受関係に変化は見られるものの、今も昔も、プレゼントの受け渡しは恋人同士の証明として重要視されている。

卒業と就職、結婚のタイミング

デヌンネットの就学と恋愛

つぎに、ディンコと同じく八年生のデヌンネット（推定年齢[2]一六歳）の事例を見てみよう。デヌンネットは、もともと父母と一緒にコイベ村の南にある低地の村で暮らしていたが、現在はコイベ小学校の教諭の家で暮らしている。当時、彼女が生まれ育った村には四年制の小学校しかなく、学び続けるのであれば、コイベ小学校のような八年制の小学校に通う必要があった。彼女の担任教員夫妻がコイベ小学校へ転任することになった際に、成績優秀であった彼女に、進学とあわせて、彼らの家への下宿を勧め、現在に至っている。

幼少期は、近所に暮らす女の子と一緒に毎日ヤギの放牧をして過ごしていたが、ある時ふと、学校に通うことを二人で思いついたのだという。

「『ほかの人たちは学校で学んでいて、卒業して。私たちは愚かじゃない？　このヤギを放牧するだけ。私たちはもう、これをやめよう』そう彼女が言って、私も言って。いったい何が私たちを賢くさせたのかしら？」とデヌンネットは当時を振り返って言った。

ヤギの放牧をするかわりに彼女たちは簡単な商売を始めた。隣村で定期市が開かれる日に、パンとシチューを作り、家の前で売ったという。彼女らの家は隣村へ行く道沿いにあったため、定期市へ出かける人たちが買って行った。こうして稼いだお金でノートを五冊買い、小学校の入学手続きを済ませたという。初めて学校に行って家に帰ってきた日のことをつぎのように語っていた。

「お父さんは、『ふん、どこから来た？』と言った。私が学校から帰ってきたら。『学校に入った』と言ったら、『いいだろう。学校に入ればいい。おまえは自力で学ぶことができるのか？』と言った。私は、『できる。問題ない。私は商売しながら学ぶ』と言って黙っていた」。

「デヌンネット」という名前は学校に通い始めてから彼女自身がつけた名前である。一緒に学校へ入学した幼馴染の友人と、ヤギを放牧している間などに、もしも学校に入ったらどんな名前にするかを遊びで考えていたのだという。どこかで聞いたことのあるアムハラ語の名前をそれぞれ思いつくままにつけたといい、彼女は「デンネト」という名を自らにつけたのである。そして、それをそのまま学校での登録名にしたところ、教師から、正しいアムハラ語では「デヌンネット」であると教わったため、そのように改名し、今に至っているという[3]。

デヌンネットが初めて男の子からアプローチを受けたのは二年生の時で、彼女は一〇歳くらいだったという。それ以降、何人かの人から手紙を渡されたことがあるが、すべて断ったという。今はどうなのかを尋ねると、少し間をあけて「もし私が男の子と親しくなろうとすれば、家の人（居候先の教師）が怒るから」と言った。デヌンネットは入学時から成績優秀であり、六年生まで三位以内の順位を保っていた。ところが、七年生になって順位が六位まで下がった時に、家の人から恋人ができたから成績が落ちたのではないかと疑われたという。実際に、当時デヌンネットは男の子からラブレターを受け取っており、それを正直に伝えたところ、ひどく怒られたという。ひとしきり語ったあとに、彼女はつぎのように言った。

「いいえ、私は学校に行く。学校に行って、卒業して、それから仕事を持って。最近、仕事を持たない人がこの土地のどこにいる？　人は仕事を持ってから結婚するじゃない？　だから、私は仕事を持って、彼も仕事を持って、一緒に仕事を持つといい」。

今のところ、デヌンネットの首に銀のネックレスはない。

卒業、就職、それから結婚？

かつてマーレでは、結婚は収穫を終えた乾季（一一～二月頃）に行われることが多かった。しかし、現在では、農事暦よりも学事暦との兼ね合いが重視され、学校が長期休暇に入る年度末の六月から七月が結婚のタイミングとなることが多い。結婚は学業と密接に関係したライフイベントとなっているのである。

住人たちに就学に関する聞き取り調査を行った時、「一〇年生を終えて、仕事に就いて、それから結婚するのが良い」という言い回しを何度も耳にした。とくに就学中の娘や、その親たちが言及することが多かった。一〇年生を終えること、すなわち中学校を卒業することが就学の目標とされており、その先にフォーマルセクターを中心とした現金収入を得られる職に就くことが想定されている。ディンコやデヌンネットもまた、就職後の結婚を想定しているかのような語りをしていた。

この言い回しを人びとが理想として用いる一方で、建前としていわざるをえないような場合も見受けられた。ひとたび恋人の存在が周囲に知られただけで、「もうすぐ結婚する可能性のある娘」として見なされ、さらに小学校の修了認定試験に何度も落第した女子生徒は「そろそろ結婚するにちがいない」と噂されるのである。

マーレの多くの女性たちは一〇代後半から二〇代にかけて結婚する。恋愛を始めた娘たちはこの言い回しを用いて、周りの目を誤魔化しているのか、それとも理想として語られる生き方を選択しようとしているのか、彼女たちの真意はその時になってみないと分からない。

娘たちが「行く」

結婚したことをマーレ語では、男が「女をとった」、あるいは女が「行った」と表現する。マーレにおける結婚は女性の移動によって成立し、その移動はいわば自主的な行動として捉えられている。一見すれば、マーレの女性たちは、単に男性からアプローチを受けるのを待つだけの存在のようにも思えるが、そうではない。

プロテスタントの布教や学校教育の普及に加え、物流がさかんになり、さまざまな工業製品が村に流入していく中で、人びとの生活様式は大きく変化しつつある。これまでは気候や生業と密接に関係していた結婚の選択も、いまや学業との関係がより重視されるようになっている。そうした社会的な変化に影響を受けて、娘たちの恋愛や結婚の方法も変わり続けている。しかし、今も昔も変わらないことは、ほかならぬ彼女たちが、結婚までのプロセスをかたちづくっているということである。本章で取り上げたディンコやデヌンネットの語りから見えてくるものは、自らの人生における選択を、配偶者の選択、就学・就職の選択との兼ね合いを調整しながら主体的に選び取ろうとする姿ではないだろうか。恋愛関係がすぐに結婚に直結するものとして捉えられている中で、時にはそれを隠し、時には誇示しながら、しかるべきタイミングで彼女たちは、結婚しに「行く」のである。

注

1　結婚初夜に第三者が寝具を確認し、新婦はその処女性が認められると「完全な娘」としての名誉を受け、婚入先から歓待される。ただし、年頃の子を持つ親たちは、「完全な娘」は近頃少なくなってしまったと嘆いていた。

2　マーレでは自分の生年を把握していない人が多く、彼女もまたその一人である。

3　学校に入学する際に、幼少期の名前を変えることは多く、とくにマーレ語でつけた名前をアムハラ語に変えることが多い。また、たとえアムハラ語を用いた名前であっても、改名することは多々あり、在学中に学校での登録名を変えることもある。

参考文献

有井晴香　二〇一五「女性の就学選択とライフコース――エチオピア西南部マーレを事例に」『アフリカ研究』八八：一―一二頁。

山田肖子　二〇一四「エチオピア　住民による学校支援の背景を探る――オロミア州における参加型調査」澤村信英編『アフリカの生活世界と学校教育』明石書店、一二二―一四六頁。

Thubauville, S. 2014a. The Impure Outsider: Ritual Exclusion and Integration of Women in Maale, Southern Ethiopia. *Northeast African Studies* 14(2): 145-158.

Thubauville, S. 2014b. Time Has Brought It!: Narrating Female Identities and Change in Maale. In S. Epple (ed.), *Creating and Crossing Boundaries in Ethiopia: Dynamics of Social Categorization and Differentiation*. Münster: LIT, pp. 115-126.

第4章　学び、遊び、夢いっぱい

ザンビアの農牧民トンガ

中和　渚

マザブカの子どもたち

サバンナの町マザブカ

ザンビアは南部アフリカの内陸国で、周囲はコンゴ、マラウイ、ジンバブウェ、モザンビーク、タンザニア、ナミビア、ボツワナに囲まれている。総人口は約一五〇〇万人である（二〇一三年、ユネスコデータベース）。ザンビアは一〇州に分かれており、公用語には英語のほか、七つの現地語[1]が定められている。国土の多くは海抜一五〇〇メートル前後の高原に位置し、気候はサバンナ気候で雨季と乾季に分かれている。

本章では南部州マザブカの子どもたちについて述べる。マザブカという町の名前はトンガ語の「川を渡る（Twazabuka）」に語源があるといわれている。マザブカの中心地は首都ルサカの南に位置し、車で約二時間の距離にある。町は幹線道路沿いに発達し、新しい集落が増え続けているが、人口約二四万人の小規模な町である（マザブカ市庁舎データ）[2]。乾季はルサカほど乾燥しておらず、気温の高低差がある。マザブカにはさまざまなエスニック・グループが混在して居を構えているが、中でも一五～一六世紀にかけて移住してきたバントゥー系農牧民トンガの人びとが多く居住している（成澤 二〇一一）。トンガの人びとはザンビアの公用語の一つであるトンガ語で会話する。

筆者は二〇〇五年に青年海外協力隊の理数科教師としてマザブカで暮らした。それ以来、マザブカを中心に数学教育に関する研究を続けてきた。そこで本章ではマザブカの子どもたちの学校内外の生活について紹介する。

畑を耕すマザブカの人びと

トンガの社会

サハ（Saha 1994）によれば、「トンガ」とは、南部アフリカの現地の言葉の一つであるショナ語で「独立した」という意味である。出口（一九八七）によれば、南部州のマザブカ、チョマ、カロモなどの都市に居住するトンガの人びとは高地トンガと呼ばれ、カリバ湖周辺に居住するグウェンベ・トンガとは一般的に異なる文化をもつ集団として区別されている。

トンガの人びとは伝統的に一夫多妻制である。しかし都市部では、ほとんどそのような事例は見られない。筆者が出会った一夫多妻のトンガの家庭は次の二つだ。

一つはマザブカの郊外（地域的には都市部に位置する）の集落に居住するサバタ氏とその家族だ。彼はトンガ文化を伝える太鼓・ダンスグループのリーダーで、六〇歳前後である（二〇一七年現在）。サバタ氏は三人の妻とその子どもたち、自分の従兄弟、兄弟姉妹と共に生活している。妻たちはそれぞれ別の家屋に住んでいる。サバタ氏は伝統的な太鼓を演奏するグループのリーダーで、マザブカでは有名であった。

もう一つは私の教え子の家族で、彼らは森林を切り開いた平地に住み、農業と牧畜を営んでいた。教え子の父親には二人の妻がいた。一夫多妻は五〇代以降の人たちに多く、若者で一夫多妻の家族を筆者はこれまでに確認したことがない。若者の間では「経済的に養うことができない」「妻たちの争いや嫉妬が大変で無理だ」という意見が大多数である。

たくましく生きる

教育指標

ザンビアの総就学率は一〇三・六五％、純就学率は八七・四％で（二〇一三年、ユネスコデータベース）、大半の子どもたちは学校に通っている。マザブカでも、教育を受けることは珍しいことではない。貧しい家庭の子どもたちも学校に通うことができるようになってきている。ただしザンビアでは、退学者は三二万五千人（二〇一三年、ユネスコデータベース）となっており、少なくない。また、初等教育から中等教育[3]に進学する子どもは全体の六三・九二％（二〇一二年、ユネスコデータベース）で、この数字は高くはないため、子ども全員が必ず教育を受けられるとは限らないことが分かる。

また、妊娠や、家族・養育者の病気・死亡などによる経済状況の悪化から、突然の退学や休学を余儀なくされる子どもが多い。日本では信じられないかもしれないが、子どもたちの学校の転出入や自主休学、退学が頻繁に起こるため、学校側も生徒の総数を正確に把握することが難しい。

このように単に就学率の数字を追っているだけでは分からない教育の現状がある。本章では、数字からは見えてこないザンビアの都市部の子どもたちの学校生活を記述したい。

子どもたちの学び場——学校

マザブカの都市部に位置する公立の大規模校（マザブカ基礎学校）[4]とその周辺の様子を紹介したい。

この学校の職員数は約三〇～四〇人（非正規雇用を含むため人数は流動的である）、生徒数は約一六〇〇人で、マザブカ都市部の学校のなかでは大規模である。学校は舗装された幹線道路沿いにあり、町の中心から約五キロ離れている。学校までの通学路にはジャカランダやカエンジュの木々の間に家屋が点在し、周辺にはマーケットや区画整理された集落のコンパウンドがいくつかある。子どもたちは幹線道路や、近道になる車両の少ない未舗装の裏道を通り、登校する。未舗装の道には凸凹があり、雨季になると水たまりが増え、歩くのが大変になる。その一方で、乾季は埃っぽく靴が砂で汚れてしまう。いずれにせよ、学校に着くころには子どもたちの靴は泥・砂まみれとなる。

窓ガラスの割れた学校の校舎

広い敷地内に校舎は複数あり、学年ごとに分かれている。教室の窓ガラスはところどころ割れており、なかにはドアに鍵付きの鉄格子がはまっている教室もある。電気が通っていないので教室内は昼間でも薄暗い。壁には模造紙に手書きした教材が貼ってある。黒板は平らではなく書きにくい。子どもたちは椅子と一体型の木製の机に二～三人で着席する。

学校での学習——数学の学力や子どもの考え

子どもたちは学校で何をどのように学んでいるのだろう。教科は学年ごとに違うが、主に英語、数学、現地語（マザブカの場合はトンガ語）、環境科学（日本の理科に相当）、家庭科、体育、簿記、図書などがある。教師が無言で教科書の内容を黒板に書き写し、子どもたちもそれをノートに書き写すだけという授業が多い。たとえば、英語や、高学年で学ぶ歴史・公民・宗教などである。環境科学では実験を行ったり、数学では問題を解いたりする。以下では、数学の授業について詳しく述べたい。

一年生から七年生までの低学年の数学では、グループワークや歌を取り入れた授業が行われる。一〜七年生ではクラス内で子どもを習熟度別のグループに分けることが多い。また、数学は子どもたちの学力差が大きい教科のため、特定の子どもだけが挙手する授業も少なくない。

この学校では高学年になると数学の授業はある決まった型で進行する。それは教師主導の授業である。この学校での典型的な授業の例を紹介しよう。最初に、教師が数学の公式を示す。たとえば「平行四辺形の面積＝底辺×高さ」。この公式についての説明はないため、子どもたちは公式の意味も考えず暗記する。次にその公式を使って黒板で教師と共に例題を解く。答えの数値や式について教師は尋ねる。答えは黒板に書かれているので、子どもたちは大きな声で答えを復唱する。「分かりましたか？」と何度も聞かれる。理解していなくてもとりあえず「はい」と答える。全員が、大きな声で。

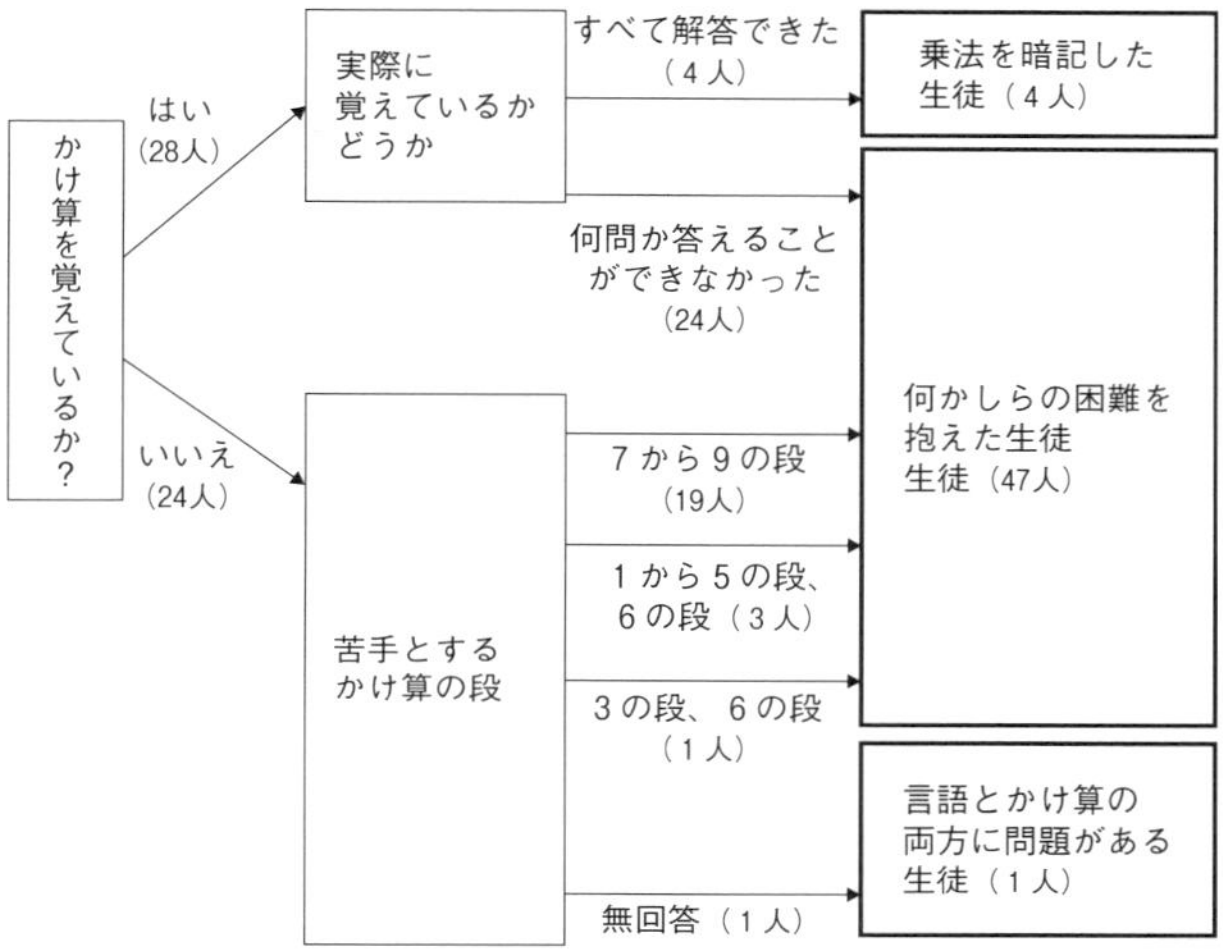

図 2-4-1　子どもたちの九九の習熟結果
注）中和（2011）をもとに作成。

その後、練習問題を解く。運が良ければ教師がノートを添削し、そうでなければそのまま授業は終わる。解いた問題が正解かどうか分からないままの子どももいる。問題を解かない子どももいる。次の日には、習った公式を忘れてしまう子どもも多い。数学では、面積の公式は幾つかあるため、丸暗記ではどの図形にどの公式を適用するのかが次第に分からなくなる。このように、なぜその公式がそうなっているのか、どんなときに使うかを考える授業が少ない。

次にかけ算の習熟に関する調査例を用いて、子どもたちの学力の状況について説明したい。日本でいうかけ算の九九は二年生で学習され、その後、数学のさまざまな単元で使用される。ところが三年生以上でもかけ算を正確に使うことができる子どもは少ない。八年生（日本の中学校二年生に相当）のかけ算の習熟度を調査したところ図2-4-1に示す結果を得た。

この調査では、八年生の子どもたち五二人に対して、一人ずつのインタビューを行い、一五分程度かけ算の質問を行った。まず、かけ算を覚えているかどうか回答してもらった。「はい」と答えた子どもは二八人、「覚えていない」と答えた子どもは二四人であった。自己申告で状況を正確に把握できるとは限らないので、五以上のかけ算の九九を一問一答で答えてもらった。すべて正解した子どもは四人で、残りの四八人のうち二四人には答えることのできない問題があった。五二人のうち四八人の子どもはかけ算の九九を完全には習熟していないことが分かる。彼らの大半は九九の際に指を使ったり棒をノートに書いたりして回答するため、暗記していないことが分かるし、何より正答にたどりつくことが難しい。とくに六の段以降になると答えが曖昧になる子どもが多かった。

かけ算の九九を完全に覚えている子どもたち（四人）は「低学年のときに担任の先生から覚えるようにと言われた」と答えた。クラスに数人はいる、優秀な子どもだと思われる。一人は一問も答えることができなかった。英語では意思疎通が不可能で、現地語で話を聞いても、数の概念自体を理解できない子どもであった[6]。この調査結果は学習成果の厳しい現状を示しているが、当の本人たちは平気である。間違えても「あっ、間違えた」という顔をして、気にしていない。

かけ算の習熟度の例から学力に課題があることを示したが、一方で子ども自身は数学の学習に対してどう思っているのか。数学が好きな九年生の女子生徒に話を聞いた。


私、特に方程式が好きよ。

でも、家ではそういうものは使わないわね。学校でしか使わないわよね。

数学はいつも学校の授業の最後にあるのがとても嫌。大切な教科だから一時間目にないと集中できないわ。

国家試験で数学の点数が悪いと、どこの学校にも進学できないもの。

そう、私、数学が一番好きよ。成績もいいし。うふふ、だって難しいけど、同時にとてもシンプルだもの。間違うときは自分が理解していないってことだし。そう、とてもシンプル。とにかく、公式を覚えて、そして他の教科よりも力を入れて勉強するってことよ。

私だけじゃなくって、他の人たちにとっても数学ってシンプルだと思うわ。だって、答えはいつも一つしかないじゃない。計算をはい、こうやっていろいろやって、それでたどり着く答えはいつも一つよ。一つだけ（二〇一二年三月の調査データより抜粋）。


この語りにあるように、数学という教科では答えが一つで、だからこそ単純なものだと考えている子どもたちは多い。さらに子どもたちは、学校外では学習した内容をほとんど使わないこと、一方で国家試験合格のためには数学は重要だということを知っている。本来なら意味を理解して覚えるべき公式に関しても、丸暗記するものだと考えている。つまり、学力の課題は指導の方法に対する課題と表裏一体である。

見てきたように学習指導においては問題もあるが、その一方で子どもたちは生きる力を持っている。学校外でのクラブ活動で、それを存分に発揮した。

生きる力に満ちあふれる――サバイバル・ライフ

学校では放課後にいろいろな部活動があり、子どもたちは自由に参加できる。JETS（Junior Engineers Technicians Scientists：ジュニア科学技術クラブ）といわれる理数科のクラブ活動はそのうちの一つである。理数科に関わるプロジェクトを発表し競いあう大会が年に一度開催される。優秀者は表彰され、郡・州・国レベルの次の大会に進むことができる。

筆者は二〇〇七年の寒い乾季の時期にクラブの参加者たちと州大会に出場することになり、子どもたちを引率する機会を得た。南部州のある高校で二日間大会が行われるため、子どもたちと大型トラックの荷台に乗って移動した。鍋や皿などの調理道具、炭、プロジェクトで用いる道具一式を用意して出かけた。会場に着くと、宿泊場所として参加校ごとに教室が割り振られた。ちょっとした合宿である。

各学校の子どもたちは、会場に到着するなり手際良く分業して、食事を作っていた。野外で炭で火を起こして湯を沸かし、包丁で野菜や肉を切っていく。年長の女子生徒が中心になり調理を進めていく。特に、授業では学業成績が振るわず、おしゃべりばかりで叱られていた女子生徒たちの数名が生き生きとして料理を行い、子どもたちの中心的存在となっていた。その一方で男子たちは同年代でも行動が幼く、周りで騒いだり、喧嘩をしたり、つまみ食いをしたりして、待つだけだった。ただし、大きな荷物を運ぶ際には男子生徒たちも活躍していた。男女の分業が自然とできている。それぞれが、それぞれの役割をこなし、教師の出る幕はない。

昼食後に学校対抗の理数科クイズ大会が行われた。予定では昼過ぎに始まり夕方に終わるはずが、夕方に開始し、夜中まで熱戦が繰り広げられた。

夜になると学校ごとに割り振られた教室で、全員で寝た。筆者が指示しなくても、寒いため男女別に固まり、それぞれ離れて寝ていた。「こっちに来ないでよ！」と女子が男子をからかっていた。筆者には、子どもたちが「先生が私たちと一緒に床で寝るのは良くない」と言い、椅子を並べて布を敷き、簡単なベッドを作ってくれた。教室には電気がなく真っ暗だったが、子どもたちは文句を言わず、慣れた様子で楽しんでいた。

次の日は、学校ごとに作品やプロジェクトの発表を行った。身近にあるペットボトルや廃材を利用した自動車模型、実験器具等の展示などがあり、大人でも楽しむことができる。子どもたちは持参した自分たちの作品の前に陣取り、審査員に説明したり、実演したりする。学校の授業では受け身でおとなしい子どもたちが、ここでは生き生きと受け答えし、科学や数学について楽しんで考えていた。そして大会で見せるその眼差しは真剣だった。

大会後、迎えの車が予定通り来なかったため、帰宅時間が大幅に遅れた。しかし子どもたちは、遅れを気にせず、円陣を組んで大声で歌い、ダンスをして、楽しみながら待っていた。夜は危険なため、一人一人の自宅まで送った。藁の門を飛び越えて「グランマ！（おばあちゃん）」と叫んで走って家に駆け込んで行った女子は、内心は不安だったのだろうか。

このように、部活動にやりがいを感じている子どもは多い。クラブメンバーのなかには、理数科目が好きになり、理系の大学に進学した子どももいる。

電気や水道といったインフラが不安定なため、子どもたちは野外での生活に慣れている。厳しい環境でも生き抜く力、自主性、協調性、そして自立心を持っている。自分の人生を生き抜く力を身につけることが教育の最終的な目的の一つとされているが、マザブカの子どもたちは、すでにその力を身につけている。

教育への熱意と思い

筆者は以前、ザンビアの人びとが教育と社会の関係をどのように捉えているのかについて調査を行った（馬場・中和二〇一四）。この調査では九年生の子どもたちに学校や教育、試験、社会について語ってもらう機会を得た。そのうちの女子生徒Kの語りにスポットをあて、子どもが考えていることを掘り下げて考えてみたい。

「国家試験には必ず合格するわ」——なぜ勉強するのか？

Kは九年生で一四歳である。マザブカとルサカの三つの初等学校を転々として、八年生でこの学校に転入した。英語が上手で成績は優秀であるから勉強好きで、授業に積極的に参加している子どもだと思われる。おしゃべりが大好きで、細身で手足が長い、目がクリッとした、ザンビアにはどこにでもいそうな女の子である。Kの家族の構成は母親と姉二人、弟一人である。父親はKが二歳の時に亡くなった。母親が家政婦として働いており多忙のため、Kが家事を行い、弟の面倒も見ている。姉たちが進学等で不在であるため、家庭に対する責任感が強い。

Kは国家試験や教育について次のように話してくれた。

> 七年生のときの担任の先生が、国家試験に合格したければ「とにかく一生懸命勉強しろ」と言っていたの。「頑張らなければ、試験は難しいので合格することはできない」と。だから、私は一生懸命勉強したのよ。七年生の国家試験の前には昼食を持って学校に行って、放課後に学校に残って勉強し、夕方に帰っていたのよ。一週間の時間割を決めて、たとえば月曜から金曜まで何の科目を勉強するのか計画を立てて、それを実行したの。毎日。

努力を振り返るKの口調は誇らしげである。午前の授業が終われば皆いったん帰宅して昼食をとるのが普通であるから、彼女は相当勉強したようである。そして七年生の国家試験に合格し、進級した。

国家試験では毎年、カンニングや問題の漏洩が起こる。彼女は真面目な生徒であるから、これらの不正行為が許せない。

七年生の試験は一つの机に二人座って試験を受けるから、素行が悪い同級生は堂々とカンニングしていたの。

でも、多分、九年生の国家試験はそうはならないと思うから、安心しているわ。多分、一人ずつ着席すると思うの。


そして勉強しているからこそ、九年生の国家試験が待ち遠しいようである。


九年生の国家試験の受験をとても楽しみにしているの。早くそのときが来ないかしら。

試験に合格して、私は全寮制の高校に入りたいの。今、一生懸命勉強しているから、絶対行けると思うわ。


彼女が希望している全寮制の高校はマザブカ郊外にあり好成績でないと入学できない。学校選択の際には国家試験の成績が考慮されるため、実際には本人の希望が通らない場合が多い。Ｋの通う学校の試験合格者は、徒歩で通う地元の高校に進学するのが常である。

そこまで勉強熱心なのはなぜか、Ｋに尋ねたところ、彼女は貧困状態にある自分の家族のことを話してくれた。


私は親を失望させたくないのよ。合格できないと留年しないといけない。すると家計がますます大変になるから。

親や親戚たちが苦労して教育費を払ってくれているのに、試験に落ち続けるなんて、そんなひどいことってある？　勉強しなくちゃ。

ザンビアでは経済的に恵まれている家庭もあるわ。そういう家庭はお金にまみれているのよ。

「ママはこれを持っているの」「パパはこれも持っているの」友達の自慢を何度も聞いたわ。

政府もお金にまみれて、汚職があるっていうし。

では、お金がなければ、自分の夢や希望を叶えるにはどうしたらいいの？　頑張るしかないでしょう。

家庭の貧しさが話題になると、Kは感情的になり、そこから反骨精神すら感じられた。親や親戚にこれ以上金銭面での迷惑をかけられないという家族思いの面だけではなかった。他の裕福な友人に対する意地も感じられた。

Kは自分の将来についても語ってくれた。

私にとって教育はとても重要な意味を持っているわ。なぜって、私の家族、たとえば母は学校を中途退学しているの。私が試験に合格し進学できれば、母は嬉しいと思うわ。反対に、私が中途退学になったり不合格になったりすると、私も私の母のようになると思うの。私は母のような無学の人間にはなりたくない。だから教育は私にはとても重要だし、試験に落ちるという失敗を犯さずに先に進むことがとても重要なの。

教育は私たちの将来につながるのよ。私たち子どもは未来のリーダーだと思う。教育を受けなければ私たちは何者にもなることができないでしょう。

教育は私たちの人生といっても過言ではないわ。

教育を受けていなければ、周りからも、仲間からも尊敬されないと思うの。でも教育を受けていれば、人生において今とは違う誰かになれると思う。

母親のことを大切に思っているが、同時に学歴がなく、社会的地位の低い家政婦として働く母親のようになるという選択肢は考えられないと話した。ここには母親と自分の生き方を比べるという複雑な思いが垣間見られる。

Kが教育について語るときの口調は情熱的で自信に満ちていた。ザンビアの子どもたちのなかには、このように自分の主張をしっかりと語ってくれる子もいる。

「世界で羽ばたくジャーナリストになりたい」——将来の夢

Kは将来の希望も語ってくれた。

英語はザンビアの公用語なので勉強するわ。より努力すれば、将来英語を使う仕事ができると思うの。私は世界中の国々を訪問するような仕事がしたいわ。日本にも、オーストラリアやアメリカなどの国にも行きたい。それらの国々がとても好きなの。日本や南アフリカ、とても良いと思うわ。

南部州のチカンカタにある全寮制の高校に行きたいの。高校のあとはジャーナリストになりたいわ。だって、私は読書がとても好きだから。そう、私はジャーナリズムを専門として勉強したいと思っているの。ジャーナリズムの勉強を終えたら、多分私は何かの仕事に就いてお金を貯め、そして旅をして何かを探したい。私はザンビアで死にたくはないから。私はザンビアで生まれたけど……海外に行くと思う。ツーリストに、まずはなるでしょう。いつか、いろいろな世界を見たいと思っているわ。

Kは大きな瞳を輝かせて、将来の夢について語ってくれた。このように子どもたちはいろいろな夢を描いて、学校に通っている。ジャーナリストになることは狭き門のため、彼女の夢が叶うかどうかは分からない。しかし、このような彼女を見ていると、夢が人生に希望を与えているようにも思われる。

筆者は二〇一五年にマザブカ基礎学校の卒業生に会う機会を得た。二〇歳前後の若者たちで、彼らの進路は首都の国立ザンビア大学に進学一人、教員養成短期大学に進学二人、幼稚園教諭一人、ヘアサロン勤務一人、事務職一人、さとうきび工場の季節労働者二人、子育て中の主婦四人、市内のスーパーマーケット勤務一人、タクシー運転手一人、宿泊施設の清掃係一人だった（計一五人）。地元での就職が多く、女性であれば主婦が多い。このうちの数人に話を聞くと、将来はお金を貯めて大学に進学し、収入も社会的地位もより良い職業に就きたいとのことであった。マザブカという首都から離れた町でも、今は高校卒業資格だけでは彼らが満足する職業に就くには十分ではなく、大卒の資格が必要であるようだ。彼らの話から、希望職種に就くのは難しいことが分かる。その一方で、夢と現実は違うかもしれないが、大人になった彼らに、絶望感や悲壮感は感じられなかった。

Kや卒業生たちの話から、教育を受けることによって芽生えた夢や希望は、子どもたちの人生を豊かにし、それ自体に価値があるのではないかと思われた。

「社会で活躍したいの」——男女平等の社会

教育の普及は女性の社会進出や、男女平等という価値観を生み出している。Kは次のように語ってくれた。

男女間は平等で、何の区別も差別もないわ。今は、女性であっても大人になれば仕事をする必要があると思うもの。私が充分に教育を受けていなければ、教育を受けていない男性と結婚することになると思うの。だから教育を受けることは良いことで、大切なことだと思うわ。女性がきちんとした教育を受け教養を身につけていないと、結婚したあとに男性は外に出て他の女性を探すと思うわ。教育を受ければ、ただ単に農家になるとか、そういうことにはならないで、自立、自活ができるようになるの。私は人生でそのようにありたいと思っているの。

Kは自分たちの親世代の男女関係については冷静なものの見方をしており、女性としてどのようにキャリアを形成し、どのように振る舞うのが最善であるのか考えている。より良い教育を受けることで自分の社会的地位が変わることも予想している。ジェンダーに対しても、男女が対等となるには、教育が大切だと確信を持って語り、教育を受けることで将来は経済的にも独立できると考えている。トンガの伝統は一夫多妻制で、女性は家事・育児、男性はサバンナの乾燥する気候に合った農作業と性別で分業しているが、彼女は伝統的な価値観について話さなかった。むしろ新しい女性像を模索し創っていこうという気概が感じられた。部活動の項でも触れたが、男女が集まれば、家事的な作業はたいてい女性の役割である。また、学校内でも自然と男女が別に行動することが多い。ただし学校にいる限り、多くの場面で男女間の区別はない。学校教育が新しい世代に新しい価値観を与えているのではないだろうか。

子どもたちから学ぶ

本章ではサバンナの学校における子どもたちの生活を中心に述べてきた。筆者が専門とする数学教育研究においては、学力や教育の質がクローズアップされる。しかし視点を変えると、学校は子どもたちが新しい考え方を身につける貴重な空間でもあることが分かる。子どもたちは雨季乾季それぞれの厳しい気候やインフラが不安定な生活環境にもくじけることなく、ハツラツと学校に通っている。友達と会って話すのがとても楽しいという子どもも多く、家での家事や雑用から逃れられて安心すると語る子どももいる。教育学的視点からは学校を取り巻く問題は山積しているが、マザブカの子どもたちの日常は悲壮感にあふれているものでは決してない。

学校教育の目標の一つである人間として自立すること、周囲と協力することが自然とできている子どもたちを前にすると、教育の意味という本質的な問いを自問せざるをえない。新しい価値観を持った子どもたちが作る、数十年後のザンビアの社会が楽しみでもある。

注

1　これらはベンバ語、ニャンジャ語、ロジ語、トンガ語、カオンデ語、ルバレ語、ルンダ語である。

2　市庁舎勤務のA氏にSNSを通して確認した（二〇一六年五月六日）。

3　初等学校は七〜一三歳（一〜七年生）、中等学校は一四〜一八歳（八〜一二年生）が通う。筆者が勤務したザンビアの基礎学校では一〜九年生が通っていたが、教育制度が変わり一〜七年生の初等学校となった。七年生、九年生、一二年生の学年末に国家試験があり、合格しないと次の教育段階に進級できない。本章では基礎学校に統一した。

4 マザブカ基礎学校はザンビア内においても歴史の古い学校である。

5 学校で学習する現地語は各地で異なる。

6 トンガ語でも数字を表す単語はあり、就学前の子どもたちはトンガ語で数を言う傾向がある。一方で就学すると子どもたちは基本的に英語で数を言うようになる。トンガ語で会話をしていても数は英語で表現する場合が多い。数が大きくなるとトンガ語で表すより、英語の方が便利だということを聞いたことがある。

参考文献

馬場卓也・中和渚　二〇一四「ザンビア　学校と社会のつながり——試験とコンピテンシーを視点として」澤村信英編『アフリカの生活世界と学校教育』明石書店、二二二—二四三頁。

出口顕　一九八七「高地トンガ（ザンビア）の占い師の憑霊——一つのテクスト」『族』三：一九—四五頁。

中和渚　二〇一一「ザンビア共和国の数学教育開発のための基礎的調査——乗法についての予備的考察と子どもの学習課題の導出」『第四四回数学教育論文発表会論文集』一：九三三—九三八頁。

成澤徳子　二〇一一「嗜好品文化にみる生活文化の変容——ザンビア、トンガ社会の『甘い酒』チブワントゥを事例に——」『生活学論叢』二〇：三—一六頁。

Saha, C. S. 1994. *History of the Tonga Chiefs and Their People in the Monze District of Zambia.* NY: Peter Lang Pub Inc.

ユネスコ　二〇一三「ザンビア共和国」http://www.uis.unesco.org/DataCentre/Pages/country-profile.aspx?code=ZMB®ioncode=40540（二〇一六年五月一〇日閲覧）。

第Ⅲ部

熱帯雨林に生きる

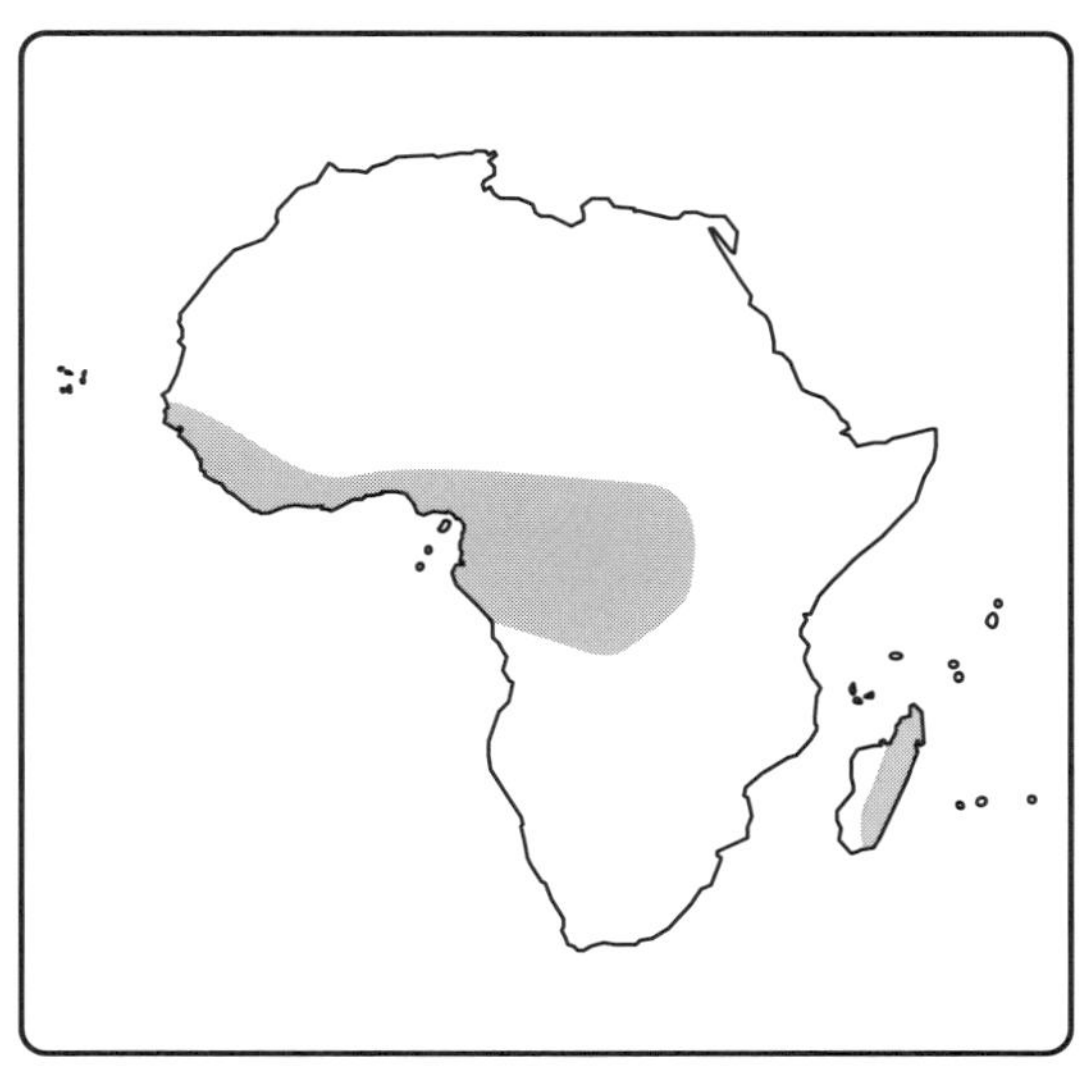

熱帯雨林の環境と文化

清水貴夫

自然と環境　アフリカの熱帯雨林は、ギニア湾岸の最深部からコンゴ盆地、すなわちカメルーン、ガボン、コンゴ民主共和国、コンゴ共和国、中央アフリカなどの地域に広がる。ほかにも、ギニア湾岸のギニアやコートジボワールなどにも一部、熱帯雨林地域が見られる。いわゆる熱帯雨林と呼ばれる地域では、年間降水量が一五〇〇ミリ以上の多雨状況の中で、巨大な木本植物が群生し、森林帯が形成される。サバンナ帯は一年のうち六ヶ月ほどが乾季であり、雨季と乾季がはっきりと分かれているが、熱帯雨林帯では、二ヶ月から四ヶ月ほどの短い乾季があるだけである。そして、乾季とはいえ、乾燥帯やサバンナ帯のようにまったく雨が降らないわけではなく、しばしば少雨があることがある。

生業と人びと　熱帯雨林の人びとは、農耕と狩猟採集を中心的な生業とする。乾燥地からサバンナにかけては農耕と牧畜を組み合わせた生業が見られるのに対し、熱帯雨林ではさらに農耕の比重が高くなる。背景として、雨量の多い熱帯雨林では、中型・大型家畜が乾燥地よりも病気にかかりやすいことが考えられる。そして、巨木が密生する森林地帯では、見通しが悪く、家畜管理が難しいため牧畜には不向きであることが考えられる。豊富な水資源の条件のもと、多種の作物の農耕が営まれている。乾燥帯からサバンナで中心的に栽培される雑穀類とは異なり、イモ類（ヤム、タロ、キャッサバ）に比重が置かれる。また森林の中では、狩猟採集民が現在も狩猟採集を営んで生活している。定住、農耕に重点を置く人びとも増加しており、学校教育なども普及しつつある（第一章、第二章）。

歴史と文化　アフリカ大陸の熱帯雨林はギニア湾岸やコンゴ盆地からタンザニアまで広がっている。中でも最大のものは、アフリカ大陸の中央に位置するコンゴ盆地である。ここでは、第一章と第二章で紹介するバカなどの狩猟採集民が独自の文化を形成している。また、深い森に隔てられたことから、小規模な狩猟採集社会や農耕社会が各地に成立した。一方で、乾燥地やサバンナに見られたような広大な地域を領有した王国は、コンゴ王国などいくつかの事例を見るに留まる。

近年の問題　アフリカの熱帯雨林には、サバンナのアフリカゾウやクロサイと並び、絶滅が危惧される何種類にも及ぶ野生動物が生息している。その中には、チンパンジーやゴリラなどの類人猿も含まれる。これらの類人猿は人類進化を知る上でも大変重要な存在であり、第三章でも述べられているように、内外の公的機関や研究者、さらにはＮＧＯも交えて、これらの保護活動が活発に行われている。

また、近年の携帯電話の普及に伴い、アフリカの熱帯雨林に埋蔵されるレアメタルは、その原材料として大いに注目を集めているトピックである。とくにコンゴ盆地は、植民地支配時代から銅鉱脈の存在が知られていたが、近年はレアメタルをめぐり、国際的なアクターを巻き込みながら争いを生んでいる。

第1章　森との向き合い方を学ぶ

カメルーンの狩猟採集民バカ（一）

園田浩司

カメルーンの熱帯雨林

アフリカ大陸の中央には、熱帯雨林が広がっている。二〇〇九年に初めて足を踏み入れ、以来、私はここで暮らす狩猟採集民の人びとの生活を見てきた。動物を狩って、木の実やはちみつを集めて暮らす生活は、どのようなものだろうか。初めて会った時、私は、話し方が柔らかくて、落ち着いた人たちだ、と思った。人びとと付き合うようになって、彼らがさまざまな顔を持っていることを知った。たとえば、普段はひらけた集落に暮らしていて、どこかぼうっとしているが、森に入ると、おどろくべき観察力で、樹上のサルや木の実を見つけてしまう。私とはまったく異なる感覚で生きているのだろう。そしてこの落ち着きは、きっと森の暮らしでつちかわれた構えなのだ、と私は思うようになった。彼らが暮らすカメルーン共和国の南東部は、近年森林破壊が進む。巨木を積み込んだ大型トラックが、砂ぼこりをまき上げて騒々しく人びとの目の前を通り過ぎる。人びとの生活は刻一刻と変化している。

ピグミー系狩猟採集民

熱帯雨林で暮らす狩猟採集民は、「ピグミー」という名称でも知られる。「ひじから手首、または指の付け根までの長さ」を意味する古代ギリシア語に由来し、彼らの身体的特徴に注目して用いられた呼称である（北西 二〇一〇）。ピグミー集団は、国境をまたいで、この熱帯雨林に一五集団以上存在し、人口は二〇万から三〇万と推定される（Bahuchet 2014）。これらの集団は、①一年のうち四ヶ月は狩りや採集をして過ごす、②森の暮らしに強いアイデンティティを持つ、③近隣の農耕民たちとの間に社会的、経済的な関係を維持している、そして④ゾウ狩りと結びついた儀礼を行う、といった点で共通するが、一方、言語や生活手段、子どもの育て方など、生活のさまざまな側面ではちがいも見られる（Hewlett 1996）。本章に登場するバカは、ピグミー集団の一つで、カメルーン、コンゴ共和国、中央アフリカ、そしてガボンに、合わせて三万人から四万人いるとされる（Bahuchet 2014）。森の中で遊動して暮らしていたが、一九六〇年代にカメルーン政府が進めた定住化政策の影響で、今では、森を通り抜ける道路沿いに建てた集落で生活している。したがって、集落の暮らしはごく最近始まったばかりともいえる。

川底の小魚をさがす青年女性とそれを見守る女の子たち

このような暮らしぶりにあって、彼らを「狩猟採集民」と呼ぶのがふさわしいか、長らく議論されてきた。狩猟採集民はそもそも狩猟採集だけで生活してきたのか。この問題は研究者の間で「ワイルドヤム・クエスチョン」（Headland 1987）という名で知られている。農作物にたよらずに、野生のヤマノイモ（ヤム）だけで、人びとの暮らしは成り立つのか。この問いに対し研究者たちは、ヤマノイモだけでの生活は難しく、人びとは、近隣の農耕民からもらう農作物にも頼ってきた、と考えている。遊動生活時代の彼らは、手に入れた動物の肉やはちみつ、毛虫などを、集落住まいの農耕民に提供し、そのかわりに鉄器や農作物（キャッサバやプランテン・バナナなど）を受け取る、こうした物々交換を行っていた（Bahuchet 1991）。そのため人びとは、次の生活の拠点を選ぶ際、もっぱら狩りや採集にふさわしいかだけではなく、農耕民の集落にアクセスできるかも考えたのである（Bahuchet 1991）。このように狩猟採集民の生活は、森の外の生活と密接なつながりを持ってきた。

それでは、狩猟採集民という言い方はまったく不適切なのかといえば、そうとも限らない。実際、彼らを「狩猟採集民」と慣習的に呼ぶ研究者がいるが、それにはいくつかの事情がある。たとえば、彼らは農業を営んでいるが、安定した収穫を意図しているわけではない（安岡 二〇一〇）。また狩猟技術を買われて、農耕民から猟を任されることもある。さらに、今でも集落を離れ、森で長期間キャンプをするという、定住する農耕民とは異なる特徴が、彼らの生活にあるためだ。

熱帯雨林の暮らし

熱帯雨林の暮らしとはどのようなものか。私が調査する東部州ロミエは、首都ヤウンデから三五〇キロ、乗り合いバスとタクシーを乗り継ぎ、およそ八時間の距離にある。首都から続く舗装路はここまでは届かない。バスは途中、穴だらけの荒れた路面で大きく揺れる。激しい雨でできたぬかるみにタイヤを取られ、バスが動かなくなることもしばしばである。

バカの人びとは、農業、狩り、採集、森の小川での漁、そして賃金労働などをして暮らしている。畑にはプランテン・バナナやキャッサバ、サトイモ、ラッカセイ、それにヤマノイモなどを植えている。狩りは成人男性の仕事だ。

ただ狩りといっても、槍を片手に獲物を探し歩くこともあるが、より一般的なのはワイヤーを用いたハネワナ猟だ。地面に挿し込んだ枝木の先にワイヤーを取り付け、そのワイヤーの先に輪を作って地面に固定する。獲物がエサを求め、この輪を踏み抜くと、途端に獲物の足がしばりあげられる仕組みだ。ハネワナでは、レイヨウやヤマアラシ、センザンコウなどが獲れる。

採集はおもに女性の仕事だ。ブッシュ・マンゴーをはじめ、ヤマノイモ、はちみつ、毛虫、キノコなどの食料、それに背負いかごを編むラタンといった道具作りの材料まで、さまざまだ。狩猟肉や小魚、それに木の実は、必ずしも自ら消費するだけでなく、販売もする。

森のキャンプとモングル

最も一般的な賃金労働といえば、農耕民の畑の手伝いだ。草刈りや耕起、種まきの作業を行う。ある農耕民は、これらの作業の時に、バカの人びとを毎日四～五人雇うという。こうした労働によって、彼らは一日五〇〇セーファ・フラン程度の給料を手に入れるそうだ。また作業中、ヤシ酒も振る舞われる。女性や子どもも、この労働に加わる。

バカの人びとが森に出かける時期は個人によってばらつきがあるが、おおよそ乾季で雨の少ない一二月から二月、そしてブッシュ・マンゴーの採集時期となる六月から八月だ。森で採集したナッツは重要な収入源である。日帰りする時もあれば、数ヶ月森に入ったままの時もある。一方、九月から一一月は大雨季となり、あまり森には入らない。

私が滞在したバカの集落Sは、人口約九〇人で、その規模はバカの集落としては平均的だ。集落前には道路が走り、バイクタクシーや大型トラックがひっきりなしに往来する。農耕民の集落と狩猟採集民のそれは、一見区別がつかないが、一つだけ大きなちがいがある。それは、簡易小屋「モングル」があるかどうかだ。たいていの集落には、土壁の家が建っていて、大方のバカの集落もそうである。しかしバカの集落の中には、このモングルが見られることがある。モングルは森のキャンプで作られる、半球体の形をした小屋で、複数の枝木を地面に挿して作ったドーム型の骨組みに、葉の面積が広く、耐久性にすぐれたクズウコンの葉を何層も重ねてふいたものだ。土壁の家の製作には何ヶ月も要するが、このモングルは、早ければ数時間で組み立てられる。これはもっぱら女性の仕事だ。

さて、バカのもう一つの住みか、森のキャンプは、集落の裏に広がる森を分け入ったところにある。私が滞在したキャンプは、集落からおよそ七・七キロ離れていた。このキャンプには集落Sに住む数家族が参加し、合計七軒のモングルが建てられた。子ども一八人、成人・青年男性七人、成人・青年女性一一人、乳幼児四人の計四〇人からなるこのキャンプは、平均的な構成だ。キャンプまでの道のりは厳しい。地面から顔を出す根っこに足を取られたり、横から張り出したつる植物のとげにシャツを引っ張られたりして、思うように前に進めない。しかし、そんな私を尻目に、人びとは履き慣れたビーチサンダルで軽快に進む。ことによると、彼らは集落より、森を歩く方が早いのではないか、と思うほどだ。

森の中の子どもたち

以上のようにピグミー集団の中でもバカは森での生業志向が強く、子どもたちもしばしば森に行く。「子ども」はバカ語でヤンデと呼ばれ、およそ五歳から一五歳の者が想定されるが（亀井二〇一〇を参照）、本章では、とくにその前半である五歳から九歳程度の子どもたちの生活を描く。

子どもたちは、彼らだけでいるよりも、大人や青年キョウダイに混じって時間を過ごすことが多い。彼らはまた、家事や生業にも積極的だが、とはいえ亀井（二〇一〇）が述べるように、そうした活動は必ずしも遊びと切り離せるわけではない。たとえば川に水汲みに行っても子ども同士でふざけ合い、大人や青年とともに狩りや採集をする時でさえ、楽しそうである。集落での子どもたちのおもな労働といえば、水汲み、調理、洗い物、洗濯、薪集め、小・中型哺乳類の獲物の解体の手伝い、それに年少のキョウダイの世話などだ。これら一連の家事労働に性差はあまり見られないが、森での狩猟採集となると様子が異なる。男子は父親や兄、年長のイトコが猟に出かけるのについていく。獲物を背負いカゴに入れ、集落に持ち帰るのが彼らの仕事である。一方、女子は母や姉、その他年長の女性たちと一緒に、採集をしたり小川で漁をしたりする。男女ともに子どもたちは、大人たちが森に出かける際、たいてい一緒についていく。

森でのキャンプ生活[2]

強い日差しと、往来する車の騒音とで、ストレスのたまる集落に比べると、森の心地よさは何ともいえない。バカの人も、どうも同じ感覚のようだ。森の中には、木もれ日が差し込む。時おり遠くの方で、鳥やけものが鳴き、そして木の実が落下して木々にぶつかり、カコーンと音が響く。声をさまたげるものがないせいか、人びとの話し方も一段とおだやかに聞こえる。

キャンプは小川の近くに作られる。小川は家事や水浴びに欠かせない。また、小魚を捕まえる漁場となるし、キャンプ場の目印にも有効だ。子どもたちはここでも、水汲みや調理など家事をせっせとこなす。キャンプの朝は人びとのおしゃべりとともに始まる。人びとはたき火に身を寄せ、ぼんやりと森の奥を見やっては、今日はだれがどこへ行くか、とその日の計画を簡単に話し合う。

大人の男たちは槍を肩にかけ、ナタを片手に持ち、猟に出かける。ハネワナの見回りである。道具は、道中で出くわす獲物や、ワナにかかった獲物を仕留めるのに使う。男たちはしばしば、仕留めた獲物をキャンプに持ち帰る。小さな獲物ではオニネズミやツリー・ハイラックス、大きなものとなるとガボンバイパーなどがある。ガボンバイパーは、体長一メートルほどの有毒ヘビだ。ある日の夜、一人の男性が、仕留めたガボンバイパーを首にかけ、すずしい顔をしてキャンプに戻ってきた。驚いた私は、どうやって仕留めたのかと尋ねた。バイパーが目の前に現れるやいなや、頭をドスン、とナタで叩いてやったのだと、彼は少しほこらしげに語った。

男たちは一人か、あるいは数人で出かけるが、女たちはそれより多くの人数で出かけることが多い。漁場と決めた小川まで森の中を歩くが、途中で木の実やキノコを見つけると採集する。背負いカゴに、ホーロー鍋と、採集したものを包むクズウコンの葉を詰め込み、おしゃべりしながら目的地に向かう。女たちが行うのは掻い出し漁である。小川の上流に泥を積んでダムを作り、水をせきとめる。以下、下流に向かって、同じものを一定間隔で作っていく。ここで、丈夫なクズウコンの葉で水面をばしゃばしゃと掻き出していく。すると水位が下がり姿を現した水底や、岩の間、また水中から小魚やサワガニを見つけ出すことができる。人びとは、およそ午前八時にキャンプを出発すると、正午か、午後二時頃戻ってくる。昼食を済ませて、捕ってきた獲物や採集物の下処理を行ううちに夕方を迎える。こうしてキャンプの一日が終わる。

森での子どもたち

いくら活発なバカの子どもたちでも、彼らだけで狩りや採集に出かけることはあまりない。森の道に詳しくないことや、また茂みを切り開いたりするのに使うナタをはじめ必要な道具を持っていないことなど、いくつか理由がある。ただし道に迷う心配がない小川では、子どもたちはある程度自由に行動できるようだった。たとえばある時、男子たちはヤシで作った竿で釣りをしたり、女子たちはささやかな掻い出し漁をしたりしていた。ただ、この漁は、キャンプに戻ってくるよう、ある年長女性に呼ばれて、長続きしなかった。子どもたちが狩りや採集をすることができるのは、大人や青年キョウダイについていった時に限られるのだ。

彼らのような子どもたちも参加する猟に、オニネズミ猟がある。地中のオニネズミを、煙でいぶし出すこの猟では、子どもたちには、巣穴からオニネズミが逃げ出さないか見張る役が与えられる。この猟には男女問わず参加する。一方、大人や青年と一緒に行く掻い出し漁には、男子たちは参加せず、もっぱら女子だけである。彼女たちは、大人たちのそばにいて、彼らが捕まえた小魚やサワガニをホーロー鍋に入れたり、また水を掻い出すのに使う葉を摘んできたりする。また、ハネアリやさなぎ、毛虫の採集でも、子どもたちは重要な役割をはたす。

子どもたちは、大人や青年にとって邪魔者などではないし、むしろ大人や青年たちは、子どもたちが参加しやすいよう彼らを支えさえする。たとえば、オニネズミ猟の最中、ある男子が年長の女性に、巣穴から出てきたオニネズミを打ちのめす枝を切ってほしいとたのんだ。すると彼女はそれに応え、この子に枝を渡してやるのだ。私には、その子はオニネズミを打ちのめすには幼すぎるように見えた。

子どもたちにとって一人前になるために、狩猟採集技術を学ぶことは欠かせない。バカが名前をつけて利用する植物だけでも六〇〇種ほどあるというが（服部 二〇一二）、子どもたちがこれらを学ぶことに積極的かといえば、誰もがそうだというわけではない。現在、バカの若者は、学校に行く者とそうでない者に二分され、伝統知識を知る若者の数は減りつつあるのが現実だ（Leonhardt 2006）。

さて、子どもたちは、大人の狩りや採集についていかない時は、いそいそと、キャンプ近くの茂みに入っていく。男子は、小屋から持ち出してきたナタで、あたりの細い木々を打ち倒すのに熱心だ。彼らが使うナタは、ほとんど刃がかけてしまって、大人たちが使わなくなったものである。ノネズミ用の小さなハネワナを作って過ごすこともある。

キャンプで子どもたちが最も好む遊びは、つるで作ったブランコだ。高木から垂れ下がる頑丈なつるを、大人がちょうどいい長さに切ってくれる。それからあたりの茂みを刈り込み、空間を作る。このブランコは、キャンプ近くに設置される。ブランコの振れ幅は大きく、しかも森の斜面を利用し、高さもあるので、なかなかスリルがある。時おり青年たちもブランコを楽しんでいる。子どもたちはまた、大人が背負いカゴを編むのに使ったラタンのくずを集めて小さな弓矢を作ったり、葉を折ってけん銃に見立てたり、他には小川で石を投げたりして過ごす。

農耕民ジメの子どもたち

ところで、私が調査するバカの集落の周りでは、農耕民ジメが暮らしている。このジメの子どもたちと対照的な振る舞いを示す。バカの子どもたちが、どちらかといえば恥ずかしがり屋で、会ったばかりの頃は、私に対して自分の意見を伝えるのをためらったり、いつも他の子どもたちと一緒にいたりしたのに比べ、ジメの子どもたちは、自分の意見をはっきりと私に伝えるし、知らない大人にも物怖じする様子が見られなかった。さらに両者の生活習慣も異なっている。たとえば森での活動だ。バカの子どもたちは、ジメの子どもたちに比べて、より森に慣れているといえる。

ジメの成人男性が語ってくれたあるエピソードを紹介する。当時八歳だった彼が、ある日母親に連れられて、ブッシュ・マンゴーの採集に出かけた。この時、近所のバカの子どもも数人一緒に来ていたのだが、彼は自分と同じ世代のバカの子どもたちが、森の中で見せた身体能力におどろく。彼は次のように私に話した。

「バカの子どもたちは、とげが刺さっても気にしないし、寒さにも強い。草木が生い茂る狭い場所も平気でくぐり抜ける。ぼくがマンゴーをホーロー鍋一杯分集める間、彼らは二杯分集めている。長い時間歩き続け、ぼくはとうとう泣いてしまったが、バカの子どもときたら、へっちゃらなのだ」。

しかし、バカの子どもがこのように、ジメの子どもと異なる身体能力を備えていたとしても、それほど不思議ではない。農耕を営むジメの人びとも、バカの人びとも、農業、狩り、採集、漁を組み合わせて生活しているのは同じだが、やはり前者は農業に、後者は狩猟採集に重きを置いている。バカの子どもはまた、大人に付き添って幼少時から森に出かけるし、母親たちが、農作業に赤ん坊を連れ出すことも珍しくない。だから学校が始まっても、大人たちについて森に入ってしまうことがよくある。他方、ジメの子どもは通学に積極的だ。彼らが農業を学ぶのは、学校が休みの間である。さらにバカの子どもたちの遊びが、生業と見分けがつきにくいのに比べ、ジメの遊びは、広場でなわとびをしたり、サンダルをくりぬいて作ったボールでゲームをしたり、「遊び」らしい遊びが目立つ。

大人のさりげない支え

ほったらかし？

バカの子どもたちが、大人から何か熱心に教わっているのを私はほとんど見たことがない。たとえ教わっていても、彼らは注意深く聞くというより、どこかひょうひょうとしている。一般に、アフリカの狩猟採集社会の大人たちは、子どもを気ままにさせているといわれる。子どもにどのような価値を置くかは、社会によってちがう。ランシー（Lancy 2015）によると、たとえば欧米の中産階級社会では、親や祖父母よりも、子どもに高い価値を置き、多くの社会的資本を投入する。日本もこれに似ているかもしれない。他方、アフリカの狩猟採集社会のように、社会のそれぞれのメンバーの社会的、経済的な平等を目指す小規模社会では、大人が子どもを気ままにさせておく傾向が強いとされる（Lancy 2015）。バカの大人たちも子どもを気ままにさせていると言われるが、とはいえ私には、大人たちが単に子どもをほったらかしにしているとは、どうも思えない。むしろ、こういった方が正しい。大人の子どもを支えるやり方が、私たちが一般的に考えるそれと異なり、実にさりげないのである。では、なぜさりげないのか。私は、これまでの観察から、このことは森の中で生きることと結びついていると考えるに至った。

そもそも狩猟採集とは、人が自然を大きく改変せず、自然環境の中で資源を調達する生業形態である。森の中では、思わぬ場所に動物や植物が、突然姿を現す。思わぬ、といっても、もちろんどんな木にどんな毛虫がいて、この植物はどこに生えていて、その動物がどこをすみかとしているのか、あらかじめ予想はしている。それでも、実際に発見できるかは、やはり偶然にゆだねられている。このような不確実な状況では、子どもの判断も、大人のそれとともに対等に聞き入れられるという現象が起こる。ここで二つの事例を紹介しよう。

ビトンゴ（推定五歳、男子）はある日、母親たちと採集に来ていた。大人に混じってさなぎを採集していたが、やがて、

祖母の背中で獲物をさがすビトンゴ

疲れて歩けなくなり、泣き出した。それを見ていた祖母が、仕方がない、と背中におぶってやると、一行は再び歩き始めた。途中、ビトンゴはふと、枝にさなぎがいるのを見つける。「そこを見て」。祖母は、どこだと場所をたしかめる。そして背中にいる彼の手がさなぎに届くよう、祖母は枝に近づくと、かがんでやるのだった。これはバカの子どもと大人の象徴的なやりとりに私には見える。たとえ幼い子どもの言うことでも、大人はそっけなく扱うことはない。また、見つけたものは自分で捕らせる。四方を木々や茂みで囲まれた森では、注意を向けるべき対象があまりに多い。こうした環境では、子どもの言うことに大人が耳を貸すことが多くなるのは自然なことかもしれない。

また次の事例では、大人がどのように子どもに声かけをしているか注目してほしい。サンゴボ（推定八歳、男子）は、同世代の男子エリンベと、木を切り倒そうとしていた。幹はそれほど太くないが、高さは彼らの身長をはるかに超える。エリンベがナタを持ち、ある方向から幹をいきおいよく打つ。少し離れて、それを見ているサンゴボが、木の状態を見ながら、打つべき箇所と、倒れる方向をエリンベに伝えている。少しして、キャンプからやってきた四〇代の男性がそこを通りかかる。男性は、何となくその様子を眺めていたが、二人はかまわず作業を続けている。サンゴボが「木の背中をたたくんだ」とエリンベに言った直後だった。この男性が、「木の背中をたたくんだ」と、まるで同じ抑揚で、ナタをふるうエリンベに発した。一瞬、サンゴボは背後にいたこの男性を振り向くが、再びエリンベに向き直ると、「こんなふうに」と、続けて木を打つ身ぶりをするのだった。こうすべきだと子どもに教えるより、子どものやり方を、そのまま後押しする。いわば、大人が子どもの意見にあいのりするのだ。こうした大人の姿を私はしばしば見かける。

なぜくりかえすのか

二つ目の事例にあったように、同じ言葉を別の人がくりかえしたり、または皆がいっせいに同じ言葉を言ったりして、他人の意見にあいのりすることがバカの場合多い。農耕民の中にもそう感じている者がいる。木村（二〇一〇）は、バカの会話は、ある個人の発話に対して、別の個人が発話を「返す」（react）というより、むしろ相手の出方に合わせて「一緒にやる（発話する）」（co-act）といった方が適切だ、という。子どもたちは普段から、こうした話し方に接しているのだ。

ではそもそも、なぜ人びとはそのような話し方をするのだろうか。これを解く鍵は、森という自然環境と、彼らの知識や経験の捉え方にある、と私は考えている。

相手に合わせる

そもそも声は、ピグミーの人びとの生活を特徴付けるツールの一つだ。アフリカ南部のカラハリ砂漠に暮らすブッシュマンは、集団猟の時に多様なジェスチャーを使う。狩りのパートナーに注意をしたり、動物の居場所を伝えたりするためで、彼らは狩りの間、いっさい音を立てない（Hindley 2014）。しかし、熱帯雨林のピグミーは、ジェスチャーよりも声をたよりにする。狩猟者たちが互いの居場所を確認するのも声を使って行われる。この声かけが発展したものに、コンゴ民主共和国のエフェ・ピグミーが行う集団弓矢猟ムシロがある。男女に分かれて歌が披露されるムシロは、狩りであるとともにパフォーマンスの形式を備えている（澤田 一九九一）。考えてみると、狩りをはじめとする集団活動を行うには、瞬時に互いの意図を理解し、しかもそのことを相手に伝えなければ、うまくいかないだろう。相手の発話のくりかえしは、視界の悪い森で、相手の意図を承認し、動きを合わせることを伝える最も有効な仕方ではないか。

知識の捉え方

二つ目は人びとの知識観だ。バカの子どもたちは、大人に何気なく言葉をくりかえされて、自分が否定されたとは思わない。それは彼らが自信を持って作業をするのを見れば分かる。バカの人びとは、自分と相手との知識や経験の差を、互いに否定することなく同居させているのかもしれない。バカに限らず、ピグミー系狩猟採集民の、食物規制や植物知識、また植物の利用の仕方には、個人間でばらつきがあることがよく知られている（服部 二〇一二を参照）。こうした社会でくりかえしは、相手の主張や経験を肯定する手段となりうる。自分がしたことのない経験を、もしかしたら相手はしているかもしれない。たとえ相手が子どもでも、そうした前提に立って会話しているのではないだろうか。大人が子どもの言葉を、さりげなくくりかえすのは、そんな多様な経験を共有するためのレッスンなのだ。「私はすべてを知っている」というには、森はあまりに広すぎる。バカの社会に、強い権力を持つリーダーがいないのも、彼らの知識や経験の捉え方と関わっているのだろう。さりげない大人の振る舞いに、子どもは、森との向き合い方を感じ取っているにちがいない。

注

1　一セーファ・フランはおよそ〇・二円である。

2　これは、あるキャンプで私が観察した活動の記録だ。森のキャンプへの同行と観察調査は、私と、当時同僚だった北海道大学大学院の萩野泉氏が、集落Sの人びとにお願いして実現した。依頼は快く受け入れてもらえた。子どもたちにも参加してもらった。滞在中、私たちは人びとに、いっさいの指示や要求をしなかった。ただどこかに出かける際には同行し、記録することだけを伝えた。人びとは、私たちをよく知っていることもあり、子どもも大人も、私たちがノートとペンを出してせっせと物書きするのを気に留める様子もなく、たんたんと作業をこなしていた。私がメモに夢中になっていたら、「行くよ」と注意されることもしばしばだった。

参考文献

服部志帆　二〇一二『森と人の共存への挑戦――カメルーンの熱帯雨林保護と狩猟採集民の生活・文化の両立に関する研究』松香堂書店。

亀井伸孝　二〇一〇『森の小さな〈ハンター〉たち――狩猟採集民の子どもの民族誌』京都大学学術出版会。

木村大治　二〇一〇「『Co-act』と『切断』――バカ・ピグミーとボンガンドにおける行為接続」木村大治・中村美知夫・高梨克也編『インタラクションの境界と接続――サル・人・会話研究から』昭和堂、二三一―二五二頁。

北西功一　二〇一〇「ピグミーという言葉の歴史――古代ギリシアから近世ヨーロッパまで」『研究論叢　第一部・第二部　人文科学・社会科学・自然科学』六〇：三九―五六頁。

澤田昌人　一九九一「エフェ・ピグミーの合唱におけるクライマックスへのプロセス――彼らが歌を愛する理由」藤井知昭・山田陽一編『民族音楽叢書七　環境と音楽』東京書籍、一三五―一六八頁。

安岡宏和　二〇一〇「バカ・ピグミーの生業の変容――農耕化か？　多様化か？」木村大治・北西功一編『森棲みの生態誌――アフリカ熱帯林の人・自然・歴史Ⅰ』京都大学学術出版会、一四一―一六三頁。

Bahuchet, S. 1991. Les Pygmées d'Aujourd'hui en Afrique Central. *Journal des Africanistes* 61(1): 5-35.

Bahuchet, S. 2014. Cultural Diversity of African Pygmies. In B. S. Hewlett (ed.), *Hunter-Gatherers of the Congo Basin: Cultures, Histories, and Biology of African Pygmies*. New Brunswick: Transaction Publishers, pp. 1-29.

Headland, T. N. 1987. The Wild Yam Question: How Well Could Independent Hunter-gatherers Live in a Tropical Rain Forest Ecosystem? *Human Ecology* 15(4): 463-491.

Hewlett, B. S. 1996. Cultural Diversity among African Pygmies. In S. Kent (ed.), *Cultural Diversity among Twentieth-Century Foragers: An African Perspective*. Cambridge: Cambridge University Press, pp. 215-244.

Hindley, P. C. 2014. Nominal and Imperative Iconic Gestures Used by the Khoisan of North West Botswana to Coordinate Hunting. *African Study Monographs* 35(3&4): 149-181.

Lancy, D. F. 2015. *The Anthropology of Childhood: Cherubs, Chattel, Changelings*. Cambridge: Cambridge University Press.

Leonhardt, A. 2006. Baka and the Magic of the State: Between Autochthony and Citizenship. *African Studies Review* 49(2): 69-94.

第2章　学校と遊びの今昔
カメルーンの狩猟採集民バカ（二）

亀井伸孝

森にこだまする子どもたちの声

「ノブウ、ドモ！（来い）」

「ノブウ、ドモ・ドモ！（来い来い）」

私の名前を呼びながら、薄暗い森の曲がりくねった細道を軽快に走り去る少年少女たち。私はその走りに追いつかず、息を切らしながら後をついていく。ようやく曲がり道を過ぎて前方を見やると、はるか先にたどり着いた子どもたちが、ニコニコと私の方を見ながら到着を待っている……。

私が大学院生として、一九九六年から一九九八年までの一年五ヶ月を費やして行った、最初のアフリカ長期調査。それは、熱帯雨林で暮らす狩猟採集民の子どもたちとの共同作業であった。森を縦横に駆け回り、森林の資源をおもちゃや食事のために使いこなす「小さな達人たち」に私も弟子入りして、森を連れ歩いてもらい、彼ら彼女らとともに多くのことを学んだ。

あれから一四年。二〇一二年に、再びあの子どもたちが暮らしていた同じ集落を訪問する機会に恵まれた。あの子どもたちは、その後、どんな大人になっていったのだろう。そして、私が集落を去った後に生まれた子どもたちは、今どのような暮らしをし、何をして遊んでいるのだろう。

本章では、十数年を経て再会することができた「かつての森の子どもたち」と、その次の世代に当たる「今の森の子どもたち」との出会いに基づいて、熱帯雨林に生きる子どもたちの世界を、「時間の経過」という視点もまじえながら描いてみたい。

本章で取り上げるのは、アフリカ中部のコンゴ盆地熱帯雨林に生活する、狩猟採集民バカの子どもたちである。調査地は、カメルーン共和国の東部州、コンゴ共和国との国境に近いンギリリ村で、私は、その村の領域に含まれるバカの定住集落マラパ、マプンブル近辺に住み込んで、調査を行った。

狩猟採集民バカの概要については、園田（本書第三部第一章）による詳細な記述があるため、ここでは簡単な紹介に留めたい。かつては森林の中で狩猟採集生活を営んでいたが、近年では簡素な焼畑農耕をあわせて営むようになっている。また、定住集落で生活することも増えているが、今日もなお、狩猟や採集に適した季節になると、森の中のキャンプへと移動して遊動的な生活を営むことが多い。バカの子どもたちの生活については、一九九八年までの調査に基づいた民族誌（亀井編 二〇〇九、亀井 二〇一〇）で網羅的に記載したため、必要なことのみ各節の中で触れることとする。本章では、おもに園田の章で触れていない学校の話題、そして子どもたちの遊びの時代による変化に焦点を当てる。なお、本章での用語

釣りをする少年たち。今も昔も、少年たちは釣りが好きだ

として、おおむね五〜一〇歳の子どもを「年少」、おおむね一〇〜一五歳の子どもを「年長」と呼ぶこととする。

一四年ぶりに訪れた集落

長距離の赤土の林道を駆け抜けてきた自動車が、三叉路で主要道から脇へ逸れ、森の中へと入っていく。ここは十数年前に歩き慣れた林道、調査のために悩みながらウロウロとさまよった覚えのある道である。

交差点から四キロほど進んだ所で、自動車を止めた。少し家の配置などが変わっているが、間違いない、かつて居候していた集落の風景である。少しの緊張感とともに自動車を降り、近くの家の前にしゃがんで家事をしている女性たちの所へ近づいた。一人の女性が、ハッとこちらを見据えて叫んだ。

女「ノブウ！？」

私「イーイ（そうです）」

女「イヨー、ノブウエー！」

他の女たち「ノブウエー！」

当時は幼児たちを抱えた若い母親だった彼女は、今やすっかりベテランの風格で、女性たちの輪の中に座っていた。ノブウが再びやってきたということで、集落中が騒ぎになり、遠くまでうわさが広がって、お年寄りも若者もノブウを見るために集まってきた。

「ノブウ・コボ、ロカカ・ナ・ブバ（ノブウ、大人だな、ヒゲが白い）」

「ノブウ、エ・テ・ウォセ！（ノブウが結婚しているって）」

「ウオー！」

確かに、こちらのバカの人たちも年齢を重ねたが、私の方もその後さまざまな職歴とアフリカ諸国での調査歴を経て、四〇歳を超え、ヒゲに白いものが混ざるようになった。観察する人類学者の側も、また、観察されている。長い年月を経た後の再会は、お互いの変化を知っておもしろがる祝祭のような場になった。

当時の少年少女たちは今

少年たちのその後

近隣の集落にあいさつに出かけようと、自動車を林道のさらに奥へと進めて行った時、前方から二〇代の若者たちの一団がこちらへと向かってきた。筋肉たくましい男性たちが、車窓越しに「ノブウ！」と声をかけてきた。まさに、私を森歩きに連れ回してくれた当時の少年たち。私の仲間であり、師匠でもあった「森の小さなハンターたち」。体格も立派になり、声も低くなっていたが、不思議なことに顔立ちだけはまったく変わっていなかった。

かつて私と一緒に遊んでくれて、民族誌の主役となった、当時の少年少女たちのその後について、何人かのエピソードを紹介したい。槍を構えて狩猟ごっこにいそしんでいたバーバ（当時推定八歳）は、焼畑で農耕を営み、時おり狩猟に出かけるバカの大人となっていた。すでに結婚し、一軒の家を構えている。私が持参したバカの子どもたちの民族誌を手に取り、幼い頃の自分や遊び仲間たちが写真で多く紹介されているのを、大笑いしながら見てくれた。

ハネワナ作りが好きだったノエリ（当時推定六歳）は、やはり、焼畑農耕を営みつつ、折りに触れて狩猟に出かけるこの集落の住人となっていた。

バナナを削ってミニカーを作り、年少の子どもに与えるなど、兄ちゃん格だったフォフォ（当時推定一三歳）。当時は精霊のダンスをしたり、太鼓を叩いたり、森の素材を組み合わせて器用におもちゃを作ったり、私に森の子どもの遊びの文化を一通り見せてくれた楽しい調査仲間だった。一方、子どものふるまいをするだけでなく、時にはタバコを吸ってみせるなど、青年の風格をまねて背伸びするのにも必死だった。彼はモルンドゥという近隣の町に出て、バ

バカの青年マイェンベ（中央）。かつてこの学校に通っていた少年であり、今は教員となっている

イクタクシーの運転手をしていた。

この社会では肥満にも見えた、肉付きのよい少年だったンジェラ（当時推定一二歳）。彼はまったく学校に寄り付かない少年であった。釣りの名手で、暇さえあれば釣り竿をたずさえて川に出かけていた。彼の釣った魚は子どもたちの間食になるだけでなく、大人の女性が夕食の材料としてピンハネするほど、数が多く、しかも大きな魚だった。私の前に現れたンジェラは、むしろ骨張った筋肉質のやせた青年になっていて、やはり同じ集落で、狩猟と焼畑農耕をしながら暮らしていた。体が弱くおとなしかった妹のボフェは、病気で亡くなったという。

このマラパ集落には、バカの子どもたちのためにカトリックミッションが設立した小さな学校がある。マラパから二キロほどの距離にある集落ンゴリからその学校に通い、さらにンギリリ本村の公立小学校にも進学したバカの少年の一人、マイェンベ（当時推定一四歳）。彼は一四年の歳月を経て、同じマラパの学校の教員になっていた。今度は、自分がバカの子どもたちを教える側になったわけである。

たいへん利発な少年であった、セケ（当時推定一三歳）。よく絵を描き、フランス語も使いこなして、しばしばノブウの家のベンチに腰掛けては、興味深そうにフィールドノートをのぞきこんだりしていた。彼も、近隣のンゴリ集落に変わらず暮らしていた。彼は、どういうわけかその機敏さが失せて、歳よりもはるかに老け込んだふうの大人になっていた。

その他、何人かの少年たちの名前を出して、その後について聞いてみた。なかには、木材伐採会社など、この地域の森林に関わる業務の現地スタッフとして、賃金労働に従事している人たちもいると聞いた。時々帰ってくるものの、普段は遠方にいてなかなか会うことはできないという。

少女たちのその後

少年たちに多く出会えた一方で、かつてこのあたりで活躍していた少女たちに会うことは、ほとんどかなわなかった。一人会えたのは、アトゥ（当時推定六歳）である。幼かった彼女は、いつも年長の少女たちの後を追いかけて、芋掘りや果実採集、昆虫集めにがんばっていた。モデルのようにリラックスして写真に映り、私の民族誌をすてきな笑顔で飾ってくれた。

二児の母親となったアトゥ。ニコニコした笑顔は幼い頃と変わらない

一四年後、彼女は二人の幼子を連れて、私の前に現れた。落ち着いた母親の風格であったが、丸いニコニコの笑顔はかつてと変わらない様子だった。

他の少女たちは、大人になってから婚出し、何十キロといった遠方の集落などで暮らしていると聞いた。方々に散ってしまった少女たちのその後については、直接会ってその様子を目にすることができなかった。ただし、人びとの語りを聞けば、おおむね似通った森林環境の中で生活を続けているらしいことがうかがえた。

森での遊びと学びがもたらした今の姿

バカの少年たちは、森の中で遊び、少年たちの集まりで狩猟や釣りなどをしながら、森になじんでいく。一方、少女たちは、少女たちのグループで採集や掻い出し漁を行い、やはり森の使い方を覚えていく。少年にしても少女にしても、大して収穫があるわけでもないのに、生業活動の様式をそなえた遊びのような活動を、日々延々と繰り返している。実益よりも遊びの要素が強いこれらの活動を、私は「非生計貢献型生業活動」と呼び、子どもの自発的な行動選択を巧妙に組み込んだ狩猟採集文化の学習のプロセスであると分析した（亀井 二〇一〇）。

このように、森の環境で遊びながら育ったかつての少年と少女は、多くの場合、同じ地域またはやや遠方の似通った森林環境の中で、狩猟と採集を営み、そして焼畑農耕をあわせて行う、この森の資源を使いこなすバカの大人たちになっていた。

なお、企業での賃金労働、バイクタクシー運転手、教員など、他の職種にも少し選択肢が広がっていることに留意しておきたい。バカの人びとは周囲から孤立した狩猟採集社会ではなく、近隣の農耕民をはじめ、都市文化、貨幣経済、学校制度などと常に接しつつ、一部の文化要素を取り込みながら、今日の姿を示している。バカの子どもたちの進路に選択肢が加わっていくことは、同時代のバカ社会の姿として違和感なく理解することができる。

また、他の職種といっても、森林現場での業務のスタッフなど、森の知識を必要とする種類のものであったり、また、教員として狩猟などの話題をまじえながら授業をし、あわせて自身も狩猟や焼畑農耕を営んでいたり、やはり「森の達人」としての側面を色濃く持ち合わせた人びとであるといって差し支えないだろう。

子ども時代の森での遊びと学びが、狩猟採集文化の再生産につながっていることは明らかだが、一方でいくつもの職種へとつながり、広がっていくという現象は、現代的で興味深い。子どもと学習、教育のテーマを、「伝統文化の継承か／それとも近代社会への同化か」の二項対立で論じることはできないという、一つの実例である。

浸透しつつある学校教育

バカの子どもたちのための学校

かつてはバカの学校の生徒であり、今は教える側になっているマイェンベとともに、現在の学校をめぐる環境と、周辺の子どもたちの就学状況についての調査を行った。

以前の状況について簡単にまとめておく。ンギリリ本村には、公立小学校が設置されている。ただし、そこはバクェレやバンガンドゥなどの民族集団から構成される農耕民中心の地区であり、地理的に周辺に位置するバカの人たちの集落からは数キロの距離がある。このため、バカの子どもたちが公立小学校に通おうとすると、その距離を毎日通学しなければならない。さらに、言語の違い、農耕民が優位かつ多数の地区におけるマイノリティとしての居心地の悪さなども重なって、バカの子どもたちはほとんど就学しないという状況があった。

その障壁を軽減する目的で、地域のカトリックミッションが、バカの定住集落マラパに二学年のみで構成される小さな学校を作った。バカの集落という近場に校舎を設置し、バカ出自の教員を配置し、バカ語をまじえた授業を行うことで、距離、居心地の悪さ、言語などの障壁を軽減しようとした。二学年の間ここに通い、通学という日課と公用語のフランス語にある程度なじんだ児童を、ンギリリ本村の公立小学校に編入させようというプロジェクトである。この試みはある程度の成功を収めたものの、狩猟採集シーズンになると、子どもたちは大人についてみな森に入ってしまい、学校から姿を消してしまうなど、遊動的な生活様式との折り合いを付けるという面では苦労を重ねていた（亀井二〇一〇）。

一四年ぶりに訪問してみたところ、そのマラパの学校は今も存続していて、マラパおよび周辺のバカの子どもたちを毎日集めて授業が行われていた。また、近辺の就学するバカの子どもたちの層が厚くなってきたことに関連して、マラパにも新たに公立小学校が設置された。バカの子どもたちにとっては、予備的な二学年のみのカトリックミッションの学校のみならず、六学年の公立小学校へのアクセスが容易になったといえる。なお、広域調査では、カトリックミッションが設置した他の集落の学校が公立小学校へと改組されたという事例もあり、この地域において公教育が浸透していく傾向が見られた。

就学・進学状況の調査

学校をめぐる環境が多少の充実を見せた中、バカの子どもたちの就学状況はどうなっているだろうか。マラパを中心に東西約数キロにわたって延びる林道沿いに位置する、九地区計三二ヶ所の集落を訪問し、子どもの数を調べるとともに、就学状況についての聞き取り調査を行った（表3-2-1）。少年と少女いずれにおいても、バカにおける子どもたちの就学率は半数を超えていた。ただし、農耕民の子どもたちに比べると、その割合が低いことが分かる。なお、少年より少女の方がやや就学率が高いという結果になった。全体的な傾向として、学校がある、または近くにある集落においては就学率が高く、遠距離になるほど就学率が低いという傾向が見られた。また、学校に行かない理由として、経済的な事情を挙げる少年らがいた。一九九八年当時、同じ区域の全集落調査は行っていないため、数字による比較はできないものの、「バカの子どもたちは学校に来ない」とのイメージで語られていた当時と比べて、学校に通うという習慣が子どもたちの間に徐々に根づいてきているように見受けられた。

就学したバカの子どもたちは、継続して学校に通っているだろうか。ここでは、ンギリリ本村の公立小学校の校長への聞き取り調査で得た概況を紹介したい。校長によれば、バカの子どもたちは、確かに近年就学するようにはなってきているが、公立小学校に入学しても中退すること

表 3-2-1　就学状況の比較（人）

		就学	不就学	計	就学率（%）
狩猟採集民バカの子どもたち	少年	31	28	59	53
	少女	30	19	49	61
	計	61	47	108	56
		就学	不就学	計	就学率（%）
農耕民の子どもたち *	少年	10	5	15	67
	少女	13	1	14	93
	計	23	6	29	79

注）* バンガンドゥ、バクェレ、ンビモ、ントゥムの民族集団が含まれる。

が多い。彼が示した概数でいえば、農耕民の子どもたちの入学者のうち、少年はほぼ全員が、少女も約八〇％が卒業まで在籍するという。一方、バカの入学者のうち卒業まで達するのは、少年で約二五％、少女ではほぼゼロであるとのことである。少年よりも少女の中退が多い理由として、家事労働、採集などに加え、早期の結婚や妊娠、出産があると指摘する。また、農耕民の子どもたちは、公立小学校を卒業した後、ほぼ全員が中等教育へと進むのに対し、バカの子どもたちのほとんどはその進路を選ばないという違いもあるという。

バカの子どもたちの、中等教育への進学状況について見てみたい。中等学校（リセ）はンギリリには存在せず、約二〇キロ離れたモルンドゥという町にある。つまり、マラパやンギリリからその学校へ毎日通学することはできず、寄宿生活を送る必要があり、子どもの生活は完全に森の生業や親族の居住と分離されることになる。

一九九七年当時、その中等学校に通っていたバカの生徒は、わずか一人であった。彼はカトリックのシスターにその学力を見込まれて、特別にカトリックミッションの住居で生活することを許され、たった一人のバカの生徒として学校に通っていた。しかし、会った時の表情にはどこか浮かないものがあり、学校の暮らし、町の暮らしが自分に合わない、森の暮らしに帰りたいと、ことば少なに語っていた。

その一四年後、近隣のバカにおける中等学校への進学事情について、広域的な聞き取り調査を行った。かの一人ぼっちであったバカの生徒は、その後、モルンドゥ学区のバカ出自の人物としては初めてのバカロレア（大学入学資格試験）合格者となり、首都ヤウンデの大学に進学したという。モルンドゥの中等学校には、これまでに少なくとも一二人のバカ出自の生徒が在籍した。そのうちの一〇人は少年で、少女は二人に留まる。少年一〇人中、七人が中退、一人が卒業（前述の大学進学者）、後の二人は調査時点で在学中という結果であった。なお、少女は二人とも中退であった。

この一四年間に一〇人ほどのバカの子どもたちが中等学校に入学したという事実を見ると、就学率だけでなく、一部の子どもにおいては中等学校に進学するという側面でも、多少の学校教育の浸透の様子を見ることができるであろう。

バカの大人たちの価値観

かつて、子どもたちを学校に通わせないバカの親たちの価値観は、次のような語りに現れていた。いわく、子どもたちは森へ狩猟、採集、漁労に出かける、子どもを学校に通わせる服や金がない、学校は遠いから行かない、今は漁労の季節だから子どもたちも一緒に森へ行く、などと。基本的に、森の中での生活様式が前提としてあり、定住集落に長期で滞在する雨季には子どもたちが学校に集まることは妨げないものの、狩猟や採集、漁労に適した乾季が訪れれば、その生活を優先することに疑いを持たない様子であった。

もっとも、当時から、子どもたちを学校に通わせようと積極的に語るバカの大人たちもいくらかは見られた。多くの場合、それは、フランス語に堪能で、キリスト教に改宗し、カトリックミッションの指示に忠実に従うというふうに、外部からもたらされた規範を受け入れることに積極的な、特定の人たちに限られていた。

一四年後の調査では、子どもは学校に行くべきであるという価値観は、多くの親たちに浸透していて、一部の人びとに限られない広がりを見せていた。たとえば、学校から非常に遠い森の狩猟採集キャンプを訪ねた時のことである。大人たちの会話の中で、そろそろ長期休暇が終わって学校が再開するから、学齢期の子どもたちを定住集落に移動させ、親族の家に預けて学校に通わせよう、といった語りを聞くことがあった。かつての同様の状況であれば、当然のように、大人も子どもも森のキャンプでの狩猟採集生活を続けていたに違いない。

在学経験をもった今の子どもたちが親の世代になった時に、「就学すること」そのものに対する価値観は、またいっそう変化を遂げていくであろう。バカの社会において、「学校に通うこと」は、特別なことではなくなった。もっとも、中等以上の学校に行くことは今でも特別なことであると見え、その今後の変化について予測することは難しい。

今の子どもたちの日常活動

今のバカの子どもたちの日常の活動に目を向けてみよう。かつての私の調査仲間であった子どもたちから数えて、一四～一五歳ほど若い世代である。当時と同じように、私は再び新入りのノブウとして子どもたちの輪に入れてもらい、後をついて森をウロウロと歩き回った。彼ら彼女らの活動ぶりは、以前とほぼ変わりないものに見えた。

少年は、草むらをかき分けてネズミの気配に耳を傾け、幼い子どもたちを勢子（動物を追い立てる役割）にして、すっかり狩人気取りである。また、釣り竿を持って集まりをなし、ミミズを餌にして釣り糸を垂れる（本章冒頭の写真参照）。少女は、手編みのカゴや鍋を持って川辺を移動し、果実や昆虫の採集へと森の細道を急いでいく。また、半日もかけて小川をせき止め、少女たちだけで、また時には大人の女性たちとともに、掻い出し漁に汗を流している。

少年、少女ともに、水汲みのためにバケツをもってパタパタと小川へ走り去る。弟や妹に当たる乳幼児を抱えてあやす。少女は早いうちから大人の女性たちの輪に加わって調理などの役割を担う一方、少年は少年どうしつるんで集落の内外をぷらぷらしている。

子どもたちが性別に集まりをなすこと。性別に割り振られた狩猟や採集などの生業活動を、自発的に引き受けて役割を担うこと。生業活動の様式をそなえながらも、収穫がないことも多く、実益よりも遊びの要素が強いこと。年長と年少の異年齢の子どもたちが一緒に参加する縦長の集団が形成され、そこに子どもたちの狩猟採集文化が息づき、森の資源が共有され、知識や技術の伝達の場ともなっていること。私が、かつてひと回り上の世代の子どもたちにおいて見た姿とほぼ変わらない、今日の少年少女たちの活動ぶりがあった。

遊びとおもちゃの今昔

遊びとおもちゃに注目して、今と昔とを比べてみよう。かつて私は、バカの子どもたちの遊びを八五種類収集し、「狩猟採集活動に関わる遊び」「衣食住・家事・道具に関わる遊び」「歌・踊り・音に関わる遊び」「近代的事物に関わる遊び」「ルールの確立したゲーム」「身体とその動きを楽しむ遊び」「その他」という七つのカテゴリーに分類した（亀井編 二〇〇九）。再訪の時は調査期間も短かったため、八五種類の遊びのすべてを再び観察できたわけではないが、これらのカテゴリーに属する類似の遊びはほぼ同様に見ることができた。

たとえば、ハネワナ作りなどの狩猟や採集にまつわる遊びは、ナイフやカゴなどの道具を持ち出して、頻繁に行われていた。また、手近な植物を折り取って衣装を作り、森の精霊に扮して踊るという精霊ごっこも、かつて見たのとほぼ同様であった。今も昔も子どもたちは歌や踊りが大好きで、少年は太鼓を叩き、少女は歌って踊り出す。

今回新たに見かけた遊びとして、少年における車輪回し、少女におけるゴム跳びがあった。また、かつては少年たちが太鼓の代わりに鍋やたらいの底を叩くことが多かったが、今日ではペットボトルを拾ってきて叩く姿を見かけることが増えた。いずれも、工業製品がおもちゃとして再利用されたものであり、こういった道具や素材がありふれたものになったという物質的な環境の変化が関係している。

もっとも、少年たちが車輪をゴロゴロと転がして赤土の林道を走る様は、パパイヤの果実を転がしていた姿と大きくは変わらない。少女たちは、集落のンバンジョ（集会所）の柱にゴムひもを結わえ付けて、ぴょんぴょんと跳ぶ。競争的なゲームにはならず、頻繁な身体接触を伴いながら、みんなでじゃれ合って跳んでいる様は、少女たちが掻い出し漁や水浴びで群れて楽しんでいる姿と重なって見える。少年たちの太鼓叩きの技芸は達人といってよく、言語を十分に獲得していない幼児ですら器用にペットボトルを叩いてみせる。太鼓が新しい素材になったこと以外、その行動に変化は見られない。

オートバイごっこ。少年も少女も混ざって遊ぶ

人類学者ごっこ。朝テントから起きて来ず、また、カメラを持ってウロウロする

ありふれたものを遊びに用いるという資源利用の方法、性別に遊びの集まりができるという集団編成、そして競争的でなく、身体接触を伴いながらみんなで群れて楽しむという遊び方などの点において、大きな変化はなかったといってよいだろう。

少年少女たちは、小さなイスにみんなで腰掛けてオートバイごっこをする。ぴったりと体を付け合って、ゆさゆさと体を揺さぶり、キャッキャと騒ぐ。また、水浴びも一種の遊びである。川の中で泳ぎ、お互いに抱き上げたり抱き上げられたりしながら、大騒ぎで水を浴びる。身体接触の多さは、遊びを含めて、今も昔もバカの子どもたちの日常行動の特徴の一つとなっている。

模倣が大好きなところも、かつてと変わらない。少年たちはなんと珍客ノブウの生活を模倣した「人類学者ごっこ」を始めたのであった。壊れた傘や布でテントを張り、中に寝そべってなかなか起きてこない、そして、カメラをもってウロウロする、という遊びである。植物の部位を組み合わせてデジタルカメラを作り、さらにモニターに当たる所にビスケットの包装紙に印刷された人物の顔を貼り付けて、そこに人間の姿が映るというところまで克明に再現しているのには、その観察眼の鋭さと器用さに私も脱帽した。

教えないバカの人たち、模倣する子どもたち

前述の模倣の遊びに関連して、バカの子どもたちが遊びのなかでどのように物事を学び、覚えていくかについての、

ソンゴをいじる子どもたち。ルールは理解していないものの、所作だけは巧妙に模倣する

いくつかの事例を紹介したい。バカの社会では、大人や年長者が子どもに対して明示的に教えることは少なく、子どもたちは自発的に物事を観察し、自らの役割を引き受けていることが多い。

たとえば、少年たちのモトゥカ（滑り台遊び）を見た。急な斜面を、ポリタンクや木片などに乗って滑り降りる遊びである。少年たち数人が集まってこれに興じていたが、年長の少年たちは自分たちが遊ぶことに夢中になっていて、「レジ、レジ！（どけ、どけ）」などの直接的な命令の発話は頻繁であったものの、年少の少年たちに遊び方を教えることはなかった。幼い少年たちは、不器用ながらも、手近な木片などの素材で似たような乗り物を作り、黙って同じように斜面を滑り降りる行動を繰り返していた。

また、ソンゴというボードゲームがある。二人のプレイヤーが交互に、一定のルールで皿の中の堅果を他の皿へと移していき、獲得した堅果の数を競うというものである。大人たちがンバンジョでこれをたしなむが、子どもたちもそれをいじりたがる。幼い少年や少女が行っている場面を見たことがあるが、子どもたちはまったくゲームのルールを理解しておらず、勝敗の概念もないようであった。しかし、皿の中の堅果をつかみ取って各皿に一つずつ落としていく様、「アン、ドゥ、トロワ」とフランス語で数えていく様など、大人たちのふるまいだけは正確に模倣していた。つまり、はじめにふるまいを観察で覚え、やがてゲームのルールになじんでいくという学習の順序であることが見て取れた。

私もそのゲームの遊び方を習得したいと思い、ある年長の少年と対戦しながら教わろうとしたが、彼は私にいっさいルールを説明せず、ただ黙々と自分の所作を続けていた。私が堅果をつかみ取って動かした時、折りに触れて、周りで見ている大人が「ン、ン（違う）」とくぐもった声で制止する。それが、ルール上禁じられた操作なのか、それとも下手な手だからやめておけというアドバイスなのか、見当が付かず、私は困惑した。結局、見るに見かねてその場に介入し、初心者の私にも分かる形でルールを説明してくれたのは、他の地域から移住してきてバカの集落の近くで商店を経営する、ハウサという民族出自の男性であった。

子どもは、各自が自分で観察し、模倣しながら学ぶ。周りはそれを静かに見守る。明示的かつ要素還元的な解説による教育を積極的に行わない。そのような情報の共有と伝承のスタイルは、さして変わっていないように見受けられた。

変わるもの、変わらないもの

十数年の歳月を経て、同じ集落で出会った、二つの世代のバカの子どもたち。変わっていたことは、子どもたちが学校に行く機会が増え、新しいおもちゃの素材が加わったことである。変わらなかったことは、それ以外のすべてである。世代が変わっても、子どもたちの文化には大きな変化がなかった。

一般的に、子どもは関心が移ろいやすく、行動がすぐに変わっていくという印象でとらえられがちかもしれない。子どもの遊びの文化は、変化が早いのが常である。しかし、私たちは、森の中で育まれる子ども文化の一種の強靭さを見ることができたように思われる。

森の子ども文化は、なぜ変化していないのであろうか。森林の自然資源は多様性に満ちていて、そのなかから有用なものを探し出そうとする狩猟採集活動には、常に遊戯性、つまりおもしろさが含まれている。自然環境とそれに適合した生業文化の中、子どもたちは異年齢の子どもたちと行動することを通じ、常に遊び心を刺激されながら育っていく。森の中の子ども文化の強靭さとは、狩猟採集活動それ自体に埋め込まれている遊戯性と深い関わりがあるのではないかと私は考えている。逆にいえば、自然環境と生業文化のいずれかが大きな変化に見舞われた場合、この森の子ども文化の強靭さは失われ、もろく崩れ去ってしまうかもしれない。

最後に、印象的な事例に触れておく。私がバイクタクシーに乗って広域調査をしていた時のことである。通りかかった林道の脇に、明るく開けた広場があった。最寄りの集落のバカの大人の男性に広場のことを尋ねたところ、彼はこう答えた。

「ここは、以前、精霊ジェンギが踊っていた場所だ。今は、サッカー場になっている」

ジェンギとは、バカ社会の伝統的な儀礼において森から現れるとされる精霊である。月明かりのなか、白く光るラフィアヤシの衣装をバサッバサッと大きく揺らしながら、壮麗な踊りを見せる。大人も子どもも輪になってジェンギを囲み、太鼓と歌と踊りで盛り上げる。乳飲み子の頃から母親に抱かれて精霊儀礼に参加する子どもたちは、やがてその場を盛り上げる役割を担うようになり、特に少年たちはその儀礼を司る側の人びとになっていく。

こういった楽しみ方の選択肢が、学校教育や都市文化の強い影響のもとで失われた時、森の子ども文化はその強靭さを失って、大きく変容するであろう。その変容は、子どもたちの学びのスタイルをも変え、やがてはバカ社会そのものの変容をも招くに違いない。

むろん、伝統を守ることをバカ社会の人びとに強いることはできない。バカの社会の変化は止めようのない潮流であり、子ども文化もそれにともに変化していくであろう。ただし、社会の豊かさと子ども文化の強靭さの関わりには、たえず注目しておきたい。急速で強引な変化は、子ども文化の消失を招き、多くの資源と機会を子どもたちから奪うことになりかねない。子どもたちの権利としての、子ども文化の保全と、緩慢な変化という選択肢。そして、それらを支えている自然環境と生業文化の尊重と保全。そういう全体的な視点で、アフリカの森の子どもたちのこれからを見つめていきたいと思う。

私は、あと何回、同じ集落を訪ねることができるだろうか。可能であれば、もうひと世代くらい年下の新しい時代の子どもたちと出会い、森の中の子ども文化の強靭さの行方を確かめに行きたい。そんな思いに駆られている。

付記

本章写真は、いずれも二〇一二年、マラパ近辺にて筆者撮影。

参考文献

亀井伸孝編　二〇〇九『遊びの人類学ことはじめ――フィールドで出会った〈子ども〉たち』昭和堂。

亀井伸孝　二〇一〇『森の小さな〈ハンター〉たち――狩猟採集民の子どもの民族誌』京都大学学術出版会。

第3章 「里」と自然体験
ガボンのムカラバ国立公園で

竹ノ下祐二

水と原生林のはざま

赤道の国ガボン

ガボンはアフリカ中西部に位置する赤道直下の国である。日本のおよそ四分の三の国土面積に対し、人口は約一三〇万人と少ない。人が少ない一方で、生物多様性がきわめて高い。国土の約八〇%が熱帯森林である。森林とモザイクをなしてサバンナも広がる。大西洋に面しており海洋資源も豊富である。国を東西に横切るオゴウエ川をはじめ内水系も発達している。清流を利用した国産ミネラルウォーター「アンザ」はたいへんおいしい。二〇世紀にガボンで医療支援活動に身を投じたドイツ人医師アルバート・シュバイツアーは『水と原生林のはざまで』と題した回想録を刊行した（シュヴァイツエル 一九五七）が、これほどガボンの風土を端的に表現した言葉を私は知らない。

ムカラバ－ドゥドゥ国立公園

ガボンには一三の国立公園があり、総面積は国土の一一%におよぶ。私たちは、その一つ、ガボン南西部のニャンガ州にあるムカラバ－ドゥドゥ国立公園（以下、ムカラバ）で、一九九九年からゴリラなど野生霊長類をはじめとする生物多様性の研究と保全のための長期野外プロジェクトを行っている（竹ノ下 二〇〇四）。プロジェクトの詳細は割愛するが、野生ニシローランドゴリラの集団をヒトづけ（観察者の存在に慣れてもらうこと）して、かれらの行動や生態を継続調査している（Ando et al. 2008）。

プロジェクト実施にあたって、私たちは地域住民との協働を大切にしてきた。野生類人猿の野外調査では地元の人びとをアシスタントとして雇用するのが通例だが（竹ノ下 二〇一四）、私たちは地元の人びとを単なる働き手ではなく、協働のパートナーだと考えている。

ドゥサラ村の子どもたち。写真をとってもらうのが大好きだ

ドゥサラ村

そのパートナーが、国立公園北東部の入り口にあるドゥサラ村の人びとだ。ドゥサラ村はもともと外資系の森林伐採会社の伐採基地として栄えた。雇用を求めて近隣の村々から多くの人が集まり、最盛期には人口一千人を超えていたという（松浦 二〇一四）。診療所や学校も整備され、州都チバンガとは未舗装ながら大きな道で結ばれていた。しかし、一九八九年に伐採会社が撤退すると人口は減り、村はさびれた。その後、私たちのプロジェクトが始まると再び村は活気を取り戻した。とくに、二〇〇九年から二〇一四年まで、科学技術振興機構（JST）と国際協力機構（JICA）による「地球規模課題対応国際科学技術協力プログラム（SATREPS）」の一環として大規模な

調査活動を行った際には、かなり人口が増加した（松浦 二〇一六、Matsuura and Moussavou 2015）。しかし、SATREPSが終了しプロジェクトの規模が縮小すると、多くの人びとは再び都市へ流出し、今では人口百人にもみたない小さな村となってしまった。

伐採基地として周辺の村を吸収しながら発展してきた経緯のためか、ドゥサラ村は単一の民族で構成されてはいない。大多数はプヌと呼ばれるバンツー系農耕民だが、ほかにも同じバンツー系のブングやバラマといった人たちもいる。村の周辺にはサバンナと熱帯森林がモザイクをなしている。村と国立公園を隔てるムカラバ川は、村人に生活用水と魚やエビ、カニなどの内水資源を供給している。

人びとの生業は基本的には焼畑による農耕である。主な作物はバナナ、キャッサバ、タロイモ、サトウキビで、ほぼ一〇〇％が自家消費用である。川で漁労も行う。狩猟もするが、国立公園ができて国が野生動物の保全に力を入れるようになってからは、大々的に森で狩猟を行うことは少なくなった。村や畑の近くに罠をしかけて小型哺乳類をつかまえる程度である。とはいえ、森林をまったく利用しないわけではなく、ナッツや食用の葉、薬草などの植物資源の採集活動は頻繁に行う（松浦 二〇一四、二〇一六）。

村人の多くは賃金労働にも従事しており、そこから得られる現金収入なしには生活はなりたたない。主な収入源は僕たちのプロジェクトによる雇用だが、それ以外に都市へ出稼ぎにゆくこともある。多くの村人が州都チバンガにも親戚の家などの生活拠点を持っている。必要に応じて、比較的長期間チバンガで生活することも珍しくない。

ドゥサラ村の子どもたち

少年タケ

ドゥサラ村の子どもたちは、どのような生活を送っているのだろうか。一例として一人の少年を紹介しよう。

少年はドゥサラ村からは一五〇キロ以上離れた、ングニエ州の州都ムイラにある母親の実家で生まれた。父親はドゥサラの隣村の村長の息子で、私たちのプロジェクトのチーフアシスタントであった。母親もまた、最古参のキャンプキーパーとして、プロジェクトに長く関わっていた。二人は生まれた子どもにプロジェクトの日本人（私である！）にあやかって「タケ」と名付けた。

ガボンでは同名の人のことをディナと呼ぶ。少年タケと私はディナである。しかも意図的なディナだ。ちなみに、ドゥサラ村にはほかにも「イワタ」「マリコ」「アンドウ」など日本人のディナが何人もいる。

生まれたばかりの少年タケ。母の実家のムイラにて

プロジェクトのメンバーであるガボン人研究者のベハング・フィリップさんによると、近しい人にあやかって名付けをするのは、ガボンでは広く行われるそうだ。彼のミドルネームも伯父さんにあやかっているという。あやかる対象は彼のように親族のことも、少年タケのように血縁関係のない人のこともある。

意図的なディナはやや特別な関係と見なされる。私は、母親の要望で、ディナの出生やいくつかのライフイベントにおいてフォーマルに贈答品を渡した。金を持っている日本人だからということではなく、ガボン人どうしでも普通に行われる慣習だそうだ（贈り物の多寡には違いがあったかもしれないけれど）。

ディナ関係は子どもの成長を支える上でわりと重要だと私は思う。アフリカの多くの社会では、子どもは親族のネットワークの中でオジオバ、キョウダイ、祖父母など多くの人に支えられて育つ。必ずしも血縁関係によらないディナ関係には、そうした子育てのネットワークを親族関係を超えて広げる機能がある。日本でも、名付け親、草履親、烏帽子親など、必ずしも親族でない者が何かと理由をつけて「親」と呼ばれ、子どもとやや特別な関係を結

1歳のタケ。ドゥサラの父親の居酒屋でダンスを踊っている

ぶ習慣があったが、それと似ている。ただし、日本の場合それは擬制的な親子であるのに対し、ディナの場合は「分身」であるところが違うだけだ。

少年タケは一歳になる前にドゥサラ村に戻ってきた。村では、両親は二人とも私たちのプロジェクトの仕事でしばしば家をあけて森のキャンプに入る。母親が留守の時は、オバが来てくれたり、逆にオバの家に預けられたりして世話をしてもらっていた。父親は村で商店兼居酒屋をやっていたが、少年タケはいつも居酒屋の真ん中に座って酒を飲みに来た大人たちに可愛がられていた。ある時、よちよち歩きをしていた少年タケが騒々しいダンス音楽に合わせて腰を振ってダンスを始めたことがあった。酔った男たちや、裏で家事をしていた女たちは、それを見てやんやと囃した。私も一緒に踊ると、皆「タケ、良かったな。ディナが一緒に踊ってくれて」とさらに囃し立てた。

二〇一四年、少年タケが七歳になる年に、少年タケの父親はプロジェクトを退職して一家をつれて州都チバンガへ引っ越し、ドゥサラ村での稼ぎを元手にあらたに居酒屋を始めることにした。それは少年タケにとっても良いタイミングだった。ドゥサラ村の学校は先生がおらず機能していなかったからだ。

しかし、せっかく町の学校に入学したのに少年タケは早々に学校からドロップアウトしてしまった。担任の先生とそりがあわず、一度こっぴどく叱られてから学校に行かなくなってしまったのだ。彼はドゥサラ村にいた時と同じように、父親の居酒屋のあたりをうろうろして、近所の大人や子どもたちに囲まれて一年ほど暮らしていたが、最近ようやくまた学校へ行き始めた。私はガボンへゆくたびに居酒屋を訪れ、ディナの顔を見てお小遣いをやるのを楽しみにしている。

移動生活

少年タケについて印象的なのは、一ヶ所に落ち着かず、移動、移住を繰り返していることだ。生まれたのは隣の州、幼年期はドゥサラ村、そして再び都市へ。このように広域を移動するのは彼に特有の話ではない。ガボンは人の移動が激しい国なのだ。

人口密度が低いためか、通婚の空間的範囲がとても広い。経済活動のためにも広域を移動する。何か事業をやろうとしても、事業者は近隣の町や村で必要な人足を確保するのは大変だ。私たちのプロジェクトでも、ほとんど村の全員に、何らかの形で働いてもらったくらいだ（竹ノ下 二〇一四）。だから、土木事業など大規模な事業の際は遠くから人を呼び寄せて雇う必要が出てくる。人びとはそうした雇用を求めて国じゅうを移動するのだ。ドゥサラ村の老人で、いかにも生まれてこのかた村を出たことはありませんというような雰囲気の人が、実は首都リーブルビルをはじめ主要都市を渡り歩いて仕事をしてきたと分かって驚いたことがある。大人たちが広域を移動すると、とうぜん、子どもたちも同じように移動生活を送ることになる。

８歳になったタケ。チバンガにて

子どもが親と離れて移動することもある。それにはさまざまな事情があるが、その一つが学校である。学校のない村だと、学齢期には町へ出なくてはならない。親が一緒に移住することもあるが、町に住む親戚に預けられることも多い。高校の場合は寄宿舎に入ることもある。子どもの頃から成績が良かったり、親が教育熱心な場合、早いうちから地元を離れて首都に暮らす親戚や地元の有力者に預けられて「良い学校」に通わされることもある。そのような場合は、親と会えるのは年に二回、夏のバカンスとクリスマス休暇だけである。

村の中でも子どもたちの居場所は移ろう。少年タケもそうだったが、親が出稼ぎなどで留守にすると、子どもは村内の親戚の家に身を寄せる。逆に、自分の親が誰かの留守宅の世話を頼まれた時に子どももついてゆくこともある。ドゥサラ村の人びとは集落から少し離れたところに畑を開く。伐開などの作業が多かったり、ゾウによる獣害のひどい時期には、村人は畑の傍に出作り小屋を作って何日か泊まり込む。人や時期によっては、一家総出で、かなりの日数をそこで過ごす。そんな時は子どもたちも一緒だ。子どもは親戚の出作り小屋についてゆくこともある。私もいちどアシスタント夫婦の出作り小屋を訪問したことがあるが、託児所かと思うほどたくさんの子どもたちがいて仰天した。

子どもたちは特段の理由がなくても頻繁に家々を渡り歩く。プロジェクトメンバーの一人である松浦直毅さんは、ガボン中部に暮らす狩猟採集民バボンゴの集落において、子どもたちが頻繁に他人の家に泊まり、あたかもその家の子であるかのように振る舞う様子を報告している（松浦 二〇一二）。農耕民であるドゥサラの子どもたちも、程度の差はあるが同様である。

日本では子どもの育つ環境として核家族を単位とした「家庭」がとても重要視される。しかしガボンでは、子どもは家庭にしばられず、「村」や「地域の親族ネットワーク」などもっと広い社会の中を自在に動いて成長してゆくといえる。

ドゥサラ村の日常風景

次に、少し視点を変え、村での一日を切り取って子どもたちの様子を概観してみよう。

村で子どもたちは、子どもだけでどこかへ行くことは少ない。必ずしも親ではないが、だれかしら大人たちの近くをうろうろしている。そこで何をするかといえば、水汲みや洗濯、調理や農作業など、家事や生業の手伝いをしたり、遊び半分に大人たちの仕事の真似事をする。手伝いは大人たちに言われてしぶしぶするというより、何か言いつけてもらいたくて大人に群がっているように感じる。することがないと子どもどうしでふざけあうが、そういう時でも大人の動向に注意を怠らない。

寄り合いのために村の集会所に大人たちが集まると、子どもたちも集会所の外を取り囲んで中の様子をうかがう。ひそひそ笑いながら大人たちのものまねをしたり、年長の子が年少の子に寄り合いの議題や進行状況を解説してやったりする。大人たちは、子どもたちが大人の活動に割り込んでくると叱るが、あたりをたむろすることは嫌がらず、むしろ歓迎しているようでもある。退屈な寄り合いに飽きてしまった子どもたちがその場を離れようとすると、女性たちが「あまり遠くに行くんじゃない、このへんで遊んでいなさい」と声をかけて引き止めることもある。そうして、伝令や届け物などちょっとしたことが発生すると、周りの子どもたちに用を言いつける。子どもたちは喜々としてそれに応じる。村の子どもたちにとって、大人から用事を言いつけられるのは格好の娯楽だ。

このように大人の周りをうろうろすることで子どもたちが少しずつ村の社会関係や生業の知識を身につけてゆくのだとすると、これはゆるやかな徒弟制（apprenticeship）と見なすこともでき（Lancy 2010）、レイヴとウェンガーのいう「正統的周辺参加」（レイヴ&ウェンガー 一九九三）の機会を得ていると考えられる。

子どもたちは私たち日本人の家にもやってくる。外国人だし、家には珍しい道具や機械がたくさんあったりして物珍しいのだろう。だが小さな頭がいくつも窓枠に並んで中を見ていると、こちらはどうにも居心地が悪い。そんな時は彼らにおつかいを頼むのが一番だ。村の大人がよくやるように「そこのガキよ、ちょっとこれを誰々に届けておくれ」と言うと、皆、頼まれたのは他でもないこのオレだと言わんばかりに、我先にと村へ走り去る。厄介払いと用事が同時にできて一石二鳥である。総じて、子どもは大人に頼むよりも確実に伝言やおつかいをこなしてくれる。

阪本（二〇〇七）は、日本の里山における子ども文化として、大人社会から一線を画した子どもだけの社会空間があり、それが子どもたちの自然体験の場として重要であると指摘した。しかし、私が見る限り、ドゥサラ村の子ども

川で、大人たちが洗濯をしている横で遊ぶ子どもたち

たちは、そのような子どもだけの社会空間を持っていない。ドゥサラ村の子どもたちは大人たちに従属してはいないが、自発的に大人たちの「周辺」にとどまっている。

子どもたちだけの社会空間がない（か、あっても希薄である）ことは、彼らが遊ぶ様子からもうかがえる。ドゥサラ村の子どもたちが、日本の子どもがやるような、鬼ごっこやかくれんぼといった名前や決まりごとのある遊びをするのを私はほとんど見たことがない。プロジェクトメンバーの一人、本郷峻さんが初めてムカラバに来た時のことだ。児童館で子どもの世話をするアルバイトをしていたという本郷さんは、ある日私たちの家の周りにたむろしている子どもたちを見て「ちょっと遊んで来ます」といって外へ出かけていった。ほどなく彼は戻ってきて「あの子たち遊びを知らないんですよ。何して遊ぶ？　と尋ねても要領を得なくて。それで僕が知ってる遊びを教えたけれど、言ったとおりにやってくれないんです」と語った。彼が子どもたちとうまく遊べなかったのは、当時の彼のつたないフランス語のせいばかりではなく、子どもたちが、名前とルールのある遊びということ自体にピンとこなかったのではないかと思う。

じっさい、もうちょっと組織的に遊んでもいいのではないかなと感じることは多々ある。たとえば大勢で川遊びをする時などは、ヨーイドンで向こう岸まで競争したりすればいいのにと思う。だが子どもたちはてんでに泳いだり潜ったりするばかりだ。そういえば、遊びながら子ども同士で指示を出し合うような場面に遭遇した記憶もない。

もっとも、遊びのすべてが無秩序というわけではない。プロジェクトメンバーの中でも最も濃密に村人と関わってきた安藤智恵子さんによると、子どもたちはママゴトをして遊ぶこともあるが、そのような時はちゃんと役割分担をするのだそうだ。しかし、それは遊びながら大人社会の秩序を真似しているからなのかもしれない。ちなみに、ある少女の話によると、「日本人調査隊ごっこ」をすることもあり、安藤さん役になった子は喜々として運転手役の子をこき使うのだそうだ（実際の安藤さんは決して人使いが荒くない）。

村の学校

もしかすると、子どもたちが村の大人社会と分離する唯一の場は学校かもしれない。いつだったか、子どもたちがリュックを背負って列になって登校する様子を見たことがある。大人と独立して子どもたちだけで歩く姿は珍しかったので印象に残っている。

しかし、学校は子どもたちが主体性を発揮できる場ではない。学校では村の秩序とは異なる別の秩序が大人から与えられ、村でよりもずっと厳しくその遵守が求められる。先生は厳しい。登校すると放課後までは母語による会話は禁止で、休み時間でも公用語のフランス語で話さないと叱られるのだそうだ。それがどの程度守られているか分からないが、これは子どもにとってかなりのストレスのようだ。大人たちに昔の話を聞いても、皆フランス語の強制についてはつい最近のことのように不満たらたらに語る。

青年海外協力隊員としてガボン北部のオイエムで幼児教育のコンサルティングに従事した佐々木道子さんによると、幼稚園でもそれは同様らしい。子どもに厳しく接する先生たちに佐々木さんが「もっと子どもの主体性を重んじてはどうか」「活動に遊びの要素を取り入れてみてはどうか」と提案したところ、「これがアフリカのやり方だ」「子どもは村で遊んでばかりいるのに、なぜプレスクールでも遊ばせなければならないのか」と反論されてしまったそうである。もっとも、都市の幼稚園はもう少し〝近代的〟な教育システムを取り入れているようだ。

幸か不幸か、子どもたちが学校で過ごす時間は長くない。授業は午前中で終わるし、夏休みも長い。正常に授業が行われないこともしばしばだ。僻地すぎて先生のなり手が見つからなかったり、せっかく赴任しても給料の遅配のせいで町へ引き上げてしまったりすることがあるからだ。子どもの方も、親の都合でしばらく町へ出かけたり、自己負担の教具が揃えられず学校に行けないこともある。少年タケのように学校が嫌になってドロップアウトする子もいるが、親は無理に学校に行かせようとまではしない。

絵を描けない子どもたち

図3-3-1　15歳の男の子が描いたゾウ。画用紙いっぱいに描かれ、ちゃんと色も塗られていたのはこれだけだった

動物絵画コンクール

二〇一一年に、村の小学校長が、学校に通う生徒に野生動物の絵のコンクールをしたいと言ってきた。そこで、日ごろ満足な画材を使えない村の子どもたちに自由にのびのびと動物の絵を描いてほしいと思った私たちは、日本で類人猿保護のために集めた募金の一部を送り、画用紙や絵の具などの画材の購入費に充ててもらった。

絵画コンクールの顛末は別のところで詳しく記したので割愛するが（竹ノ下ほか 二〇一二）、子どもたちが描いた絵を見て、私はその出来の悪さにショックを受けた。但し書きがなければ何の動物を描いたか分からないものがたくさんあった。上手に描けていると感じるものがあったと思えば、それは写真の丸写しだった。コンクールに参加したのは七歳から一五歳の子どもたちだったが、そんな年齢の子の絵とは思えなかった。絵を描く時間が限られていたことを考慮しても、惨憺たるものだった（図３-３-１、２）。

図3-3-2　15歳の男の子が描いた「カバ」。形を捉えておらず、色も1色のみ。画用紙の一部に小さく描かれている

「里」の子どもは「森」を知らない

なぜドゥサラ村の子どもたちは動物の絵を描けなかったのか。私は二つの理由があると考えている。

一つは、彼らはじっさいに野生動物を見た経験がほとんどないということだ。これは盲点だった。私たちは、自然豊かな国立公園に隣接しているくらいだから、森が彼らの遊び場に違いない、野生動物など見慣れているはずだ、と勝手に思い込んでいた。何しろ、私たちの調査対象のゴリラの集団は村の目と鼻の先にあって、私たちはそこで毎日たくさんの野生動物を観察していたのだから。

しかし現実は違っていた。子どもたちの生活の場は居住地や畑などの「里」であって、野生動物のすみかである「森」ではなかったのだ。本書で園田や亀井が紹介するカメルーンの狩猟採集民や、阪本が記した京都の里山の子どもたちとは異なり、ドゥサラ村の子どもたちは子どもだけで森を探検したりはしない。大人と一緒に森へ採集活動を出かけることはあっても、人びとの話し声や物音で動物は逃げてしまうので、野生動物と遭遇することはまれである。私たちが日常的にゴリラを観察できるようになるまでに投入した努力を考えれば、そんなことは当然だったが、思い至らなかった。

里に野生動物が現れることもある。だが多くの場合、里での動物との出会いは限定的かつ敵対的だ。里に現れる野生動物は作物や居住地を荒らす害獣である。大人たちは畑にゾウやゴリラが現れるとさまざまな手段で追い払う。だから、子どもたちが野生動物をじっくり眺める機会は里でも得られない。

加えて、少年タケの事例が示すように、子どもたちは里にすらずっといるわけではなく、村と都市とを頻繁に行き来する。アフリカの熱帯林の子どもというと、私たちは素朴に「自然に囲まれて生きる」イメージを抱きがちだ。しかし、たしかに彼らは自然に囲まれているが、だからといって彼らがその自然を「経験」しているとは限らない。ただし、これはあくまでドゥサラ村の現状である。アフリカ熱帯林すべてに一般化するのは早計だろう。前述のようにドゥサラ村は伐採基地として発展した。村でありながら成立の経緯は都市的なのだ。大人たちの多くは伐採会社などで賃金労働に従事しつつ都市と村とを行き来しながら暮らしてきた。そのため、もっと「自然な」農耕民の村人と比べ、人びとの森林に関する在来知はとぼしいし、賃金労働に時間を奪われ、在来知を子どもたちに伝える機会も少なかった。

学校は自然を教えない

子どもが絵を描けなかったもう一つの理由は、学校のあり方である。前述のようにドゥサラ村では森林に関する経験や在来知が世代間でうまく伝達されていない。しかし、学校はそうした地域社会の現状を補えるような自然体験の機会を子どもたちに提供していない。また、子どもたちがのびのびと自己表現する場にもなっていない。学校はナショナルカリキュラムに定められた近代的知識を座学で教わる場である。けっきょく、地域においても学校においても、子どもたちが主体的に「子どもの世界」を育む環境が与えられていない。

「二重の疎外」を超えて

二重の疎外

プロジェクトメンバーの一人で人類学者のムサヴ・ギーマックスさんは、ドゥサラの人びとは「二重に疎外されてきた」と言う。外国資本による伐採会社に雇われて働くことで、人びとはグローバル経済の末端に組み込まれた。しかし、伐採会社は自分たちと村人の間には明確な線引きをして、彼らが一定水準以上に近代化することを許さなかった。他方、伐採労働に従事することにより、村人は伝統的な生業活動に従事する機会と時間を奪われた。結果、村人は近代化のステップを上がることも、伝統的生活を継続することもできず、近代社会と自然社会の両方から疎外されてしまったというのだ。

ドゥサラ村の子どもたちが野生動物の絵を描けなかったことは、この二重の疎外が子どもたちの間で具現化したものだと考えることができる。子どもたちは、親世代から自然社会の伝統文化を受け継いでおらず、日々の生活の中で野生動物と接する機会を奪われている。他方、近代化の象徴ともいえる学校は、日本に暮らす私たちから見れば「前時代的」で不十分である。日本の子どもたちが幼い頃からどれだけ絵を描く機会を与えられているかを考え、それとドゥサラをくらべてみれば、それは明らかだ。

先に述べたように、この状況はドゥサラ村の特殊事情による部分が多い。しかし、このままアフリカがグローバル化の荒波に飲み込まれてゆくならば、今はまだ典型的な「伝統社会」であるような他の農村社会でも、ドゥサラ村と同じような事態が進行する可能性は高い。アフリカの奥地に、「森」からも「町」からも疎外された「里」の子どもが生まれ育ってゆくかもしれない。

ゴリラの民

私は現状を悲観しながら本章を結びたくはない。希望はあるはずだ。

ムサヴさんの言う「二重の疎外」は、これまでのドゥサラ村を歴史的に振り返ることで得られた洞察だ。つまり、過去から規定した現在の解釈である。しかし子どもたちは未来を生きるのだ。過去ではなく、未来から現在を眺めることはできないだろうか？

今の子どもたちが生まれた時には、伐採会社はとっくに撤退していた。だからそこが伐採の村だったことなど彼らには関係ない。かわりにいたのは私たちだ。村の大人たちは、もう一五年以上、細々と農耕や漁労、採集などをしながら森でゴリラの調査に参加する「半農半ゴリラ生活」を送ってきた。これは、まったく新しい状況だ。

自分を正義の味方だと考えるほど私は厚顔無恥ではない。しかし、今が新しい状況であるのならば、村の子ども（や大人）たちに寄り添い、彼らの未来を望ましい方向へ持ってゆくための工夫と努力は可能だ。ゴリラ調査を彼らの新しい生業のひとつと捉え、それを通じて、人びとが熱帯林と自分たちの生活とのつながりを再構築することはできないだろうか。

そんなことを考えて、私たちは今、地域住民が主体となったエコツーリズムの展開に取り組んでいる（Takenoshita 2015）。アジアや日本で地域主体のエコツアー開発を行ってきた新谷雅徳さんの力を借りて、村人を対象に、ゴリラなど「森」の自然資源と「里」における村人の文化資源を観光客に分かりやすく伝える、ツアーガイドとしての技能研修を二〇一四年から行っている（新谷・安藤 二〇一六）。研修を通じて、自分たちの価値観や伝統文化を見つめなおし、二重の疎外を乗り越え、熱帯林での生活における主体性を取り戻してもらいたいのだ。ドゥサラ村が「伐採会社の跡地」から「ゴリラの里」に変貌をとげ、野生生物と人間がともに生きる場所になることを願っている。その願いがかなった時、村の子どもたちは自らの体験にもとづいて、生き生きとした野生動物の絵を描くと信じて。

参考文献

阪本寧男　二〇〇七「里山の民族生物学」丸山徳次・宮浦富保編『里山学のすすめ――〈文化としての自然〉再生にむけて』昭和堂、二八―五〇頁。
シュヴァイツエル、A　一九五七『水と原生林のはざまで』野村実訳、岩波書店。
新谷雅徳・安藤智恵子　二〇一六「ガボン共和国――ゴリラ研究と共に歩むエコツーリズムへの道」『ＥＣＯツーリズム』一八：一〇頁。
竹ノ下祐二　二〇〇四「ガボン、ムカラバ＝ドゥドゥ国立公園の類人猿の調査と保護の現状」『霊長類研究』二〇：七一―七二頁。

竹ノ下祐二　二〇一四「森の水先案内人――大型類人猿調査と『トラッカー』」椎野若菜・白石壮一郎編『フィールドに入る』古今書院、五二―六七頁。
竹ノ下祐二　二〇一六「当事者による熱帯林のガバナンス――大型類人猿研究者による自己正当化として」竹内潔・阿部健一・柳澤雅之編『CIAS Discussion Paper No. 59　森をめぐるコンソナンスとディソナンス――熱帯森林帯地域社会の比較研究』京都大学地域研究統合情報センター、六二―六七頁。
竹ノ下祐二・安藤智恵子・岩田有史・松浦直毅　二〇一二「ガボン、ムカラバ国立公園における絵画コンクールを通じた環境教育の試み」『中部学院大学・中部学院大学短期大学部研究紀要』一三：一六五―一六九頁。
松浦直毅　二〇一二『現代の「森の民」――中部アフリカ、バボンゴ・ピグミーの民族誌』昭和堂。
松浦直毅　二〇一四「〈住民参加〉によるアフリカ熱帯雨林の保全と開発に向けて――ガボン南西部ムカラバ・ドゥドゥ国立公園の事例から」『アフリカ・レポート』五二：八八―九七頁。
松浦直毅　二〇一六「保全と開発の両立に向けた地域住民との協働――ガボン南西部ムカラバ・ドゥドゥ国立公園における実践から」竹内潔・阿部健一・柳澤雅之編『CIAS Discussion Paper No. 59　森をめぐるコンソナンスとディソナンス――熱帯森林帯地域社会の比較研究』京都大学地域研究統合情報センター、五七―六一頁。
レイヴ、J／E・ウェンガー　一九九三「状況に埋め込まれた学習――正統的周辺参加」佐伯胖訳、産業図書。
Ando, C. and Y. Iwata, J. Yamagiwa 2008. Progress of Habituation of Western Lowland Gorillas and their Reaction to Observers in Moukalaba-Doudou National Park, Gabon. *African Study Monographs. Supplementary Issue* 39: 55-69.
Lancy, D. F. 2010. Learning“From Nobody”: The Limited Role of Teaching in Folk Models of Children’s Development. *Childhood in the Past* 3: 79-106.
Matsuura, N. and G. M. Moussavou 2015. Analysis of Local Livelihoods around Moukalaba-Doudou National Park, Gabon. *Tropics* 23(4): 195-204.
Takenoshita, Y. 2015. From Vision to Narrative: A Trial of Information-based Gorilla Tourism in the Moukalaba-Doudou National Park, Gabon. *Tropics* 23: 185-193.

第Ⅳ部　水辺に生きる

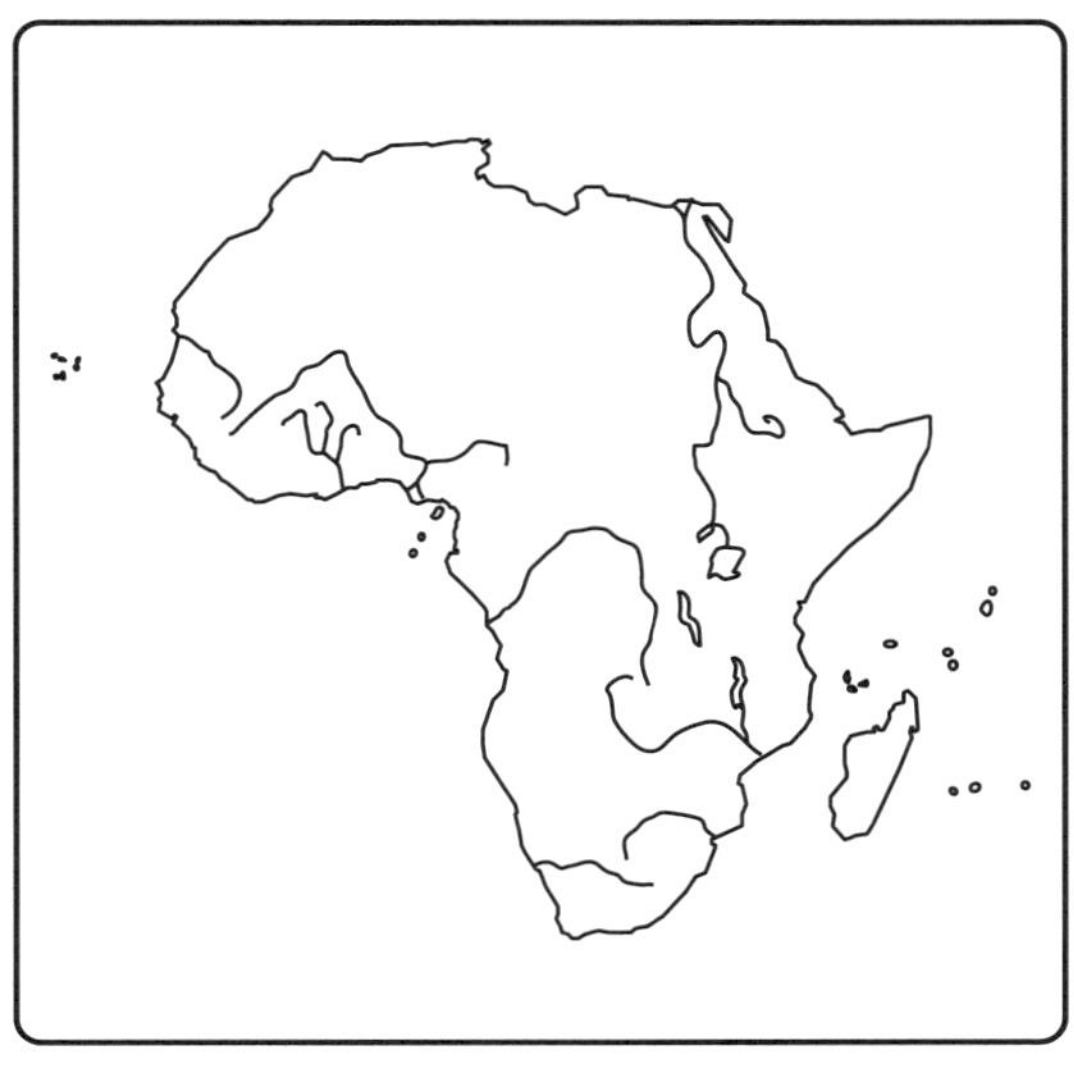

水辺の環境と文化

清水貴夫

自然と環境　荒涼とした砂漠、広大なサバンナ……。アフリカ大陸は広く乾いた大地というイメージがあるが、アフリカの潤った姿は想像できるだろうか。「水辺」は海や湖沼、河川の際を指し、地理的かつ環境的な諸条件の下で多様な景観を形成する。

たとえば、西アフリカの大西洋にせりだしたモーリタニアとセネガル、南部アフリカの南アフリカとナミビアの海岸域の降雨量は砂漠並みで、海沿いであるにもかかわらず、空気は非常に乾燥している。これには、西アフリカの大西洋岸には北から、ナミビア沖には南から流れる寒流が関係している。また、ナミビアの海岸部のように砂漠がそのまま海に落ち込む景観があるかと思えば、マングローブ林が広がる湿潤な地域もある。こうした植生や気候の違いは、多様な海洋魚類の生態系を作り出す要因ともなる。一方、ナイル川やニジェール川といった国際河川は、いくつもの国境を越え、砂漠を二分するように流れる。さらに、数多くの巨大な湖沼もある。また、サントメ＝プリンシペやモーリシャス、マダガスカルといった大小の島しょ国も水辺の環境である。

生業と人びと　水のある場所が人間の生存に有利だとすれば、水辺には当然のことながら人が集まりやすいことになる。水産資源の豊かな湖畔（第一章）や島しょ部（第三章）にはさまざまな文化が育ち、ニジェール川中流には、ジェンネなどの西アフリカを代表する都市国家が形成された（第二章）。そしてラグーンは、住居を求めて水上に家屋を設けて暮らす移住労働者の生活の場となることもある（第四章）。

水辺に住む人びとにとって、最も重要な生業は漁労である。水産物は、かねてより水辺の人びとによって自家消費されるほか、商品として遠方の内陸地域においても広く取り引きされてきた。以前は、鮮魚が届かなかったところでは干物や塩漬けなど加工された魚が届けられ独自の食文化が形成されたが、近年は、流通網の発達により、内陸地域でも鮮魚が手に入りやすくなった。

また、淡水湖や河川沿いでは、乾燥地であっても、さまざまな作物を栽培することが可能である。ところにより、大規模な灌漑設備を備えた穀物栽培が行われており、それ以外でも乾季の小規模な野菜作は周辺地域の食糧供給に大きな役割を果たしている。

歴史と文化　「水辺」とひとくくりに述べても、外洋沿いや大湖沼、また大河の港町と、それぞれが文化的特徴を持っている。たとえば、インド洋に面した東アフリカの港町は、アラビア半島のムスリムの王権の影響化にあり、アラビア語とバンツー系の言語が融合されて、この地域の共通言語となったスワヒリ語を生み出した。また、ギニアに水源を持つニジェール川沿いには、サハラを越えてきたイスラーム商人たちの数多くの逗留地が生まれ、宗教と経済の中心地が形成された。

近年の問題　ここでは、湖沼などの内水面での問題を一つ紹介しておこう。近年の過剰な農地開発と集中的な豪雨の増加により、土壌が湖沼に流れ込み、湖底が浅くなるという現象がたびたび報告されている。巨大なビクトリア湖やマラウイ湖などではそのようなことはないが、この結果、多くの小さな湖沼では水があふれやすくなり、洪水の被害が発生している。一見、環境問題に見えるこうした現象は、自然と人間活動のアンバランスから生まれた現代的な問題だといえるだろう。

第1章　生物多様性の宝庫に生きる

マラウイの漁民、チェワ族とトンガ族

嘉田由紀子

魚つかみに夢中の子どもたち

ここは東アフリカ・マラウイ国の、マラウイ湖畔の南部にあるチェワ族が主体の村、チェンベ村である。朝、東の空が白み始めると、湖岸に並ぶ家いえから女性たちが水辺にやってくる。頭には、前の晩の夕食に使ったナベや食器などが入ったバケツをのせている。背中に赤ん坊を背負った女性もいる。母親を追いかけるように子どもたちも湖岸にやってくる。人の顔が見分けられる明るさになると、もう湖岸は人でいっぱいだ。顔を洗う人、歯を磨く人、ナベや食器を洗う人、体を洗う人。電気もガスも水道もないこの村では、湖が洗面所であり、台所であり、お風呂でもある。

子どもたちは、朝起きてまず一番に浜に出て、魚つかみに興じる。一〇歳の少女マリア（仮名）に朝の魚つかみを見せてもらった。砂浜から数メートル沖合の水中に身をかがめて、水の底に仕掛けたミニ刺網から魚をつかんではお椀の中に入れている。エサは前の晩の主食のトウモロコシの練り物（チェワ語でシマという。スワヒリ語のウガリに相当）だ。大人の漁法をしっかりまねて、漁網の切れ端で、工夫して自分なりのミニ刺網を作っている。水中にもぐっては上がり、もぐっては上がりしながら、一時間ほどでお椀いっぱいの小魚（魚種にかかわらずババと呼ぶ。日本語の感覚だとザコという感じの名前）がつかめた。

このミニ刺網から一〇メートルほど離れたところでは、別の少女が二人、空ビンに同じく前の晩の残りものであろうシマを入れて水中にしずめ、いわば日本でいう「ビンづけ」（空ビンの中にエサを入れて魚をつかむ漁法）をしている。ここでもババがすぐにかかる。さらに少し離れたところでは、数人の少年たちが、ヨシの枝先に糸をつけて釣り糸をたれている。子どもという子どもが、身近にある容器や網類などを集め、刺網やビンづけなど、漁具や漁法の趣向を凝らして魚つかみをしている。そこには生活用具の「転用」と、漁師の村であるチェンベ村ならではの大人の漁労活動の「模倣」が満ちあふれている。まさに子どもは遊びの創造主だ。

浜で魚をさばく男の子たち

遊びの第一条件を「没入」というなら、まさにこの、湖辺で魚つかみに興じる子どもたちの姿は、周囲のあり様を気にすることもなく、ひたすらババを追いかけ、「没入」そのものの姿である。ここにこそ遊びの真髄があるといえよう。それだけではない。この魚たちは子どもにとって、また子どもの家族にとって、重要なおかずになるのだ。小魚はそのまま丸ごと野菜と炊いたりしてシマのおかずにする。ときに大きな魚がつかめると、子どもたちは浜辺にまな板を出してきて、自分で捌きはじめる。三枚におろす技術などは、五～六歳になるとすでに一人前だ。家族の中で子どもは立派な働き手であり、稼ぎ手なのだ。

ちょっと昔の日本でもそうであったように、チェンベ村の子どもたちは保護されているだけではない。彼らにとって遊びの要素が高い魚つかみは、家族の生活を支える重要な労働でもあり、その獲物はお昼のおかずなどとしてあてにされる食糧でもあった。

私たちが一九九〇年代に滋賀県で行った小学校五年生二千名、その父母二千名、その祖父母二千名の合計六千名の三世代調査によると、祖父母世代（昭和初期生まれ）は、マラウイの子どもたちと同様、魚つかみを盛んにしていた。身近な容器や籠類、布などを使って、きわめて巧みな工夫をしていた。また、つかんだ魚は八割方が「食べた」という。それが、父母親世代（昭和三〇年代生まれ）になると、つかんだ魚を「食べた」のは半分ほどになり、「逃がした」が三割ほどになる。子ども世代（昭和六〇年代生まれ）になると、「食べた」はたった一割まで減り、「逃がした」が八割を占めるようになった（嘉田・遊磨 二〇〇〇）。このように日本で世代ごとに変化していった背景には、近代化の過程で水辺の環境改変が進み、子どもがつかめる魚類そのものが減ったことがある。あわせて、現金収入の拡大や冷蔵庫の普及により外部から供給される食糧やおかず類が増えたことがある。

浜辺で洗いものをするマリア

子どもたちを巻き込んだ葛藤

自然への依存が高いマラウイでは、身近な水域でとれる魚類は大変重要で、国民のタンパク源の四割がマラウイ湖の湖魚である。特にチェンベ村は、マラウイ全土に湖魚を提供する重要な漁村である。しかし、このチェンベ村でも、国民に人気の高いチャンボ（カワスズメ科の大型シクリッド）やカンパンゴ（大型のナマズ）など大型魚類の漁獲高は減少しており、漁師にとっては悩みの種である。

一方、このチェンベ村では、子どもたちが「スポンジのようにスカスカしておいしくないから食べない」という魚類がある。ムブナという青や黄色の色鮮やかで美しい、岩場に暮らすシクリッド類であり、観賞魚として珍重され、日本にも輸出されている魚種である。「ムブナはおいしくない」というのは、一九九五年に私自身が初めてチェンベ村を訪問した時、まだ一〇歳だったジェームズ（仮名）たちから聞いた言葉だった。子どもたちに「おいしくないから食べない」と言わせるチェンベ村の事情。この背後には何かありそうだ。直感的に感じた私たちは、湖の魚をめぐって、子どもをも巻き込んだ国立公園化問題、国際的には生物多様性保全問題に直面することになった。

そこで本章では、アフリカでも代表的な淡水の水辺環境としてマラウイ湖を取り上げ、マラウイ湖辺に暮らす子どもたちの魚遊びや魚食文化を描きたい。その姿を通じて、住民たちが直面する生物多様性保全と漁労活動との葛藤を描き出す。具体的には、国立公園化によって漁獲制限を強いられながらも、住民たちが自ら新たな秩序体系を生み出している姿を描き、そうした大人の目線を受け止めながら、自らの暮らしぶりを積極的に再編し、生活を創り出そうとしているしたたかでしなやかな子どもたちの、未来への生きる力、生きる可能性について論じていきたい。

生物多様性の宝庫、古代湖としてのマラウイ湖

アフリカ大陸には東部に三つの古代湖がつらなっている。北からビクトリア湖、タンガニーカ湖、マラウイ湖である。マラウイ湖は、東北部はタンザニア、東中部はモザンビーク、西側と南部がマラウイに接する国際湖沼である。広さは約二万九六〇〇平方キロ、アフリカの湖沼では三番目、世界でも一〇番目に大きい湖で、琵琶湖の四六倍もの面積がある。

マラウイの歴史をたどると、この地域はかつて、バントゥー系民族により建てられたマラビ帝国の一部であった。

一六世紀頃からポルトガル人との接触が始まるが、主な交易に奴隷貿易があった。一八五九年、スコットランド人の宣教師で探検家のリビングストンが初めてマラウイ湖に達し、その後ヨーロッパ人によるキリスト教布教活動がさかんになるとともに、いわゆる「奴隷解放」がなされた。一九世紀末にイギリスの保護領のニャサランドとなり、一九六四年にマラウイとして独立した。

マラウイ経済の中心は農業であり、アフリカ人の家族経営による小農部門と、白人およびアフリカ人経営の大規模経営部門に分かれる。小農部門では主食のトウモロコシや換金作物の葉タバコが、大規模経営部門では輸出用の葉タバコ、サトウキビ、綿花、茶などが栽培されている。マラウイ湖での淡水漁業は国民の主要なタンパク源となっており、本章で紹介するチェンベ村やウカタ・ベイ村のようなマラウイ湖辺の村が漁業基地となっている。

住民はバントゥー系のチェワ人、トンガ人、ヤオ人、トゥンブカ人などで、ほかにインド人やヨーロッパ人がいる。公用語は英語とチェワ語で、一人当たり国民総所得（GNI）は二九〇ドル（二〇〇九年）ときわめて低く、国連が定めた分類の後発開発途上国（LDC）に属する。アフリカ人の大半は農村に住み小規模農業を営んでいる。工業が未発達のため雇用機会が少なく、多くのマラウイ人が南アフリカ共和国やジンバブエ、ザンビアへ出稼ぎに出ている。

教育制度は、独立後もイギリス植民地時代の制度がそのまま残り、初等教育は八年制、中等教育は四年制である。宗教は、早くから布教活動が行われたためキリスト教徒が多いが、その宗派はさまざまで、プロテスタント系が約五五％、カトリック系が二〇％、イスラム教も二〇％といわれている。

日本との関係では、独立直後の一九六四年に日本がマラウイを正式に承認したことに始まり、現在は主に貿易や経済・技術援助を通して密接な関係がある。とくにマラウイに対する日本の協力は、一九七一年の青年海外協力隊派遣以降、継続して行われており、アフリカの中でも日本の協力隊員の派遣数は最大となっている。今回紹介するチェンベ村やウカタ・ベイ村にも、国立公園管理や村落開発などで日本の若者がこれまで数名着任している。

ムブナはおいしい？　おいしくない？

一九九五年、最初にチェンベ村を私自身が訪問した時にジェームズたちが言っていた「ムブナ」は、青や黄色の鮮明な色を持つシクリッド類の魚だ。実はこのムブナは、日本でも観賞魚として高価で取引されている。その供給地でもあるマラウイ湖は、固有種が一千種類近くも生息していて、生物多様性の宝庫である。

しかし同じムブナであっても、北部のトンガ族の村ウカタ・ベイでは、子どもたちは「おいしくない」とは言わない。それどころか、ムブナは少年たちが岩場で釣り上げる重要なおかずである。四〜五歳の、大きな漁具を持たない少年たちが、ミミズをエサにヨシの竿などの簡単な漁具で釣りを習う、漁師見習いのための魚種でもある。とくに天候が悪くて沖合での大人の漁業ができない日は、漁民家族にとって、少年たちが岩場でつかんでくるムブナは重要なおかずである。中山節子さんが住み込ませてもらったある家族の食事記録によると、夕食のおかずの八回に一回はムブナであった、という（嘉田・マレカノ・中山 二〇〇二）。

なぜ、南のチェンベ村と北部のウカタ・ベイ村では、同じ生物種でありながら、ムブナの評価が「食べたくない魚」と「食べたい魚」に分かれるのだろうか？　この背景には、古代湖マラウイ湖の、生物多様性ホットスポットとしての役割が関わっている。子どもたちの魚つかみ遊びにも大人の目を通して国際的な動きが反映されているのだ。

実はチェンベ村は、一九八〇年にムブナを保護するための国立公園に指定され、一九八四年には世界遺産に指定された。その結果、保護魚種の捕獲が禁止され、禁止区域での漁労活動が発覚すると網を取り上げられるという、かなり重大な罰則が課されることになった。一方、マラウイ湖そのものは、北部のタンガニーカ湖やビクトリア湖とともにアフリカ三大古代湖と呼ばれ、二〇〇万年ともいわれる歴史があり、いわば生物進化の展覧会場である。それゆえ一千種ほど生息する魚類のほとんどが固有種であり、そのうち最も種分化が進んでいるのがシクリッドといわれるカワスズメ類で、ムブナはその仲間である。

魚食文化と魚類認識

南部のチェンベ村で、また北部のウカタ・ベイ村で、人びとと話していて最も盛り上がるのは、いつも「魚」の話題であった。私たちは、生態総合研究として、生態学専門の研究者がアクアラングで水中にもぐって取り上げてきた魚類を、浜辺に広げて村人に見てもらって、魚の名前や特色、漁法、料理法、そして味覚や好き嫌いなど、魚についてのありとあらゆる情報を集めていた。いわば「浜辺の語り場」だ。この語り場には男性の大人が寄ってくるが、そこに子どもたち（男の子のみ。女の子はそのような場にはまったく入ってこない）も交じって積極的に発言していた。多くの子どもたちが魚について、たとえば成長段階に応じて名前や生息場所が異なるいわゆる「出世魚」の情報などを、詳しく知っていた。

そこで私たちは二〇〇四年に、子どもたちの「魚の知識の深さ」や、皆がこだわる「魚食文化」について、子どもと大人、湖辺の村と町という四つの社会集団について、意識調査を行うことにした。湖辺の村として対象に選んだのは、チェンベ村と北部のウカタ・ベイ村であり、いずれも漁師村である。また都市部として、首都のリロンゲと大学都市のゾンバの二つを選んだ。いずれの地域でも、知り合いの小学校に依頼して、高学年の生徒を約五〇人選んで調査票を渡し、自己記入してもらって、回収した。大人についても、それぞれの地域で五〇人前後、知り合いを通じて選び、アンケート票を配布し、回収した。全体で約四〇〇人からの回答があったが、統計的に抽出した調査者ではなく、あくまでも、都市部と漁村部、大人と子どもの大きな傾向をつかむための荒削りの調査であることを断っておきたい。

この調査では、まずマラウイ湖の魚について「知っている魚の名前」「食べたことがある魚の名前」を尋ねた。あわせて魚食嗜好調査では、「日常食している魚」「条件がゆるせば食べたい魚」「食べたくない魚」という三項目について質問した。

　魚の名称認識では、大人と子ども平均して一九の名称が挙げられたが、そのうち食したことがある魚種は一〇種だった。都市・漁村別に名称認識を見ると、都市部では、大人は平均一三種、子どもは平均九種、漁村部では、大人は平均二三種、子どもは平均二二種の名称を挙げた。漁村部の子どもが、すでに大人とほぼ同数の名前を知っていることは、驚きだった。村ごとに見ると、チェンベ村では大人が二六種知っているのに対して子ども二三種、ウカタ・ベイ村では大人も子どもも共に二一種を挙げた。小学校高学年で、すでに大人並みの魚類名称を知っていることから、いかに漁村部の子どもたちが魚に高い関心を持っているかが分かる。

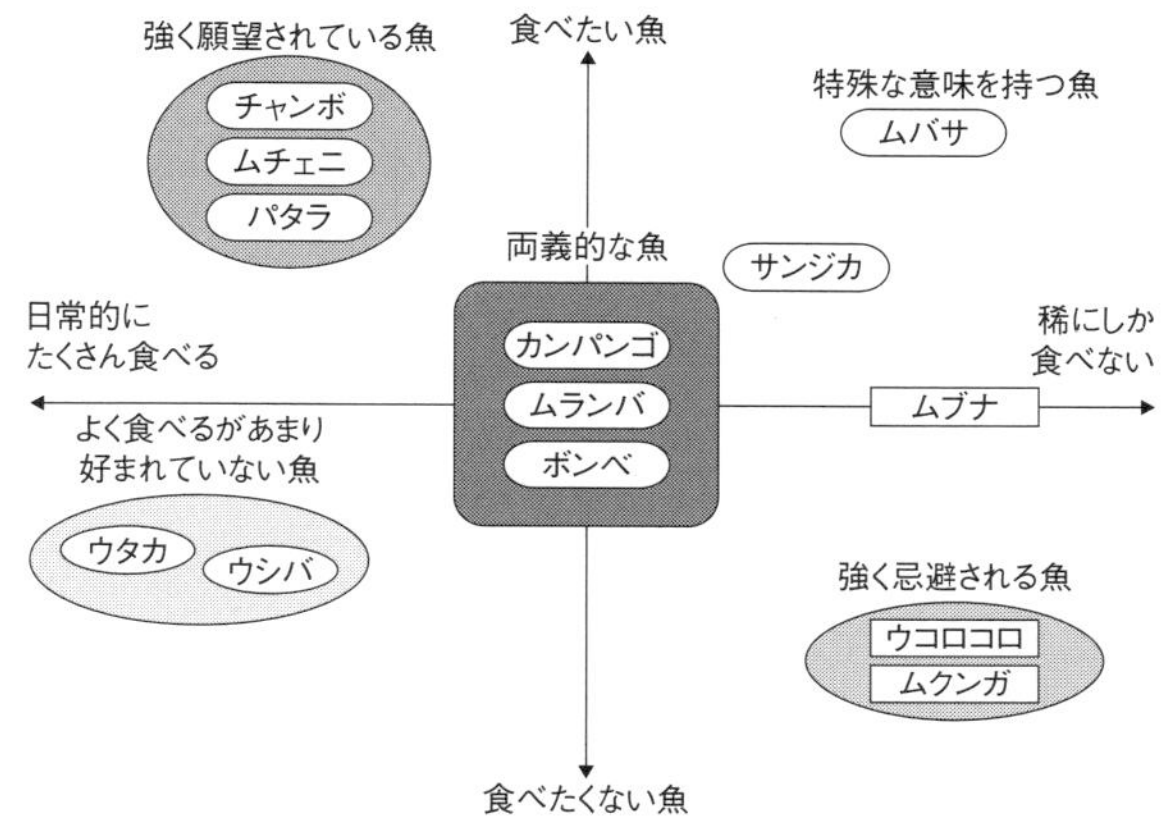

図 4-1-1　魚食嗜好と魚食習慣から見た魚カテゴリー

　また、日常の暮らしの中で最も頻繁に食べている魚として三〇種が挙げられた。全体を平均して最も多いのがウタカという小型シクリッドであり、ついで沖合にすむコイ科のウシバである。これらは単価が安く、乾燥状態で流通しており、日本でいう煮干しに近いもので、経済状態が悪くても口に入る魚種である。ついでチャンボ（テラピア）、ムチェニ（大型シクリッド）となっているが、これらは高価な贅沢品でもある。冷蔵庫が発達していないマラウイでは、漁村部では生食もできるが、都市部では乾燥魚や燻製魚としての流通が主となる。

　ここで注目したいのは、最も頻繁に食している種の中でのムブナの扱いである。前述のように、国立公園に囲まれているチェンベ村では、ムブナを食することはタブーとなっている。子ども・大人両者とも、チェンベ村で「ムブナを食べる」と回答した人は一人もいなかった。

逆にウカタ・ベイ村では、ムブナは、ウシバやゲレワ（中型シクリッド）に次いで三番目によく食する魚となっていた。先にも述べたように、ムブナは、天候が荒れて沖合に出られない時などの非常食として、少年たちが好んで岩場で釣り上げる魚種であった。しかし、ムブナがいて、岩場の条件も同じなのに、チェンベ村ではムブナは食べる対象になっていない。その理由は「おいしくない」からだった。しかし、北部のウカタ・ベイ村では、ムブナはおいしくないとは決していわれず、むしろ、おいしい魚として認識されている。

実態として食べている魚に加えて、「条件が許せば食べたい魚」として、地域や大人・子どもの違いを超えて挙げられたのは、「チャンボ」が筆頭であった。ついでムチェニやカンパンゴという大型で肉厚の魚類である。食べたい理由は、「おいしい」に加えて「肉厚」「骨が少ない」「肉のような味」「大人数で食べられる」などであった。

魚食タブーの地域差

食のタブーは、人類学において、かねてから大きなテーマとなってきた。同一魚種であっても文化的解釈によって「食してよい魚」と「食することを禁止する魚」に弁別されており、その理由にはきわめて文化的・宗教的な意味あいが込められてきた。メアリー・ダグラスの先駆的な研究では、栄養的に意味があって、漁業的に捕獲可能であっても、精神文化として受け入れられない魚種は食べない、あるいは食べてはいけないという象徴的解釈がなされていた（Douglas 1969）。生態的条件との関わりを強調するのは伊谷純一郎である（伊谷 一九八〇）。また現象学的ともいえる研究として、同じくアフリカの牧畜民研究から生まれた河合香吏の成果が秀逸である（河合 一九九八）。日本でも、とくに動物を殺し食することは仏教文化の「殺生禁断思想」と相容れず、琵琶湖などの漁師世界では歴史的課題となっていた（嘉田・橋本 二〇〇一）。

さて、今回のマラウイの調査で尋ねた「食べたくない魚」について、大人・子どもの違いも地域別も無視して平均化すると、最も多い理由は「宗教的理由」であった。ついで「味覚」「形・行動」「病気になる」となっている。しかし地域別に見ると興味深い結果が見えてくる。特定の魚を食べると「病気を起こす」からという理由を最も多く挙げたのは、都市部の大人と子どもである。とくにナマズ類について、「肌荒れ」「髪の毛が抜ける」という、肌に関わる病気を挙げる人が都市部で多い。ナマズ類のような鱗のない魚は人間に近いので食べるべきでない、という忌避感が強い。イスラム教や一部のキリスト教の信仰とも深く関わっている。

一方チェンベ村では、食べたくない理由として、子どもも大人も「魚の形や行動」や「おいしくない」が最大となっている。形や行動から最も忌避されているのは「ムクンガ(ウナギ)」で、その理由は「ヘビに似ているから」だった。チェンベ村では、やはり「ムブナ」も、大人も子どもも「おいしくないから食べたくない魚」と挙げており、私たちが一九九五年に一〇歳のジェームズから聞いた言葉が、地域全体で、子どもだけでなく大人にも広く共有されている言説であることが分かった。

それでは、外部から一方的に決められた「国立公園化」という自然保護の論理に、チェンベ村の人たちは、大人も子どもも従順に従い、ひれ伏しているといえるだろうか。一方的に抑圧されているといえるだろうか。実は、アフリカ各地で、ヨーロッパ的な「自然保護思想」による国立公園化は、生業として狩猟採集や漁業活動などで、生態的な資源に依存せざるをえない住民生活との間で深刻な問題を引き起こしてきた。アフリカ各地の精緻なモノグラフは数多い(重田・伊谷 二〇一六)。その流れに沿った形での貴重な研究がある。長年チェンベ村に住み込み、魚類生態学者としてカンパンゴの繁殖行動を研究し、さらに科学的知識を住民の生活的知識に結びつける「課題解決型」かつ「領域融合型」の「地域環境学」を提唱してきた佐藤哲の仕事を紹介しよう(佐藤 二〇一六)。

規制を使いこなす

生態学者の佐藤哲は、一九九〇年代から、私たちと共同でマラウイ湖生態総合研究を進めてきた。彼は、二〇〇〇年から数年の歳月をかけて、ムブナを保護する国立公園の漁獲規制の中で、漁民がいかに生業としての漁業を守りながら、保護区内で生きていく方法を編み出しているか、緻密な調査で明らかにした。具体的には、カンパンゴなどを捕獲するための刺網三八五張の設置位置を地図上で確認した。その結果、漁民が、国立公園の保護区内に仕掛けるブイは小さくし、保護区外には大きなブイを設置していることが分かった。ここには、漁民の自制が働いていることが、データとなって表れている。漁民は誰かの目を気にして、こうした行動をとっていた。では、誰の目を気にしているのか?

実は、国立公園の監視には国には人手も予算もなく、実質的な漁獲規制行動がほとんどできていない。つまり漁民は、国立公園の管理者ではなく、いわば仲間うちである集落の目、コミュニティの目を気にしているのだ。そしてこの自制的操業が、岩場と砂場の境目にあるカンパンゴの繁殖地を保護していることも明らかになった。すなわち漁師たちは、結果として漁獲資源を自ら守っていたのである。このカンパンゴの繁殖地の存在も、佐藤らが世界で初めて実証したものだった。

ギリギリの生存状態にある漁師にとっては、違反しても一匹でも多くカンパンゴを捕獲したいというのが切実な願望だろう。一九八〇年、国際的に貴重な種として科学的に証明されたムブナの保護。その目的のもと、突如外部から持ち込まれた漁獲規制を伴う「国立公園化」。最初は、チェンベ村そのものを公園外に移動させようという動きがあったという。しかし、伝統的チーフであるチーフチェンベは、居住地としての継続性を主張し、保護区の指定を水域と山林の一部に止め、村人の暮らしの場を守った。こうして外部から持ち込まれた制度的枠組みの中で、貧困にあっても、保護区とうまく共存しつつ自制の効いた漁業パターンを生み出した村人たち。それが実質的に漁業資源の保護につながった。重田や伊谷が名付けた「争わないための生業実践」ともいえる。保護区の科学的知識が、チェンベ村の人びとの日常の生活文化に変化をもたらした、そのプロセスを佐藤は見事に描いている。

言いかえるなら「まずい魚で食べるものではない」という認識は、いわば住民自身が、本当は食べたらおいしいものをおいしくないと自己規制して生み出したものだ。それも、強圧的な規制ではなく、味覚の問題にすりかえることで自ら納得しやすくし、共同体の仲間うちで他者を説得する論理としても使える、見事な言い分に仕立てた。チェンベ村の人だけがまずい魚と語るようになったのは、保護区の設定に前後して外部から入ってきた科学知を使いこなすための心理的工夫ともいえるだろう。自分たちの生活文脈の中で、ムブナは貴重な生物種という論理を再構築して、「ムブナはまずくて食べるものではない」という言説として受け入れ、自己納得していく。共同体の中で「自己納得と他者説得」の論理を自らつくりだす。

私たちは一九八〇年代から、琵琶湖辺の人びとの湖との関わり方に、科学者による自然保護論でもない、行政による近代科学技術でもない、まさに地域の生活者が生活の必要から生み出した環境との共存の知恵を「生活環境主義」として理論化してきた（鳥越・嘉田 一九八四）。外部からの科学知を地元の生活知の中に組み込んで、ともすれば、フッサールが名付けたように、植民地化されがちな生活世界の認識世界を、自らの論理のもとで再編成する。このような地元住民が発見した住民生活の論理構成と類似の精神が、アフリカ・マラウイ湖辺でも見られたのである。琵琶湖辺で住民としての精神の自律性と継続性こそ、環境と共生する土着的思想の真髄といえるだろう。

文化人類学者でアフリカをフィールドに研究する松田素二が、この点を外部知識の「飼い慣らしプロセス」として見事に表現している（松田 一九九九）。地域にとって異質な「開発」「保護」ではなく、「生活の必要」と「生活の便宜」こそが、巨大な外部圧力への抵抗の源泉になるのではないか。松田がいう「外部知識の飼い慣らし」である。そしてこのような精神の強靭さが、子どもたちの中に生活知を繰る力を生み出し、活き活きと息づかせ、新しい言説を生み出してきたのではないだろうか。最後に、ムブナの新しい解釈を紹介しよう。

若者たちの戦略

一九九五年にチェンベ村で出会ったジェームズは、もともとこの村の生まれではなかった。村はずれにある白人の別荘で賄い夫として働く父と母についてきたよそ者だった。生まれは近くの町、モンキイベイ。しかしチェンベ小学校に通う幼い時から周囲の子どもたちとともに湖辺で小魚つかみをし、知識を得て、技術を磨いてきた。同時に、国立公園があるゆえに外部から入ってくる魚類研究者や、私のような環境研究者に、だれより先にアプローチし、村人と私たち外部の人間をつなぐ媒介者の役割を果たしてきた。中学校の時、両親が交通事故で亡くなり、彼は弟と二人、取り残されてしまった。そんな困難を乗り越え、お金がなくなると村てリロンゲなどの中学校に行って学び、お金を貯めに戻り観光案内などをして稼ぐ。このような生活様式を自ら編み出してきた。

ジェームズとの最初の出会い（1995年8月）

一九九五年、最初に浜辺で出会った時、彼は「学校に行く靴やノートが欲しいから助けてくれ」と旅人の私に話しかけてきた。私は「学校のことにはあまり興味がない。それよりも浜での洗濯の仕方や、魚つかみ遊びなど、皆が日々暮らしていることを教えてほしい」と頼んだ。

それ以来、彼は私たちがいわゆる外来的なライフスタイルや思想をこの村に持ち込むのではなく、まさに村の暮らしそのものに潜む生活的知識を学びたいと思っていることを呑み込んでくれた。その結果、今回は詳しく紹介できていないが、屎尿やトイレに関するタブーの問題に取り組み、したたかな工夫をして仲間を呼び込み、エコトイレ作りを実現した。

彼らは、国立公園と共存するために「ムブナはおいしくない」という論理を生み出し、食用を避け、市場に売り出すための捕獲もしない。かわりに、国立公園ゆえに水中で美しいムブナを見るという論理を生み出し、ダイバーなど観光客に広めているのである。ともすれば住民と対立しがちな観光客の意識や志向性を自ら内面化して、「ムブナは観光客のために」という新たな言説を生み出したのだ。漁師が捕獲する「食べる魚」とは別の、観光客用の「見せる魚」というカテゴリーが生まれ、若者たちの間に観光案内の仕事が広がっているのである。ジェームズはその若者たちのとりまとめ役として、所得を得て、生活を成り立たせている。最近うれしいニュースがマラウイから届いた。今や三〇歳をすぎて、ジェームズが結婚する、という。

佐藤哲が発見したように、チェンベ村の漁師は国立公園の存在に苦しみながらも、コミュニティとして生き残る方策を、まさにコミュニティとして成り立たせてきた。そのコミュニティで育った子どもたちが成長し、観光振興という新しい戦略を生み出した。彼らが今後、グローバル化が進むこの国際環境の中で、いかにしたたかに生き抜く知恵と工夫を編み出していくか、はるか地球の裏側から祈り、応援していきたいと思う。

参考文献

伊谷純一郎　一九八〇『トゥルカナの自然誌』雄山閣。
嘉田由紀子・橋本道範　二〇〇一「殺生禁断と漁業制度」鳥越皓之編『自然環境と環境文化』有斐閣、四七―七六頁。
嘉田由紀子・遊磨正秀　二〇〇〇『水辺遊びの生態学――琵琶湖地域の三世代の語りから』農山漁村文化協会。
嘉田由紀子／ローレンス・マレカノ／中山節子　二〇〇二「ムブナはおいしくない？――アフリカ・マラウイ湖の魚食文化と環境問

題」松田素二・宮本正興編『現代アフリカの社会変動』人文書院、二六〇―二八三頁。
河合香吏　一九九八『野の医療――牧畜民チャムスの身体世界』東京大学出版会。
佐藤哲　二〇一六『フィールドサイエンティスト――地域環境学という発想』東京大学出版会。
重田眞義・伊谷樹一　二〇一六『争わないための生業実践――生態資源と人びとの関わり』京都大学学術出版会。
鳥越皓之・嘉田由紀子　一九八四『水と人の環境史――琵琶湖報告書』御茶の水書房。
松田素二　一九九九『抵抗する都市』岩波書店。
Ambali, A. and H. Kabwazi, L. Malekano, G. Mwale, D. Chimwaza, J. Ingainga, N. Makimoto, S. Nakayama, M. Yuma, Y. Kada 2001. Relationship between Local and Scientific Names of Fishes in Lake Malawi/ Nyassa. *African Study Monographs* 22(3): 123-154.
Douglas, M. 1969. *Purity and Danger: An Analysis of Concept of Pollution and Taboo*. London: Routledge & Kegan Paul（M・ダグラス　一九八九『汚穢と禁忌』塚本利明訳、思想社）。
アトラススタディ「マラウイ」http://atlas.cdx.jp/nations/africa/malawi.htm

第2章　クルアーンを詠唱する子どもたち

マリの古都ジェンネで

伊東未来

ジンガルベル・ゴイに参加するジェンネの子どもたち

クルアーン学校の子どもたち

「クルアーン学校で学ぶ子どもたち」という言葉を耳にした時、あなたはどのような光景を思い浮かべるだろうか。教師の鋭い視線、張り詰めた空気の教室、一心不乱にクルアーンを詠唱する子どもたちだろうか。こうした光景は、とりわけ二〇〇一年九月一一日の米同時多発テロの直後、テレビで繰り返し流された。歴史的にムスリムが少数であった地域（欧米諸国や日本など）では、クルアーン学校は身近な存在ではない。これらのニュース映像ではしばしば、クルアーン学校は「テロリスト養成場」のように描かれ、子どもたちはクルアーン学校に「通わされ」「訓練されている」受動的な存在として登場していた。

西アフリカの大河のほとりの町に目を移してみる。路地を歩けば、至るところからクルアーンを詠唱する子どもたちの声が聞こえてくる。クルアーン学校を覗き込めば、やんちゃそうな男の子たちが、教師に隠れてこっそりふざけ合っている。教師に叱られたらバツが悪そうにうつむき、「お前のせいで叱られたじゃないか」とばかりに隣の子をつつく。同じ教室の真面目そうな女の子が、そんなお調子者たちを横目で見やり、澄ました表情で詠唱の練習を続ける。「通い」「学んでいる」子どもたちがいる。

本章では、マリ共和国の町ジェンネのクルアーン学校で、子どもたちが何をどのように学んでいるのかを具体的に示す。そこから、クルアーン学校やその教師の地域コミュニティにおける役割や、子どもたちにとってのクルアーン学校での経験について考察する。

人と自然のコンタクト・ゾーンで育まれたクルアーン学校

ジェンネの面積は一平方キロに満たない。そこに一万五千人ほどの人びとが暮らしており、五〇以上のクルアーン学校がある。人口密度もクルアーン学校密度も、西アフリカの他の町に比べて高い。

なぜジェンネにこれほど多くのクルアーン学校があるのだろうか。その理由を知るには、西アフリカの気候帯におけるジェンネの位置付けを概観する必要がある。

西アフリカの気候帯は、文字通り「帯」状に展開している。南側から、熱帯雨林、サバンナ、サヘル、サハラ砂漠の帯が横たわる。これらの複数の気候帯を貫いて、アフリカ第三の大河ニジェール川（全長約四二〇〇キロ）が「へ」の字に流れている。気候や自然条件が異なれば、そこで生産される・採れる産物や天然資源も異なる。異なる気候帯の間で、人びとはそれぞれの産物を持ち寄り、交換・交易を行ってきた。生態環境のコンタクト・ゾーン（接触帯）は、異なる生業や生活様式を持つ人びとのコンタクト・ゾーンでもあった。そしてニジェール川は古くから、こうした異なるヒトとモノをつなぐ大動脈であった。

ジェンネは、サバンナ地帯でニジェール川が形成する内陸三角州の南端に位置し、ニジェール川の支流バニ川のさらに分流に囲まれた水辺の町である。異なる気候帯の境界にあり、かつ、河川を介して北はサハラ砂漠、南は熱帯雨林そして大西洋まで往来が可能だ。こうした自然条件により、ジェンネは砂漠の南北を結ぶサハラ交易の要所として発達した。ジェンネには、遅くとも一三世紀頃には、北アフリカ出身のムスリムが交易のために往来・定住していたと考えられている（Es Sa'di 1981: 23-24）。彼らとの関わりを通じて、ジェンネには西アフリカの中でもより早い時期からイスラームが広まった。そして、外来のムスリムや彼らからイスラームを学んだジェンネの人びとによって、多くのクルアーン学校が設立された。それから八〇〇年近くにわたり、クルアーン学校はジェンネの子どもたちにとって重要な学びの場であり続けている。

「ジェンネっ子」にとってのイスラーム

ジェンネには、複数の民族の人びとが暮らしている。商業と稲作を主な生業とするソンガイとマルカが人口の約四〇％、牧畜民のフルベが約二〇％、漁民のソルコが一五％、畑作民のバマナンが五％、その他にもドゴン、マリンケ、ブアといった民族の人びとで町が構成されている。民族は違えど、ジェンネの住民のほぼ全員がムスリムだ。イスラームは、言語も生業も異なる人びとを取り結ぶ共通の社会的基盤となっている。そのため、誰でもクルアーン学校の教師をはじめとしたイスラームに関連する職業に就くことができる。アッラーのもとでは皆が平等という理念であり、信仰に出自や親の生業、民族、性別などは問われない。信仰についての知識やそれを知る努力、アッラーへ愛情の深さが何より重要だと考えられている。

民族を超えた連帯感は、イスラームの信仰実践だけでなく、町のシンボルでもあるモスクによっても醸成されている。ジェンネ唯一のモスクは、町のほぼ中央に位置している。縦横約七五メートル、高さは基壇を含むと約二〇メートルの巨大なモスクだ。モスクは他のジェンネの家屋と同様、泥でできている。泥を天日で乾燥させた日干し煉瓦を積み重ねて壁と柱を作り、その表面を発酵させた泥で化粧塗りする工法で建てられている。モスクの外壁の化粧塗りは、雨季の激しい雨で流れ落ちる。そのため、毎年雨季に入る前に、住民総出で化粧直しが行われる。この作業はジェンネ語（ソンガイ語のジェンネ方言）で「ジンガルベル・ゴイ（大モスク仕事）」と呼ばれ、ジェンネにおいて一年で最も大規模な祭りである。ジェンネの子どもたちは、こうした祭りを通じて、町への愛着や住民間の団結、「ジェンネ・ボロ（ジェンネっ子）」としての誇りを高めていく。

ジェンネっ子の一生に寄り添って

「信仰の家」――ジェンネのクルアーン学校

マリの公用語のフランス語で、クルアーン学校は「エコール・コーラニック」と呼ばれる。日本語と同じく、「クルアーンの学校」という意味だ。「学校」とだけ言った場合には、いわゆる算数や言語などを学ぶ学校を指す。ジェンネ語では、クルアーン学校は「ティラフ」と呼ばれる。直訳すると「信仰の家」という意味だ。

そこで子どもたちにクルアーンについて教える教師は、アルファと呼ばれる。アルファとはもともと、アラビア語でイスラーム法学者を意味するアル＝ファキーフ（*al faqih*）が語源であるとされている呼称だ。古くから西アフリカ内陸部のイスラームの中心の一つであったジェンネでは、イスラームに関連した職業に就いている人の割合も、他の都市や村と比べて非常に高い。古いデータではあるが、一九七〇年代に行われた職業調査では、兼業も含めるとジェンネの就業人口の約一三％がアルファであるという結果が報告されている（DNUH 2005）。アルファはとても身近な存在だ。お隣さんがアルファ、友人の兄がアルファ、いつも買い物に行く雑貨屋の主人が商売と兼業のアルファ、といった具合である。

ジェンネの子どもたちがクルアーン学校に入るのは、だいたい七歳頃からである。修了時期は生徒個々人の習熟度によって異なるが、中学校に上がる一五歳くらいまで通うのが一般的だ。アルファは、早朝からそれぞれの自宅やモスク前の広場などで、二〇人程度から時に一〇〇人以上にもなる生徒を集めて、クルアーンの暗誦と筆記の授業を行う。

ジェンネのクルアーン学校は、木曜以外は毎日開かれる。休みの前日に当たる水曜日の午後に、子どもたちは親から渡された「授業料」を教師に手渡す。クルアーン学校で教えるという行為はあくまで奉仕だ。そのため支払いの義務も決まった金額もない。親たちは心付けとして、一人当たり五〇セーファ・フランから二五〇セーファ・フラン程度（約一〇〜五〇円）を子どもに持たせることが多い。現金を用意できない時には、米や魚の燻製などを持ってくる生徒もいる。授業料だけで生活できるアルファはジェンネでもほんの数人程度で、ほとんどのアルファが、クルアーン学校や護符作りで得た収入と、農業や漁業、牧畜などを組み合わせて生活している。

ジェンネっ子の人生とアイ・アルファ

ジェンネでは、「アイ・アルファ」という言葉をよく耳にする。「私のアルファ」という意味だ。日本語でいえば、「恩師」あるいは「お世話になっている（なった）先生」といったニュアンスで用いられることが多い。子どもの頃に通ったクルアーン学校の教師アイ・アルファは、その後の子どもの人生においても大きな役割を果たす。アルファは、クルアーン学校でイスラームの知識を子どもたちに伝達するだけでなく、日常生活や人生儀礼においても、そのバラカ（アッラーから授けられた力）を人びとに伝え分かち合うことが求められる。ジェンネの人びとの人生儀礼に、アルファは不可欠の存在だ。

ジェンネでは、子どもが誕生すると誕生から七日目の朝に名付けの式が行われる。これがジェンネの人にとって、一生のうちで最初のアルファとの関わりといえよう。親のアイ・アルファや近くに住むアルファが命名式に招かれ、赤ちゃんにアッラーの祝福を授ける。またジェンネでは、割礼も男女ともに行われる重要な儀礼である。割礼が施される日とその前後の計一五日間、子どもたちは世話役である街区の大人と過ごす。アルファはその初日と最終日に、子どもたちが集められた家を訪れ、割礼の施術の無事と子どもの今後の成長を祈祷する。

子どもが成長して結婚を考える年齢になっても、アイ・アルファとのつながりは重要なままだ。アルファは教え子の「婚活」にも活躍する。近年ではジェンネでも、結婚相手を本人が選び、それを親や親族に承認してもらうという手順で結婚する夫婦が見られるようになった。しかし、子の結婚相手を親が選ぶという古くからのやり方も一般的だ。その際、アルファが親と相手の親との仲介役を務めることがある。「親が結婚相手を探してアルファが仲介する」と聞くと、封建的で不自由な印象を受けるかもしれない。しかし、アルファが仲介する見合い結婚が、必ずしも自由恋愛より窮屈な結婚生活をもたらすとは限らない。アイ・アルファは、結婚予定の当人を子どもの頃から知っている。クルアーン学校ではどういう生徒だったのか、どういう家庭に育ったのか、どういう性格か。そのアイ・アルファが、結婚に向けた仲介者、アドバイザー、仲人を務め、結婚式当日の祈祷もしてくれるのである。場合によっては、とても心強い結婚の味方となる。

人が亡くなった時にも、アルファに望まれる役割がある。ジェンネでは人が亡くなるとアルファが呼ばれる。親族や近隣の人びとが列をなして亡きがらを運ぶ際、親族とアルファがその列の先頭につく。家が町のどこにあろうと葬列は必ず町の中心にある大モスク前を通過し、モスク前の広場で、アルファの主導のもとジャナーザ（葬送の礼拝）が行われる。その後、葬列は町の北はずれにある墓地（亡くなったのが子どもの場合は各街区の中にある子ども墓地）に向かい、家族やアルファが見守る中、埋葬が行われる。

学校制度とクルアーン学校

マリの教育制度とクルアーン学校

ジェンネのクルアーン学校に通う子どもたちを見る前に、マリ共和国の子どもたちの学校教育とクルアーン学校の位置付けを概観しておこう。

マリの学校制度は、大きく基礎教育、中等教育、高等教育に分かれている。基礎教育は日本の小中学校に当たり、三年間の初等課程と六年間の中等課程の九年間である。基礎教育の学校には、公立学校、私立学校、地域の人びとが資金を出しあって運営する地域学校、メデルサの四種類がある。メデルサとは、マリの公用語フランス語で基本科目を学びつつ、イスラームの基幹となる言語アラビア語で宗教についても学ぶ私立学校である。メデルサを修了すれば、他の小中学校修了と同等の資格を得ることができる。

法律で定められたこれらの学校制度の中に、クルアーン学校は含まれていない。クルアーン学校は、日本語やフランス語での訳語から、小中学校のような学校をイメージしてしまいがちだが、そうではない。日本に暮らす人びとの感覚でいえば、子どもたちが放課後に通う習いごとや塾に近い存在だ。

「フランス人の学校」とクルアーン学校

アラビア語はジェンネの人びとの母語ではない。交易のためアラビア語圏からやってきた商人と交渉したり、礼拝の時にクルアーンを唱えたりする際に用いてきた、昔から身近な第二外国語のような言語である。子どもたちはクルアーン学校で、アラビア語で書きとめられた神の言葉について学ぶ。どう発音するのか、どう書くのか、どういう意味なのか。クルアーンを知ることを通じて、アラビア語の基本的な読み書きも身につける。

ジェンネでは昔から、子どもたちが読み書きを学ぶ場所といえばクルアーン学校であった。しかし、フランスが西アフリカに侵攻し一帯を「仏領スーダン」として植民地化していくと、状況が変化する。フランス植民地政府は、一九世紀末から各地にフランス語で授業を行う学校を開設し始めた。当時のジェンネの人びとは、外来の侵攻者が持ち込んだ学校制度を不可解に思い警戒した。現在七〇代以上の人びとは、彼らの親や祖父母から聞かされた当時の警戒心をよく覚えている。当時のジェンネの人びとは、学校を「フランス人の策略だ」と警戒し、「子どもたちだけを大人から隔離して一ヶ所に集めることで、子どもたちの頭を悪くする魂胆なのではないか」と噂していたという。子どもは路地や仕事場といった異なる世代が行きかう場所で学んでいくものだという考えを持つ人びとにとって、子どもたちだけを隔離する学校はむしろ、子どもに悪影響を与える場所ではないかと不審がられた。今となっては笑い話の一つとして語られるが、当時は伝統医に「学校に行きたくなくなる薬」を処方してもらい、自分の子どもに飲ませる親もいたという。

歴史の浅い外来の学校教育制度は、マリがフランスの植民地支配から独立した一九六〇年以降もなかなか定着しなかった。政府も国家・国民の「近代化」を目指して学校教育を推進したものの、子どもの就学率は低いままで、子どもをクルアーン学校にだけ通わせる親が多くいたという。しかし、マリ政府が進学率の向上を重要課題にして取り組んだ結果、一九九〇年代から子どもの就学率は向上し、二〇〇八〜一二年の平均では、子どものおよそ八割が基礎教育を受けている。ジェンネでも現在では、学校とクルアーン学校の両方に通うのが一般的だ。

子どもたちの日常

ジェンネのクルアーン学校に通う子どもたちは、どのような日常を送っているのだろうか。本節で、私がジェンネで知り合った二人の男の子、ジャカイジャとムサの様子を覗いてみよう。

ジェンネっ子のクルアーン学校

ジャカイジャは、ジェンネで生まれ育った両親のもと、モスクのすぐ近くにある町の中心に住む生粋のジェンネっ子だ。私がジェンネで住んでいた長屋の隣人トゥーレ家の長男である。私が彼らの隣に暮らしていた二〇一〇年当時で、九歳か一〇歳くらいだった。寡黙で穏やかな父親と、他人にも自分にも厳しい働き者の母親クンバのほかに、一〇以上年の離れた姉サー、二つ年下で仲の良い弟アブがいる。姉のサーは、ジャカイジャの姪に当たるかわいい赤ちゃんファティムを産んだばかりだ。ジャカイジャは他の多くのジェンネの子どもと同様、小学校とクルアーン学校の両方に通っている。

クルアーン学校に向かうジャカイジャ（左）とアブ

ジャカイジャの朝は早い。母クンバは、すでに夜明け前に起床して、朝の礼拝を済ませ、仕事にとりかかっている。家の前で、フルニというトウジンビエ粉の小さな揚げパンを売るのが母クンバの仕事の一つだ。ジャカイジャと弟アブは姉に叩き起こされ、六時頃に起き出してくる。長屋の中庭で、二人並んで半分眠ったまま顔を洗い、姉に急かされるがまま服を着替え、朝食をとり、私を含めた同じ長屋の大人たちに元気よく朝の挨拶をし、バタバタとクルアーン学校に出かけていく。斜め掛けしたシンプルな黒い布の袋には、ワラと呼ばれる木の板とクルンと呼ばれる竹ペン、背中のカラフルなリュックには、小学校で使うノートや鉛筆が入っている。クルアーン学校は、基本的に早朝と夕方に授業を行う。クルアーン学校の七時前から始まる授業のあと、いったん家に戻って朝食をとり、荷物を取って学校に登校する子どももいるが、アブとジャカイジャ兄弟が通うクルアーン学校は自宅からやや遠い。彼らが住む町内にあるクルアーン学校ではなく、母の出身街区にあるクルアーン学校に通っているのだ。そのため彼らは、先に朝食を済ませて小学校とクルアーン学校両方の学用品を携えてクルアーン学校に行き、一時間弱の朝の授業を受けたあと、そのまま小学校に登校する。「ふざけてないで早く支度しなさい！」という母や姉の声、自分の背中より大きなリュックをカタカタと上下させながら駆け出していく子どもたちの様子は、日本の小学生の朝と変わりない。

ジャカイジャとアブ兄弟が通うクルアーン学校に、私もついていったことがある。外国人の私を率いての登校が気恥ずかしいのか、ジャカイジャは小声で申し訳なさそうに、「離れてついてきてね」と頼んでくる。途中で友達と合流し、細い路地をいくつも曲がり、一五分ほどで着いた。彼らが学ぶのは、教師の自宅の一室で開かれている、ジェンネでは一般的な規模（教師一人に生徒数が二〇人程度）の教室だ。クルアーン学校に通い始めたばかりと思しき七歳くらいのちびっこから、上は一四～一五歳の少年少女もいる。男子が女子より少し多い。クルアーン学校での教育は教師につく形式なので、学校の名前はとくになく、「～先生のところ」「～家のティラフ」といった呼び方をすることが多い。ジャカイジャたちが通うクルアーン学校にも、とくに名前はついていない。

五〇代の男性のアルファに授業の様子を見学させてほしいと頼むと、「五分くらいなら構わないが……」と苦い表情である。このクルアーン学校は、観光客がよく通る路地から覗き込める位置にある。ジェンネは一九八八年にユネスコの世界遺産に登録されて以降、急速に外国人観光客が増えた。とりわけ、観光客が好む迷路のような路地の一角にあり、ジェンネで最も古いクルアーン学校の一つといわれるこの学校は、人気の観光スポットの一つだ。外国人観光客から許可なく無遠慮に写真に撮られることも多い。それでは生徒も教師も集中できず、こうした一部の観光客にはうんざりしているという。このアルファはジャカイジャ兄弟から私の話を聞いており、私が観光客ではないことは知っているそうだが、子どもたちのためにも長時間の見学は遠慮してほしいとのことだった。

子どもたちは、木板と竹ペンを手にシーファに座って、アルファと私のやりとりを面白そうに見上げている。ジェンネのクルアーン学校は、多くの場合シーファと呼ばれる玄関間とその周辺で開講される。ジェンネの一般的な家は、中庭とそれをロの字型に囲む複数の部屋で構成されており、シーファはこうした家の玄関に併設された小部屋だ。路地との境界に当たり、半分ウチで半分ソトのような空間だ。シーファからは、中庭でアルファの家族が朝食をとったり洗濯をしたりしているのが見える。クルアーン学校を開いている家のシーファには、さらさらの砂がたっぷり敷き詰められている場合が多い。他の部屋の固い土間やコンクリート床と違い、直に座っても痛くない。クルアーン学校では、椅子と机がある学校と異なり、教師も生徒も床や床に敷いたゴザの上に座る。椅子がなくても読み書きしやすい体勢が取れ、お尻が痛くならないよう、砂を敷いているのだ。都市部では、学校に限らず日常生活でも椅子とテーブルという生活スタイルをとる人びとが増えてはきた。ジェンネでも、座椅子やソファがある家は多い。しかし、クルアーン学校ではあくまで伝統的な日常生活と同様、床やゴザの上で学ぶ。普段学習机で勉強する日本の子どもが、習字教室に行けば畳に正座のスタイルをとるのによく似ている。

アルファが子どもたちの前に座り、授業を始める。子どもの年齢も進度もさまざまだ。アルファはそれぞれの生徒の進度に合わせて、木板にゆっくり手本を書いて示したり、読み上げさせて正しく発音できているか確認したり、誤字を指摘したりしている。狭いシーファに、クルアーンを読み上げる子どもたちの声が響く。すぐ近所にもクルアーン学校があるようで、同じような子どもたちのざわめきが、路地の向こうからも聞こえてくる。教師がこちらを見て無言でうなずいたのが潮時の合図と理解し、ジャカイジャのクルアーン学校を引き上げた。

午後二時頃、ジャカイジャが家に戻ってきた。クルアーン学校が八時前に終わり、そのまま小学校に登校し、授業を終え帰宅したのだ。服は泥だらけで、ポケットには直に入れられた小魚。友達と寄り道して釣り遊びをしてきたことが、一目で厳しい母親クンバにばれる。なぜまっすぐ帰ってこない、お昼ごはんを温め直さないといけないでしょうと、いつものように叱られている。ジャカイジャはこれから夕方のクルアーン学校の時間まで、昼食をとり、弟や友達と遊んだり、母のおつかいに出たり、生まれたばかりの姪をあやしたりして過ごす。そして夕方五時頃、またクルアーン学校に出かけていく。この時には、弟のアブは一緒に行かない。クルアーン学校の多くは夕方にも授業を行っているが、出席する子どもは総じて朝より少ない。夕方、子どもたちは友達と遊んだり親の手伝いをしたりするのに忙しいためだ。とりわけ女の子は、一一〜一二歳になると母親の家事の手伝いをすることが増え、夕方の授業にはあまり出なくなる。

クルアーン学校でアラビア語を学ぶ子どもたちにとって、ジェンネ語も片言で、アラビア語はまったく読み書きできない外国人の私は、大人なのに子どものような不思議な存在だ。ジェンネでは、程度の差はあれ、多くの大人がクルアーンを読み書きできる。ジャカイジャとアブは時々、クルアーン学校で使う板に書かれたアラビア語の文字を示して、私に「読める?」と尋ねてきた。私は毎回「読めない」と降参する。すると彼らが、指で文字をたどりながら、クルアーンの一節であろうアラビア語を読み聞かせてくれる。ジェンネの他の大人に同じことをすれば、発音が悪いとか誤字があるとかいった的確な指摘を受けることだろう。その判定ができない私は、彼らにとって恰好の自慢相手だった。

ジャカイジャは元気で心の優しい少年だ。しかし勉強はあまり得意でなく、小学校での成績はまったくふるわない。母親から言いつけられた簡単なおつかいでも、たびたびミスをしては呆れられている。もしかすると、クルアーン学校でもそれほど優秀な生徒ではないのかもしれない。しかし、ジャカイジャがクルアーン学校で友達とじゃれあう様子や、私にアラビア語自慢をしてくる時の誇らしげな表情から、彼がクルアーン学校に通うのを楽しんでいることはよく伝わってくる。優秀ではなくとも、クルアーン学校で使う教材をとても丁寧に扱い、間違ったことをして叱られたらきちんと反省し、姪っ子の面倒をよくみる、善き小さなムスリムだ。

小さな留学生のクルアーン学校

つぎに見ていくのは、ムサという男性の子ども時代だ。彼は子どもの頃からクルアーン学校に通い、今はクルアーン学校で教えている。

ムサは現在三〇代後半。教師というよりも「永遠の学生」といった言葉がぴったりの、謙虚な雰囲気の人物だ。ムサは、私がジェンネに住み始めた当初に居候していたファネ家によく遊びに来ていた。彼がジェンネ生まれだと思い込んでいた私は、ジェンネ語の単語を少し教えてほしいと頼んだことがある。「僕はブルキナファソ人でジェンネ生まれではないから、ジェンネ語はあまり得意じゃないんだ」という答えで、初めて彼のルーツを知った。彼は現在ジェンネ在住だが、ジェンネの生まれではない。子どもの頃に、隣国ブルキナファソからジェンネにやってきた。

彼が最初にジェンネにやってきたのは、一〇歳の時だという。ブルキナファソ第二の都市で商業の中心地であるボボ・ジュラソで生まれ、あちらのクルアーン学校に通っていた。その時の教師も、若い頃にジェンネのクルアーン学校で学んだ経験があったという。ある時、生徒の中から優秀な子どもたちが集められ、ジェンネに派遣されることになった。ジェンネのクルアーン学校への「留学」だ。西アフリカのイスラーム教育の重要な中心地の一つであるジェンネのクルアーン学校には、近隣の村落からだけでなく、コートジボワールやブルキナファソ、ギニア、ニジェールといった西アフリカ中から人びとが学びにやってくる。子どももいれば大人もいる。留学期間も、数週間から数年とさまざまだ。

ムサによると、彼と一緒に留学生に選抜されジェンネにやってきた子どもは皆一〇代の男の子で、二〇人ほどいたという。留学生の事情は、それぞれに異なっていた。家が貧しいために親がボボ・ジュラソのクルアーン学校の教師に教育と養育を託し、さらにジェンネの別のクルアーン学校の教師に託されることになった子もいたし、ジェンネに遠い親族がいる子もいたし、自分から志望してジェンネに来る子どももいた。ムサはクルアーン学校での勉強が好きだったので、一〇歳にして親元を離れジェンネに留学することを、とくに嫌だとは思わなかったという。とはいえ、幼くして親元を離れ、ジェンネの言葉を新しく覚え、アルファの家に居候し、近所の家々をまわって喜捨として差し出される食料や小銭を集め、アルファの家の農作業の手伝いなどをしながら勉強を続ける日々は、とても大変だったという。彼を受け入れたアルファが、ムサの表現によれば「アッラーへの愛の道を正しく進む人」であり、同年代の友人にも恵まれたので、どうにかついていくことができた。しかし、アルファの中には、留学生を農作業などに使役するだけで肝心の勉強を教えてくれない者もいたという。彼と一緒にボボ・ジュラソからジェンネに来た二〇人のうち、現在もジェンネに残るのは彼一人だ。半分は、ほんの数日から数週間で、ジェンネまで付き添ってきた親や兄弟と一緒に帰ってしまった。残りの子どもたちも、数ヶ月から数年の間に、新たな勉学の場や新たな仕事を求め、ジェンネを去った。

ムサは、クルアーン学校の先生としてやんちゃ盛りの子どもたちをどのように指導しているのか想像がつかないほど、穏やかで物静かだ。しかしその内面には、秘めた気骨とイスラームの勉学への深い情熱があるのだろう。研究調査のために外国からジェンネにやってきたという点では、彼と同じく「留学生」であった私に、一〇歳の頃の自分を重ね合わせたのかもしれない。ジェンネ語も思うように上達せず、調査でもたびたび壁にぶつかって落ち込む私を、ムサはよく励ましてくれた。「大事なのは、投げ出さずに学ぶこと。心配いらない。アッラーはちゃんと、君を見守ってくださっているからね」。

クルアーン学校のこれから

ジェンネは、マリの中でもとりわけ宗教的で歴史ある町だといわれている。大都会ではないこうした地方の伝統的な町でも、子どもたちをめぐる状況は日々刻々と変化している。一九九〇年代まで電気がなかったジェンネにも発電所ができ、二〇〇〇年代に入るとインターネット・カフェもできた。学校にもパソコン教室があり、子どもたちは親の知らない技術をあっという間に覚えていく。日本と同様、携帯電話は若者に必須のアイテムになり、携帯電話に好きな音楽をダウンロードして楽しむ中学生も多い。衛星テレビで放送されるラップ音楽や派手なアクション満載の映画も人気だ。

ジェンネのアルファの有志で結成されている組合「アソシアシオン・ティラフ」の代表者は、子どもをとりまくこうした急激な変化にとまどっている。彼によると、ジェンネにおけるクルアーン学校の数に大きな変化は見られないものの、その社会的重要性は低下し続けているという。他の町に比べるとクルアーン学校に通う子どもが圧倒的に多いジェンネだが、そのジェンネでも、クルアーン学校は学校より「劣った」「非近代的な」場であると考える親も増えてきたという。

これまでに示したように、ジェンネの子どもたちにとって、クルアーン学校は単なるイスラーム教育の場ではない。その後の人生を生きていくための社会的紐帯を築く出発点であり、学校とも家庭とも違う地域コミュニティとの結節点である。クルアーン学校がつないでいたこれらの「紐」や「点」が弱まった時、子どもたちの在り方にどのような変化が生まれるのであろうか。ニジェール川がはぐくんだ恵みのひとつともいえるジェンネのクルアーン学校は、これまでたどってきた八〇〇年以上の歴史の中でも、最大の変化の一つにあるのかもしれない。

参考文献

DNUH（Direction Nationale de l'Urbanisme et de l'Habitat）2005. *Schéma directeur d'urbanisme de la ville de Djenné et environs*（*1ère version*）. Djenné: DNUH-Djenné.

Es Sa'di, Abderrahman ben Abdallah ben Imran ben Amir. 1981（1900）. *Tarikh es-Soudan.*（traduit par O. Houdas）. Paris: Adrien-Maisonneuve.

第3章　海で遊び、生きかたを学ぶ

マダガスカルの漁民ヴェズ

飯田　卓

海辺で働く子どもたち

アフリカ大陸部の多くの村落と同様、マダガスカル島の南西海岸地域でも、子どもが大人を手伝う場面や、子どもが大人の代わりに働く場面を見ることがある。水汲みや物売りの店番などは、その例だろう。隣家への使いなどは、アフリカやマダガスカルにかぎらず、かなり都市化した日本の村落部などでもまだよく見られるにちがいない。

マダガスカル島の南西海岸地域では、土地に特有の仕事もある。たとえば、満月や新月の日の正午前後、つまり大潮の低潮時に、海の様子を見てみよう。この辺りは遠浅の地形なので、たいていの場所では海岸線が遠のいてしまい、見渡すかぎりの干潟が広がる。泥の干潟もあれば砂礫の干潟もあるのだが、単調な視界の中に、わずかに黒い人影が見えることがある。主として老若の女性たちが、干潟のはずれの岩場に棲むタコやナマコを探して歩いているのだ。成人男性の姿は見えない。彼らは船で遠くまで行き、ふだんより浅くなった漁場で魚群と格闘しているはずだ。多くの女性たちは、大潮で干潟が干出する時だけ、ヤスなどの簡単な刺突具を携えて徒歩で漁に行く。時間は場所にもよるが、せいぜい二〜三時間だろうか。家事の合間の小遣い稼ぎだ。昼食の鍋も火にかけたまま、ただし火事が起こらないように、炭化した薪の熾火だけを残して後は消してしまう。留守番がいれば子どもを預けられるが、そうでない

場合、女性は乳児を背中に負ぶい、歩ける幼児たちの手を引いて行く。幼児たちは、最初は遊びのつもりでついて行くのだろうが、次第に生き物を探すことを覚え、母親と同じ獲物をねらうようになる。小学校に入学する頃、子どもたちは、唯一の漁具であるヤスを与えられるようになる。

この地域ではまた、船の準備に子どもたちが活躍するのを見かけることもある。船には船外機エンジンなどの動力が備わっていないため、近場の漁場へ行く時は櫂で船を漕ぎ、遠くへ行く時には帆をかけて船を走らせる。木製の船は、速く走るよう軽い材質で作られているが、傷みやすいので、使わない時は砂浜に揚げている。これを渚まで降ろす時には、体躯の小さな子どもは当てにされないものの、町へ食糧を買い出しに行く時などは、子どもも帆や索具（ロープ）などの積み込みを手伝う。積み荷が終わって帆を張る時、小学校高学年くらいの少年が同行するなら、父や兄から帆の張り方を教わることもある。中学生にもなれば一人前の船乗りだ。彼らは、命じられなくとも帆や索具をみずからの判断で選び、進行方向と風向きを見ながら適切な位置に帆を張る。「一人前だな」と私が言うと、溢れんばかりの笑顔を返す。じつは、私自身は、彼らほど自信をもってこの仕事をこなせないのだ。

出航の準備をする少年

子どもの労働についてはさまざまな意見があろう。しかし、こうした海の仕事を子どもたちが身につけるのは、親の仕事の手伝いを通してである。海でのなりわいを学校では教えてくれない。学校で教わることはもちろん大事だが、これから成人していく子どもたちにとっては、海を離れて読み書きだけで身を立てることだけが「より良い暮らし」だとは言いきれない。このことはおいおい述べていくことにして、以下ではまず、子どもたちにとって労働が学習でもあるということを確認していこう。

教育としての指図

本章でスポットを当てる人たちは、周りの人たちからヴェズと呼ばれている。その村落は海岸沿いに細長く分布しており、漁業や海運をなりわいとする人たちが多い。「ヴェズ（vezo）」という言葉は、「漕ぐ（mivè）」という動詞の命令形だ。このためヴェズの人たちは、民族名から推しはかって、自分たちの先祖も船や海と深く関わりながら身を立ててきたと考えている。実際に、大きな町に住むヴェズを別とすれば、内陸に住んで農耕を営むヴェズはわずかである。これは、マダガスカル島の南西海岸付近の降雨量が少ないため、農耕には条件が良くないということが関わっていよう。大きな町に出ていく若者もいることはいるが、中国文化圏への輸出品であるナマコやフカヒレを海で捕れば大きな利益を見込めるため（飯田 二〇一四）、海で漁をする暮らしは、近隣の人びとからも羨望されている。つまり職業選択という観点から見て、多くの子どもたちは、成人しても海と関わりたいと考えている。大人たちもまた、子どもたちが海と関わりながら暮らしてほしいと考えている。

磯漁りをする親子

冒頭で述べたような子どもたちの仕事は、成人後に本格的な仕事に就くためのトレーニングであり学習であるというのが、本章の主張である。しかし、証拠を示してそれを論じることはむずかしい。子どもたち自身に聞いてみても、たぶんその主張が正しいという返事は返ってこないだろう。日本に生きる学生の場合を考えてみても、今やっている勉強が将来役立つかと聞かれたら、質問者の意図を理解できず戸惑うにちがいない。しかし成人した日本人であれば、学生時代の勉強が役立ったかと聞かれたら、何らかの答えを返してくるだろう。そこで、成人したヴェズの意見を聞いてみよう。ただし誘導尋問になるのを避けるため、できるだけ自発的な語りに着目したい。

たとえばこんな場面がある。初老の男性が、娘を連れて海に出るところに居合わせた。これから、魚を捕るため網を海まで入れに行くようだ。「女の子でも網漁をするの?」と尋ねると、「この子を連れて行くのは、早くヴェズになるようにだよ」と言う。

ヴェズとは、すでに述べたように海で生活する人たちの民族名だが、ここでは「漁を生業とする者」「海で稼げる者」といった意味合いの普通名詞として使われている。類似の用法として、たとえばインド洋で遠洋漁業を行う日本籍船についてヴェズ漁師が語る時、「日本人はヴェズだ」といった使い方がなされる。けっして民族性や文化的慣習について述べているのでなく、たんに「日本人は漁がうまい」という意味だ。「早くヴェズになるように」というのは、すなわち「早く海で稼げるように」ということにほかならない。ヴェズの大人たちは、子どもたちを海に連れ出して、将来のために訓練を行っているわけだ。

とはいえ、訓練は体系的に行われるわけではない。網漁の場合であれば、船への網の積み込みや、沖での網入れ、あるいは大人が網入れをしている間の船の保持（船が潮流で流されないよう、櫂で船の向きや位置を留めておくこと）などが、具体的な指導内容となる。そうした場面で大人が子どもに呼びかけるのを聞いてみても、体系だった教授を行っているとは思えず、指図（申しつけ）をしているだけのように聞こえる。網を入れる時はたんに「入れろ」（「網を」という補足すらない）、網が絡まっていたりして作業を止めなければならない時は「待て」だけである。子どもたちは、ほとんど一単語だけの動詞命令形を聞いて、大人の意図を推しはかりながら自分の動きを調整する。

ぶっきらぼうな調子だから、大人たちの指図を子どもたちが理解できないことも少なくない。親が期待するとおりの動きができないことも、しばしばだ。そんな時、大人たちは、懇切丁寧に誤りを正すどころか、愚痴をこぼすようにして子どもから道具を取り上げる。この時に口にする「チマハイ」というのは、「知らない」「うまくできない」ということだ。子どもたちの所作が「下手くそ」であることを責めたてているようだ。このひと言で、「教育」は完全に中断される。

しかも、大人が子どもを伴うのは、小さな魚を捕る漁がほとんどだ。海の仕事で最も実入りが良い漁、たとえばフカヒレを捕る網漁に、小さな子どもがついていくとは聞いたことがない。潜り漁に子どもを連れていく大人はいるが、大人は水中眼鏡を貸して漁を教えるわけではなく、子どもに船を保持させるだけである。ひと言でいえば、「足手まとい」になるようなことはやらせない。それもそのはずで、どうやら大人は、人手が足りない時だけ子どもを連れ出して手伝わせているようなのだ。自分の都合だけを考えて、子どもを体よく使っているだけのように見える。先に述べた網漁の例でも、女の子が成長したのちに網漁の陣頭に立つことは考えにくく、せいぜい配偶者の

網漁の様子。左の男性が櫂で船を保持している

網漁を補佐する程度だろう。つまり、女性にとって本当に必要な技術が教えられているとは思えない。

このように考えてみると、ヴェズの大人たちが子どもに行うのは、教育ではなく権利の侵害にすぎないのだろうか。このような懐疑的意見に対し、現在のところ反論の論拠としてそれなりに説得力を持っているのが、「正統的周辺参加」あるいは「状況的学習」と呼ばれる理論である（レイヴ／ウェンガー 一九九三、レイヴ 一九九五）。

学校教育とは異なる場面での学習において、学習者はまず、実践者（ここではプロの漁師）の共同体に参加することを余儀なくされることがある。そして、共同体の社会文化的実践（ここでは漁）に十全的に参加していく過程で、次第に学習していくようになる。こうした役割変化のプロセスを言い表したのが、正統的周辺参加である。最初は強

制労働か使い走りのように奉仕させられるけれども、時間の経過とともに裁量を認められる範囲が大きくなり、ついには実践の中心的役割をこなすようになって、徒弟らに指図を与えるに至る。この役割変化を学習という観点から見れば、こなせることの幅が次第に広がるという意味で、学習が進んでいる。この点に着目すれば、同じプロセスを状況的学習と呼べるわけだ。そのように考えると、「ヴェズになる」ことはまさしく、中心的役割に近づきながら学習を進めるプロセスだということになる。

もしも、教育や学習の原点にこうしたプロセスを位置付けられるなら、われわれが学校や市民講座で行っている「学び」こそ、特殊なものだと疑ってみる必要があろう。具体的な手順を教師が言うとおりになぞって達成できるのは、せいぜい課題の正答率を上げるか、習字や工作のできばえを良くすることくらいである。目に見えない魚と知恵くらべして勝つためには、海や風の動きを見ながら魚のふるまいを推測することが必要だ。それを手にとるように理解するためには、「習う」より「慣れる」方が近道なのかもしれない。他人の動作を器用に再現するのではなく、海に出て五感を研ぎすますかたちで、子どもたちはヴェズになることを学んでいるようだ。

遊びを通した学び

「正統的周辺参加」の議論がヴェズの漁撈技術習得をうまく説明できるのかどうか、子どもたちにも聞いてみたいところだが、話がすれ違いそうなのでやめておこう。確実にいえるのは、海に慣れることを通じて、大人がいない場面でも子どもたちは自発的に海と関わるようになり、そこでも海や魚のふるまいを理解していくようになることだ。たとえば、上げ潮の時に陸から行うサヨリ釣り。上げ潮に乗ってサヨリの群が岸近くまで移動してきた時に、針と糸だけの簡単な仕掛けで子どもたちは釣りを行う。船や漁網は必要ないものの、一匹ずつ釣り上げる漁法は、網漁に慣れた漁師たちにはもどかしいようだ。しかし、世帯を切り盛りする上でそれほど多くの仕事を期待されない子

上：サヨリ釣り／左上：少年たちが自作した漁網／左下：写真自作カヌーを帆走させる

どもたち、いいかえれば時間がふんだんにある子どもたちにとっては、簡単な漁具で行える釣り漁は家計に貢献する上で手近な方法だ。とはいえ、子どもたちは必ずしも、家計への貢献だけを意図して釣り漁を行うのではないだろう。仲間たちとの競争や、釣果の豊凶に伴うギャンブル性、魚をうまく誘い込んだ時の喜びや結果を待つ時のスリルなど、さまざまな意味での「遊び」的な要素が彼らを釣り漁に駆りたてているように思う。平たくいえば、おもしろいから釣りをやる。そうした楽しみの中で、潮流に応じた魚の動きを学習していくのだ。

同様に、ナイロン糸を手編みして作った小さな網を使って、大潮の低潮時に潮だまりで魚を捕ろうとする子どもたちもいる。これも、釣りの仕掛けと同じくらい時間がかかる。ひょっとすると子どもたちは、作るのに時間がかかる。簡単な漁具といえるが、魚を捕ることより、網を編み上げていくことの方におもしろさを感じているかもしれない。それほど多くの漁獲が挙がらないのは、潮だまりの魚には小さなものが多く、目の大きな網にはなかなかかからないからだろう。とはいえ、漁撈によって家計に貢献するという彼らの実践は、大人たちの実践と較べて「周辺的」だから、漁獲がなくても誰も文句を言わない。遊びのプロセスを通して、子どもたちは網繕いを確実に身につけ、潮だまりの生物を脳裏に刻み込んでいくのだ。

同じく大潮の低潮時の遊びとして、とりわけ男の子たちに人気があるのが、木で自作した模型カヌーの操縦である。大人たちのカヌーと同じく、帆をかけて走らせる。自分の手を離れて走るカヌー模型を眺める楽しさは、ラジコン操縦にちょっと似ているかもしれない。ただしラジコン操縦と違って、帆走カヌーでは、ちょっとしたプログラムが必要である。風向きを的確に読んで、それに応じたかたちで帆の位置を調整しなければならないのだ。帆の調整を仲間たちよりうまく行い、渚に平行する方向にカヌーを走らせて、自走の距離と時間をできるだけ長くするよう子どもたちは競いあっている。

この模型カヌーを子どもたちは自作する。材料は、大人たちのカヌー工房から出た木屑だ。できるだけ大きな木屑を選び出し、それを斧一丁で整形していく。斧一丁での加工を一人でやってのけるようになるのは、日本の年齢でいえば小学校中学年くらいだろうか。それよりも小さな子どもたちは、一部を大人に手伝ってもらったり、兄や従兄のおさがりをもらい受けたりする。この地域では、片手で扱える小型の斧がさまざまに活用されており、薪を割ったり、玄能として釘を打ち込んだり、鉛筆をナイフで削る要領で木釘を削り出したりなど、多様な用途をはたす。そのためには、斧の持ち方や手の動きを工夫して使い分けることが肝心だ。子どもたちは、大人たちのやり方を目で追う一方、おもちゃを自作することで斧の使い方を習得していく。

完成すれば、次はいよいよ走らせる段階だ。ここでも、子どもたちは苦心しながらいろいろなことを学んでいく。帆走させたい方向と風向きが正確に一致する場合、つまり順風の場合は、船体に直交するよう帆を張ればよい。ただし、本物のカヌーと同じく模型カヌーもシングルアウトリガー式で、右舷にフロート（浮材）がついているため、帆の形は完全な左右対称ではない。風向きと進行方向が同じでないなら、帆の形を変えなくてはならないし、帆を固定するための索具を結ぶ位置も変わってくる。こうした船体と帆、索具の相対的な位置関係は、風向きごとに違っており、ラインパニヒ、ディンバ、ジブ、フンタなどとそれぞれに名まえがついている。子どもたちは、大人たちから聞いたことのあるそうした名称を思い出しながら、現在の風向きに最もふさわしい帆の形を選びとり、試行錯誤を重ねながら的確な判断を学んでいくのである。

釣り漁、網漁、そしてカヌー帆走という「遊び」について見てきたが、これらはいずれも、大人たちのまねごとである。遊びがうまく成功したかどうかは、かなりのていどまで、大人の模倣がうまくできたかどうかで判断できる。私のような日本人が見たところ、なかなか器用なものである。思わず感心する私を見て、子どもたちは得意そうだ。

風に合わせて帆を調整する

海で稼げるようになるという将来像は、たしかに大人たちが植えつけたものにちがいない。しかしそれは、子どもたちにとっても現実的な選択肢である。現実的な将来像をしっかり持って、子どもたちは海で稼げるよう、ヴェズになるように励んでいる。ただしそれは、禁欲的な勉学によるのではない。あくまで遊びを通して、周囲の自然環境と向きあいながら、自然の知識そのものを身につけ、刻々と変わる環境の中で身を処すための適切なふるまい方を覚えていくのである。

学校での学び

自然とのつき合い方は、学校では教えてもらえない。学校が教えてくれるのは、自然ではなく人や組織とのつき合いであり、それをうまく進めていくための修身法である。ヴェズの人たちも、この違いの大きさに気づいている。彼らによれば、学校での勉強と異なり、海で身につけることがらは「慣れ」なのだそうだ。後者は自然に身につくが、読み書きソロバンにあたる前者を苦労して身につけるのは、悪い人に騙されないようにするためだという。それに倣っていいかえれば、学校で他人とのつき合い方を学ぶのは、町で生きていくためだといえよう。これに対して、遊びを通して自然とのつき合い方を学ぶのは、村で生きていくためである。

そう考えると、どちらが重要というわけではない。ヴェズの人たちは、魚さえいればどこへでも行き、そこで家族を増やしてきた。生業さえ成り立つならば、住む場所には頓着しない方だ。だから、町に住んだってかまわない。魚を売るのが上手な人が、町に移り住んで資本を増やした例もある。その程度なら、学校など行かなくとも、才覚しだいで成功できる。しかし、町の仕事は村より不安定なので、うまく仕事を見つけられるかどうかは運しだいだ。そのためだろう、これまでは、確実に収入を期待できる漁業の方が人気を集めてきた。

たとえば一九九〇年代頃まで、いや二一世紀に入っても、漁業以外の職に就くヴェズの子弟たちは、私の調査したような小さな村ではめずらしかった。この頃ヴェズの人たちは、子どもたちを学校に通わせようとはあまり考えていなかった。冒頭でも述べたように、大潮の低潮時にしばしば、就学した年頃の児童たちは干潟へ漁に出る。中学校くらいになると、男の子たちはもっと沖へ漁に出る（女の子たちはひき続き干潟漁）。小学校に通う児童でも、大潮の日には昼前頃から漁に出ることが多いので、教師も授業に身が入らなかった。私の調査した村では、中学校で学ぶ生徒は隣村で下宿しなければならないので、小学校を終えると学校に行かなくなる者がほとんどだった。季節的に居場所を変えて行う漁に、子どもたちが連れて行かれることも珍しくなかった。

だが、状況は変わりつつある。人口の増加と漁獲効率の向上により、さまざまな水産資源が減少しつつあることは、漁師たち自身も認識している。今はまだ、自然環境が人びとを養ってくれることに疑いを持つ人は少ないが、これから一〇年も経てば、そうした信頼感が揺らぐと考える人は多い。生態系の人口支持能力（キャパシティ）を人口が上回ってしまうというわけだ。それに加えて、地球温暖化が漁場環境の悪化を招くという推測もある。そう考える人が論拠とするのは、イギリスに拠点を置く国際的な自然保護団体がヴェズの村落に入りこみ、さまざまな活動を展開していることだ。彼らがとくに力を入れているのは、サンゴ礁の生態調査や、漁業者たちへの環境教育だ。

ヴェズの人たちには本当かどうか確証できないが、一部の噂によると、地球温暖化が進むと熱帯付近の魚たちが温帯へ移動してしまい、マダガスカル島付近には魚が残らなくなってしまうという。虚実ないまぜのさまざまな噂は、将来に対する不安感を人びとの心に募らせる。不安はまだそれほど大きくないが、子どもたちの一部が町で仕事をするのは良いことだと、親たちも考え始めているらしい。そういう親たちは、子どもたちにできるだけ長く学校教育を受けさせようと考えるようになっている。学費の値上がりにもかかわらず子弟を学校に通わせ続ける親たちは、そのような考えを持っていると考えてまずまちがいない。

小学校を終えれば、四キロほど離れた隣村の中学校へ。それを終えれば、五〇キロほど離れた県庁所在地のリセ（高等学校）へ。その先の教育を受ける子どもたちは、わたしが調査した村にはいなかったが、二〇一三年秋に初めて、二人の少年が同時にバカロレア（大学受験資格）の学位を取得し、大学に進学した。その背景としては、高等教育への進学者に対して、奨学金制度の間口が広がりつつあるということがある。もっとも大口のスポンサーは、先に触れた、イギリスに拠点を置く自然保護団体だ。村の学生の少なからぬ割合が高等教育を受け、漁業から離れれば、漁獲圧が軽減して、サンゴ礁環境の保全に良い効果を与えるというのが彼らの考えだ。

奨学金を受けた学生たちが卒業してからどのような道を歩むのか、本章を書いている時点ではまだ分からない。一部は、地元をよく知る若いリーダーとして、自然保護団体に雇用されるだろう。だが、全体的に見れば、学校で学んだ人づきあいが最も生きる第三次産業の職種は、地方都市では少ないし、大都市で見つけるのも容易でない。漁業から距離を置いた職業選択が魅力的なものになるかどうかは、ひとえに彼らの肩にかかっている。

ところで、バカロレアを取得した二人のうち一人は、日本にいる私とフェイスブックでチャットし合う仲である。

彼もまた小さい頃、親に連れられて漁に行っていたことが思い出される。複雑なコミュニケーションツールを使いこなすようになった彼は、海を離れて生きるようになるのだろうか。それも良いかもしれない。しかし、自然のふるまいの深い理解にまで子どもたちを導いてきた「遊び」が、まったく無意味なものにならないよう、価値観の変化は緩やかに起こってほしい。たとえ局所的な地域にのみ通用する自然理解であっても、自然科学を生活の中で応用していく上では大きな役割をはたすと思うからだ。ローカルな自然理解と人間理解、そして普遍的な自然科学の融合、それなくしては、生態系のさまざまな機能を生かした地域発展は望めないと思う。

遊びと学びのバランス

おそらくは数百年間にわたり続いてきた、遊びを通した自然についての学びと、近年になって強化されつつある、学校が授ける他人とのつき合いについての学び。けっきょくは、そのバランスを取っていくことが当面の課題である。交通と通信手段が格段に進歩した現代では、他人とのつき合いはこれまでになく重要なスキルとして求められるようになっている。電気やガスの供給がなくとも、携帯電話は生活の必需品だ。そうした中で、旧態依然と魚だけを相手に生計を立てろというのは、無理でもあるし高圧的でもある。

子どもたちについての態度も、同様にバランスが大切だ。子どもたちが働かされすぎるからといって、極端に機械化を進めて人手を省いてしまえば、海で稼ぐ技法を学ぶ機会を子どもたちから奪ってしまう。自然とのつき合い方を学ぶという選択肢がなくなってしまうならば、子どもたちの解放からはほど遠いといわねばなるまい。将来への選択肢を保持しながら、子どもたちが安価な労働力となるのを避けるためには、まだ多くの議論を重ねなければならなさそうだ。

参考文献

飯田卓　二〇一四『身をもって知る技法――マダガスカルの漁師に学ぶ』臨川書店。

レイヴ、J／E・ウェンガー　一九九三『状況に埋め込まれた学習――正統的周辺参加』佐伯胖訳、産業図書。

レイヴ、J　一九九五『日常生活の認知行動――ひとは日常生活でどう計算し、実践するか』無藤隆他訳、新曜社。

第4章　水上スラムで育つアイデンティティ

ナイジェリアの少数民族エグン

玉井　隆

小学校でのダンスの様子

水上のクリスマスパーティー

本章の舞台となるナイジェリア・ラゴス州マココ地区は、貧困層が一〇万人ほど集住する典型的なスラムである。中でも私が調査を行った人びとは、マココ地区のとくに東側に集住するエグン（Egun）と呼ばれる、ラゴス州の中でもマイノリティの民族集団である。彼らは、ラゴス潟湖のほとりまたは潟湖上に家、病院、小規模の商店、宗教施設、学校等々を建設して暮らしている。潟湖上の移動にあたり、人びとはカヌーを用いる。潟湖上に暮らす人びとの多くは、カヌーを一家に一艘ほど所有する。他方、潟湖のほとりで暮らす人びとは、潟湖上を移動するために、停泊所に行き、〇～二五円を払ってカヌーに乗る。カヌーを漕ぐのは子どもである場合が多い。こうした子どもたちにとって、カヌー漕ぎは大切な小遣い稼ぎの一つとなっている。

エグンの多くはバスやバイクタクシーを乗り継いで一〇時間ほどのところにある、隣国ベナン南東部から出稼ぎに来た人びとである。したがって、ラゴス州の人びとはほとんどが主要民族ヨルバの言語であるヨルバ語か、公用語である英語を話すのに対して、エグンはエグン語かベナンの公用語であるフランス語を話す。つまりエグンの人びとは、国籍、言語、民族が、ラゴス州のマジョリティであるヨルバとは異なるのである。エグンの人びとはまた、主として病院や商店の運営、木材加工業、漁業などを営み、何とか生計を立てているが、所得はかなり低い。加えて、糞尿を含む生活排水やあらゆるゴミがみな潟湖に流されるため、潟湖の水はひどく汚れ、衛生環境が悪く、また木造の建物はいずれも傾き、今にも崩れてしまいそうである。BBCやCNNといった海外のメディアがマココ地区を頻繁に取り上げるのは、こうした見た目に分かりやすい水上のスラムであるがゆえであろう。

しかしながら、マココ地区で暮らすエグンの子どもは、スラムで暮らす可哀想な子どもでは必ずしもなく、むしろこの場を楽しんでいるようである。一例として、二〇一二年一二月に私の友人であり、ベナン出身のエリザベス（仮名）が通う学校で開かれたクリスマスパーティーに出席した時の状況を以下で簡単に見てみよう。彼女の通う小学校は潟湖上にあり、また他の潟湖上の小学校と同様、ナイジェリアにありながらベナンの学校制度に則り、フランス語で授業が行われている。

パーティー開催までの経緯

エリザベスはいつも近所の子どもたちを従えて、曲がりくねった細道を裸足で駆け回る元気な一〇歳の女の子のはずであったが、クリスマスパーティー当日の朝は妙にそわそわした、あるいは気恥ずかしそうな様子であった。これには恐らく少なくとも二つの理由がある。一つはこの日行われるパーティーに「ヤボ」（エグン語で「白人」）である私が出席するため、もう一つはそこで配られるクリスマスプレゼントが楽しみで仕方ないためである。

そもそもこのクリスマスパーティーを行おうと言い出したのは、ベナンで生まれ育ったエリザベスの父ジョンソン（仮名）である。彼はエリザベスの通う小学校のオーナーであり、私にとってはまたマココ地区のイロハを教えてくれる大切な情報提供者である。ジョンソンがクリスマスパーティーの開催をPTAに提案した経緯は以下の通りである。彼が運営する小学校は同年七月にラゴス州政府による強制退去（後述）によって一部を破壊されたが、ジョンソンはその後すぐに寄付者を募り、一〇月にぶじ小学校を再建した。私もまた寄付者として再建に要した資金の約半額である五万円ほどを手渡した。しかし小学校が壊されたことを契機として、多くの子どもたちはマココ地区内の別の小学校に通い始め、あるいはベナンに帰郷してしまった。その結果、かつて二〇〇人ほどいた学生が、一四〇人ほどに減少してしまった。このままでは小学校の経営が危うくなると考えたジョンソンは、クリスマスパーティーを行うことで人びとの注目を集め、小学校が再建されたことを宣伝し、生徒を呼び戻そうとしたのである。PTAの集会にいつも集まる五人の主要メンバーと私は、いずれもジョンソンの提案に賛成し、パーティーの準備金のためにそれぞれが出せる限りのお金を出資した。エリザベスが楽しみにしているクリスマスプレゼントとなるノートやペン、お菓子の詰め合わせ一五〇セットは、このお金で購入されたものである。購入されたプレゼントはジョンソンの家にパーティーまで保管された。エリザベスは、家の中に置かれたプレゼントに触れることを許されなかったため、パーティー直前までただいじらしくそのプレゼントを見上げていた。

マココ地区潟湖上の様子

パーティー当日

パーティー当日、私がカヌーで小学校に向かうと、遠くからでも大きな音楽（ベナンの有名な歌手の音楽もあった）が小学校から流れ響いてくるのが聞こえた。また、子どもたちが集まり運動場に出て踊ったり走り回ったりしているのが見えた。皆、同じオレンジ色の小学校の名前がプリントされたポロシャツを着ている。このポロシャツもＰＴＡが準備したものである。保護者は皆、このポロシャツを自分の子どものために購入した。といっても実際は皆、お金がないので何かと理由をつけて後で支払うことにして、とりあえずポロシャツを手にしたのだが。小学校の近くの住民は皆、羨ましそうに小学校の方向を眺めていた。

小学校に辿り着くと、いつも通り子どもたちが私のことを見て「ヤーボ！　ヤーボ！」と叫び始める。そんな中、エリザベスが「タカシ！」と私の名前を叫び、一番に私のところに来て、嬉しそうに手を引いた。このヤボを私はよく知っていると誇らしげな様子である。またあとで離れたところから、他の友人たちと私を指差しながら何かを嬉しそうに話していた。

会場の準備が整い、私も前席の椅子に腰掛けたところで、いかにも偉そうなバーレが現れた。バーレとはヨルバ語で「この土地を統治する者」を意味し、ヨルバが多数を占めるナイジェリア南西部各地に広く見られ、ヨルバの伝統社会において「王」を意味するオバの下に位置付けられる。この小学校を含め私が調査を行っているマココ地区南東部にはヨルバはおらず、エグンのみがいるのだが、エグンの人びとはヨルバの制度を拝借し、自分たちのリーダーをバーレと呼んでいる。

バーレが現れるとエリザベスをはじめ子どもたちの表情が少し強ばった。バーレに怒られるようなことをしようものなら、その後先生や両親にもこっぴどく叱られてしまう。

バーレが着席するとすぐにパーティーが始まる。バーレやジョンソン、先生、そして私のスピーチが最初に行われるのだが、スピーチがつまらなければ子どもたちはものの数十秒でお喋りを始め、面白ければ真剣な表情で、時に笑いながら話に聞き入る。皆エグン語でスピーチを行うのだが、私は当時あまり喋れなかったため、フランス語で行った。「みんなフランス語をこの学校で勉強しているのだから分かるだろう」と述べたのだが、いろいろと話し始めると理解されていないようでだんだん会場がうるさくなり、途中からエグン語の通訳を入れてもらう始末であった。

次はお待ちかねのダンスである。隣の人との会話すら困難なほどの大きな音の中、ひと学年ずつ前に出てきて自由に、そして全力で踊る。バーレや私が見守る中で踊るので、最初は皆、強ばった表情だったが、音楽にのり始めると真剣な表情に変わり、時に笑顔が溢れ、心底楽しそうである。とくに低音のドラム音が続くところが魅せどころであり、一定のテンポで左右に腕を動かしリズムを取りながらも、上半身をより前に深く倒し、ドラム音に合わせ腰と肩を激しく震わせる。その後、私の感想を聞きたくて、友達とともに何度も私に話しかけにきた。また、とくに五年生や六年生のダンスの得意な数名の女の子は特別に長く踊り（踊らされ）、バーレは札束を一枚一枚宙に撒きながらそれを讃えていた。他の子どもたちは、そのダンスを真剣な表情で見たり、たまらず自分もその場で踊り出したりした。最後には彼女らは拍手喝采を受けていた。

ダンスのあとは、さらにお待ちかねのプレゼントの時間である。プレゼントはバーレから手渡される。これが先生や私から渡されるのであれば、子どもたちがプレゼントに駆け寄って大混乱になる。プレゼントを受け取った子と受け取れなかった子との間で乱闘が起こるのだが（教会でのプレゼント渡しにおいて何度かそういう現場を目撃した）、バーレが「並びなさい」と一声かけると、混乱もなく、一人一人確実にプレゼントを貰うことができた。子どもたちはプレゼントを貰うと大喜びし、中に入っていたお菓子を早速その場で食べ始め、ノートとペンを大事そうに持っていた。これを待ちに待っていたエリザベスも満足そうにそれを受け取っていた。

パーティーでは食事も供された。ジェロフライス（トマトと唐辛子をベースにしたピラフのようなもの）にゆで卵がのっている。当然子どもたちはその場で食事をとる。持って帰ろうものなら親や別の学校に通う兄弟姉妹たちに奪い取られてしまうからである。

こうしてパーティーはぶじ終了した。最初にバーレがカヌーに乗って帰り、その後子どもたちは疲れ果てた表情を見せつつも、プレゼントを大事そうに抱えて、同じ方面に向かう者同士が同じカヌーに乗り、帰路についた。後片付けの際、この小学校の先生は、「パーティーは大成功した。親も巻き込んでの参加だし、これを（学校の）周囲の家々の人たちも皆、見ていた。この学校の人気もまた上がるだろう」と言っていた。

後日、エリザベスは一人一冊配られたはずのノートを二冊抱えて、私の前にニヤリと笑いながら現れた。聞けば、余ったノートをジョンソンから貰ったらしい。学校のオーナーの娘であり、ヤボの友人である自分の置かれた立場を、彼女は最大限満喫しているようである。ノートを二冊抱え、私に一通り自慢話をすると、エリザベスはまた、年上の男女を含む子どもたちを従えて、走り去っていった。

エグンに「なる」ことの背景

たとえば、学校に毎日きちんと通い、中途退学することなく卒業し（あるいは卒業試験を受け合格し）、卒業証明書を受け取ること。あるいは、学校での教育を通して英語なりフランス語なりをよどみなく話せるようになること。こういうことを子どもたちは学校を通じて達成すべきというのが、現代の、とりわけ開発途上国における学校について考える上で半ば前提となっている。しかし、たとえばイヴァン・イリッチは『脱学校化社会』においてそれらが学校の目的となっていることを痛烈に批判した。彼にいわせれば、たとえば子どもたちは知識の大部分を学校の外で身につけるし、学校での意図的学習でさえ、その多くは計画的に教授されたことの結果ではない（イリッチ 一九七七：三二一―三三）。たとえば前節で紹介したクリスマスパーティーは、端的にいって、子どもの算数や理科の成績を上げることに、ほとんど貢献していない。しかし、子どもたちがパーティーからも多くを学んでいることは、容易に想像できるだろう。

では、学校は授業で習うこと以外にも多くのことを学ぶ場であるとするならば、学校とは子どもにとっていかなる場なのか。いったい、彼らはそこで何を学ぶことができるのか。以下ではこうした疑問について、ここまで述べてきたマココ地区のクリスマスパーティーの事例から検討する。結論からいえば、学校は、自分と同じ社会的条件の下にある人びとの存在に気づき、また関わることで、自分が何者かを学ぶ場である。しかし、まずこの結論に至る前提として、なぜ、自分が何者であるかを問うことがエグンの人びとにとって重要なのかを、彼らが置かれた政治的、経済的、社会的、歴史的環境を踏まえながら検討する。

「一つの」エグン

まず民族カテゴリーとしてのエグンについて概説する。エグンは主にベナン南東部で使用されている複数の言語の総称「グン（Gun）」の別称で、ベナンにおける一つの少数言語（集団）である（Lewis et al. 2015）。またアンジェラ・クルーゲは、ベナン南東部の人びとがグン語と似た諸言語を用いることから、それらを「ベ（Gbe）」言語グループとして括り、その分類について議論している（Kluge 2011）。他方、マココ地区のエグンに対する聞き取りに基づけば、彼らはマココ地区においてのみエグンであり、ベナンでは異なる民族呼称を用いる。具体的には、ベナンのソ川沿いの漁村を故郷とするトフィン（Tofin）がマジョリティであり、次いでポルトノヴォ市やコトヌー市といった都市部およびその周辺農村を故郷とするアラダ（Alada）とアイゾ（Ayizo）が多い。彼らの多くは農業を生業とするが、都市部では小さな商店の運営や学校教師、木工業などに勤しむ。また、これらの民族は「ベ」言語グループに分類される「地域語の連続体」であり、彼らの間でコミュニケーション上の問題はない（Kluge 2011）。また、いずれも言語の名称と民族の呼称は一致している。他方、こうした言語や民族についてエグンの人びとに話を聞くと、彼らは最後に「私たちは一つの言語、すなわちエグン語を話す」のであり、「私たちはエグン、私たちは一つだ」とことさらに強調する。彼らは故郷のベナン南東部においてはトフィン、アラダ、アイゾなどの出身地を持つ民族集団に属するが、マココ地区においてはその差異を解消し、「一つの」民族集団エグンの構成員として自己を認識する。

マココ地区におけるエグンの歴史的背景

こうした「一つの」エグンがマココ地区で形成されるに至った経緯は以下の通りである。一九世紀末頃、マココ地区に最初に流入してきたのはトフィンであった。彼らは一五～一六世紀に現在のトーゴを中心としたアジャ・タド王国を起源とする。そこで相次いで発生した王国同士の戦乱から逃れ、彼らはソ川沿いに漁村を形成した。その後、彼らはさらなる漁場を求めて（Olukoju 2000）、あるいは当時相次いだ王国同士の戦乱やフランスによる植民地支配から逃れるためにギニア湾岸沿いに各地を転々とし（Asiwaju 1979）、その一部がマココ地区に辿り着いた。他方、アラダやアイゾがマココ地区に移動してきたのは一九五〇年代に入ってからである。ここでトフィン、アラダ、アイゾは、言語（エグン語）と故郷（ベナン）を同じにするという認識の下、民族的境界をこえて互いに衣食住の提供や仕事の紹介を行ってきた。たとえば、トフィンは漁業を生業とし水上生活をしていたが、アラダとアイゾは農業を生業とし、水上生活を好まなかった。そこでアラダとアイゾは、トフィンの協力を得て、二〇年以上かけて潟湖を埋め立て、地上の住まいを確保した。マココ地区のとくにエグンが集住する辺りに舗装された道がないのは、かつて潟湖だったためである。このように、一九五〇年代以降、マココ地区にはトフィン、アラダ、アイゾという異なる民族集団に属する人びとが、より大きな括りにおいて言語と故郷を同じにする一つの民族だと認識し、民族的差異を越えて助け合いを実践し、共同生活を営んできた。

国境を越えること

エグンの人びとはまたマココ地区と故郷の間を、人によっては週に一度の頻度で移動する。子どもも、夏休みや冬休みにはバスに乗り故郷へと移動する。逆に出稼ぎに来ている両親を訪ねて故郷からマココ地区にやってくる子どももいる。移動には片道約七時間かかり、小型バスやタクシーを何度も乗り継ぐ必要がある。私もマココ地区から国境を越えて彼らの故郷を訪ねたが、長く体力の要るものだった。しかし、彼らにとってこの移動は容易なこととして認識されている。私はベナンで二週間ほど過ごしたが、たとえばベナンからマココ地区に戻る前日の朝に、共にベナンまで移動したバーレが、「今日の午後マココ地区で他のバーレとのミーティングがあるから、今から（マココ地区に）行ってくる。明日の朝、タカシを迎えにまた（ベナンに）戻ってくる」と言い残し、マココ地区に出かけて行った。そして（私の予想に反して）次の日のお昼前に彼は当然のこととして戻ってきた。このことを後日エグンの人びとに話すと、「普通のこと」と述べ、さらには一日で往復できなくはないとも述べた。質問の仕方をいくら変えても、誰一人として、私が想定した答えである「遠すぎる」とか「行くのが辛い」ものとして移動を捉えておらず、故郷は容易にアクセスできる場所として認識されていた。

しかし、だからといって国境が彼らにとって何ら意味を持たないわけではない。国境は、彼らにとって自分が何者かをめぐる認識を変更する境界である。このことに気づいたのは、私が国境を越える際に、移民局や警察からパスポートや荷物の検査を何度も受けていたときのことであった。一緒にいたバーレもまた、警察官に数度にわたり「あなたのパスポートも見せてもらおうか」としつこく尋問されていた。このとき彼はナイジェリア側の国境警察に対しては「私はナイジェリア人だ、そんなもの見せる必要はない」と述べ、ベナン側では「私はベナン人だ、そんなものを見せる必要はない」と同様に述べ、警察官を説得し、パスポートなしに国境を通過した。これはパスポートなしで国境を行き来するための彼なりの知恵といえるが、他方でこの知恵が示すのは、彼らは自由自在に自分が何者であるかを変更する、境界の狭間で生きる人びとであるという点である。すなわち彼らはベナン国内においてはベナンで暮らすトフィン、アラダ、アイゾなどの民族集団に属する人物として自己を認識する。しかし、ひとたび国境を越えナイジェリアに入ると、彼らはナイジェリアで暮らす「外国人」あるいは「（不法）移民」であり、民族的にマイノリティのエグンという民族集団に属する者として自己の認識を変更する。このように彼らは故郷とマココ地区を頻繁に移動するため、自己が何者であるのかが問題となる機会に多く出くわす。彼らはこうした過程を日常的に経験しながら、国を境にエグンと「なる」存在である。

他者としてのヨルバの存在

「一つの」エグンとしての自己の認識が確立されるには、ここまでに述べたような、民族的差異を越えた歴史・言語的共通性や、共同生活の実践、故郷との頻繁な行き来といった条件に加え、ラゴス州の主要民族であるヨルバという「他者」の存在が重要になる。

エグンとヨルバの間に、日常生活における直接的な関わりはほとんどない。たとえば婚姻は滅多に見られず、その多くはトフィン、アラダ、アイゾ同士でそれぞれ行われる。宗教的な活動に関しても、複数の教会やモスクがエグンの人びとの手により運営されており、そこにヨルバを含む他の民族が関わる機会は少ない。これは教育についても同様で、ジョンソンの例にあるように、エグンの人びと自身が運営する、ベナンの教育制度に則ったフランス語とエグン語を用いる小学校が多くあり、ヨルバとエグン間に民族を越えた直接の関わりは見られない。

直接的な関わりがないどころか、エグンの人びとはヨルバを忌避すべき他者として認識している。彼らは日常生活の問題を語る際、しきりに「ヨルバのせい」によるさまざまな困難を語った。その最たるものが、先述したラゴス州政府による都市再開発事業の一環として行われた強制退去である。たとえば二〇〇五年四月には三千人以上が、二〇一〇年四月には一千人以上が家を失った。二〇一〇年一二月には立ち退きに反対した住民一人が死亡、約三〇人が警察に身柄を拘束された。さらに二〇一二年七月には、一人が警官に射殺され、七七〇人が家を失った（Amnesty International 2013）。ジョンソンの小学校もこの強制退去により破壊されたのである。

また、エリア・ボーイズと呼ばれるギャング集団による強盗・暴力事件も、ヨルバがもたらす困難として語られる。エグンの人びとによれば、彼らは皆ヨルバであり、月に一度ほどエグン居住区で強盗や暴力事件を引き起こす。私の知人も強盗に遭い、鉈で頭を切りつけられ大怪我を負った。さらに、ここで頼りになるはずの警察もまた、エグンにとっては脅威となる。警察は月に一度程度、深夜にエグン居住区内に入り、各家を訪ねる。私が話を聞いた男性は深夜二時頃に警察の訪問を受け、不法居住を責められ、賄賂を要求されたが、渡せなかったため連行された。

こうした一連の困難は、まさに今、突然、家屋や家財が失われたり、負傷させせられたりするかもしれないという不安をエグンの人びとにもたらしている。そして、これらの事件について彼らが私に語る際、これらは「ヨルバのせい」で引き起こされた問題とされ、ヨルバに対する批判的な意見が飛び交う。エグンにとってのヨルバは言語や歴史を共有せず、さまざまな困難を日常的に引き起こす忌避すべき他者として現前している。

エグンに「なる」場所としての学校

ここまでの議論から、エグンの人びとは、故郷から国境を越えナイジェリアに移動し、忌避すべき他者たるヨルバに対峙することで初めて、自己をエグンとして捉えていることが分かる。彼らは概して所得が低く厳しい生活を余儀なくされている上に、マジョリティたるヨルバと言語や国籍が異なり、州政府による強制退去を頻繁に受け、エリア・ボーイズからいつ暴力を受けるとも分からない状況下にある。この意味でエグンがエグンに「なる」ことは、彼らがマココ地区において生存するための一つの戦術であるともいえる。

そしてこうしたエグンに「なる」ことは「大人」だけを対象とした議論ではもちろんない。子どもは国籍や民族、言語等々から抜け出した宙に浮いた個人ではなく、彼らもやはりエグンとして自己を認識しうる存在である。たとえば子どもたちは、長期休暇においてベナンとナイジェリアの間を行き来する。強制退去で家を失うこともあれば、夜中にエリア・ボーイズが襲ってきて、保護者に叩き起こされて外に逃げることもある。

しかしながら、「大人」を中心としたエグンに「なる」ための論理とは別に、子どもがエグンとして自己を認識する格好の場となるのが、学校である。たとえばクリスマスパーティーの事例には、エグンの子どもたちが、自らの置かれている環境や社会的条件が、同じ学校にいる友人と似ていたり同じであったりすることを（再）確認する要素が多くあった。

まず、言語がそれである。彼らはフランス語を学びつつも、トフィン語、アラダ語、アイゾ語などの複数の、似て非なる言語を話すが、彼らはそれらを一括りにしてエグン語を話す者として自己を認識する。実際に先生や子どもたちのエグン語のコミュニケーションにおいて大きな問題は生じない。エグン語はマココ地区外の子どもたちには理解されず、エグンの子どもたち同士においてのみ理解し合うことができる。

またダンスの踊り方についても同様である。エグン以外の民族と似ているが異なる、腕、腰、肩の動かし方を踏まえたエグンなりの身体の使い方に基づくダンスがなされる。パーティーや式典、教会、学校などでダンスを行うことは頻繁にある。こうした公の場でのダンスは、友人やまだ話したことのない他の生徒に対して、日頃の練習の成果を見せつけ、また議論する良い機会である。

さらにはノート一つとってもそうである。クリスマスパーティーで配布されたノートは、ナイジェリアで購入されたものではない。ナイジェリアで売られているノートの表紙には英語が書かれており、また中身も罫線の引き方がベナンで使用されているものとは少し違う。プレゼントで配られたノートは、クリスマスパーティーのためにＰＴＡのメンバーの一人がベナンに商売のために出かけた際についでに購入したものであった。

さらにバーレの存在も重要である。そもそもバーレが登場する主要な機会は、パーティーや式典への出席、あるいはエグン同士による日々の争いごとの裁定においてである。たとえば私の友人の子ども（一〇歳）がカヌーの停泊所において他の子どもと遊んでいた際、誤って他人のカヌーに入り、それを見たカヌーの所有者がその子どもの顔と足を殴ったことがあった。一緒に遊んでいた複数の子どもが、殴られた少年の親のところに知らせにきた。私もその場に同席していたため、一緒にその事件について話を聞いた。子どもは顔を冷やすなどの手当を受けたが、顔が酷く腫れてしまった。こうした事態の問題解決においてバーレは犯人の特定と罰則を決めるのに主導的な役割を果たす。

こうした言語、ダンス、ノート、バーレ、あるいは音楽などは、いずれも、エグンの小学校あるいはそこで開かれたクリスマスパーティーを構成する重要な要素であるが、相互に密接に関連しているものでもない。他方でそうしたバラバラにも見える要素は、マココ地区において、ヨルバという他者に対するエグンという自己の認識を導くものでもある。そしてこうした諸要素はまさにクリスマスパーティーの例にあるように、子どもにとって一日の多くの時間を過ごす小学校という場において多く存在している。エグンの子どもはこうした学校で毎年行われる行事や日々の生活を通して、自分が何者であるのかを知りエグンに「なる」ことを学んでいくのである。

自己を認識するための場所としての学校

マココ地区におけるエグンの子どもの多くは、出稼ぎのために移動した大人についてきた人びとである。また彼らの出身地や言語は、ベナン南東部であるという共通点がありつつ、厳密には言語や歴史を異にする。にもかかわらず、学校を通じて、彼らはエグンである人びとと関わり合い、同時に自己をエグンとして認識する。彼らはまた、ラゴス州のマジョリティたるヨルバとは異なり、水辺や水上で地理的に閉鎖的な場所で集住し生活を営んでいる。このことは彼らが「独自」の生活世界を形成しやすくなることに結びつく。日常の会話（言語）や身振り手振り、ダンスの時の体の動かし方、ノートの様式、聞き慣れた音楽等は、それぞれが関連し合ったりし合わなかったりしながらも、学校という場において、エグンの子どもをエグンとしての自己を（再）認識させるための方向に導く重要な要素である。そしてそれら要素は同じエグンであるがゆえにエグン同士で共有され、学校という場を通してエグン同士が直接的に関わりながら幾度も経験される。

学校は先生から教科書の内容を教わる場所であったり、卒業試験に合格するための場所であったり、将来良い仕事に就くために何かを教えてくれる場所であったりするだけではない。学校は、自己が何者であるかを、同じ社会的条件の下にある人びとの存在に気づき、その人との直接的な関わりの中で学ぶ場所である。言語および民族においてラゴス州のマイノリティで、しかも貧しい、まさに可哀想な子どもたちであることを示す「大人」の客観的データからでは、子ども同士の関わり合いを通して彼らがエグンと「なる」過程を見出すことはできない。アフリカ子ども学は、たとえば本論が試みたように、子どもが置かれている環境を具に観察しながら、学校という場を通して子どもを対象に研究することで、アフリカの子どもとは何者であるのかを問い返し、彼らの学びの過程を検討する土台を提供することができるのではないだろうか。

参考文献

イリッチ、I　一九七七『脱学校の社会』東洋・小澤周三訳、東京創元社。

Amnesty International 2013. *If You Love Your Life, Move Out!: Forced Eviction in Badia East, Lagos State, Nigeria.* London: SRRAC.

Asiwaju, A. I. 1979. The Aja-Speaking Peoples of Nigeria: A Note on Their Origins, Settlement and Cultural Adaptation up to 1945. *Africa: Journal of the International African Institute* 49(1): 15-28.

Kluge, A. 2011. *A Sociolinguistic Survey of the Gbe Language Communities of Benin and Togo: Gbe Language Family Overview.* Texus: SIL International.

Lewis, M. P. and G. F. Simons, C. D. Fennig（eds.）2015. *Ethnologue: Languages of the World, Eighteenth edition.* Dallas: Texas, SIL International.（http://www.ethnologue.com 二〇一六年八月一日閲覧）

Olukoju, A. 2000. Fishing, Migrations and Inter-Group Relations in the Gulf of Guinea（Atlantic Coast of West Africa）in the Nineteenth and Twentieth Centuries. *Itinerario* 24(1): 69-85.

第V部

都市に生きる

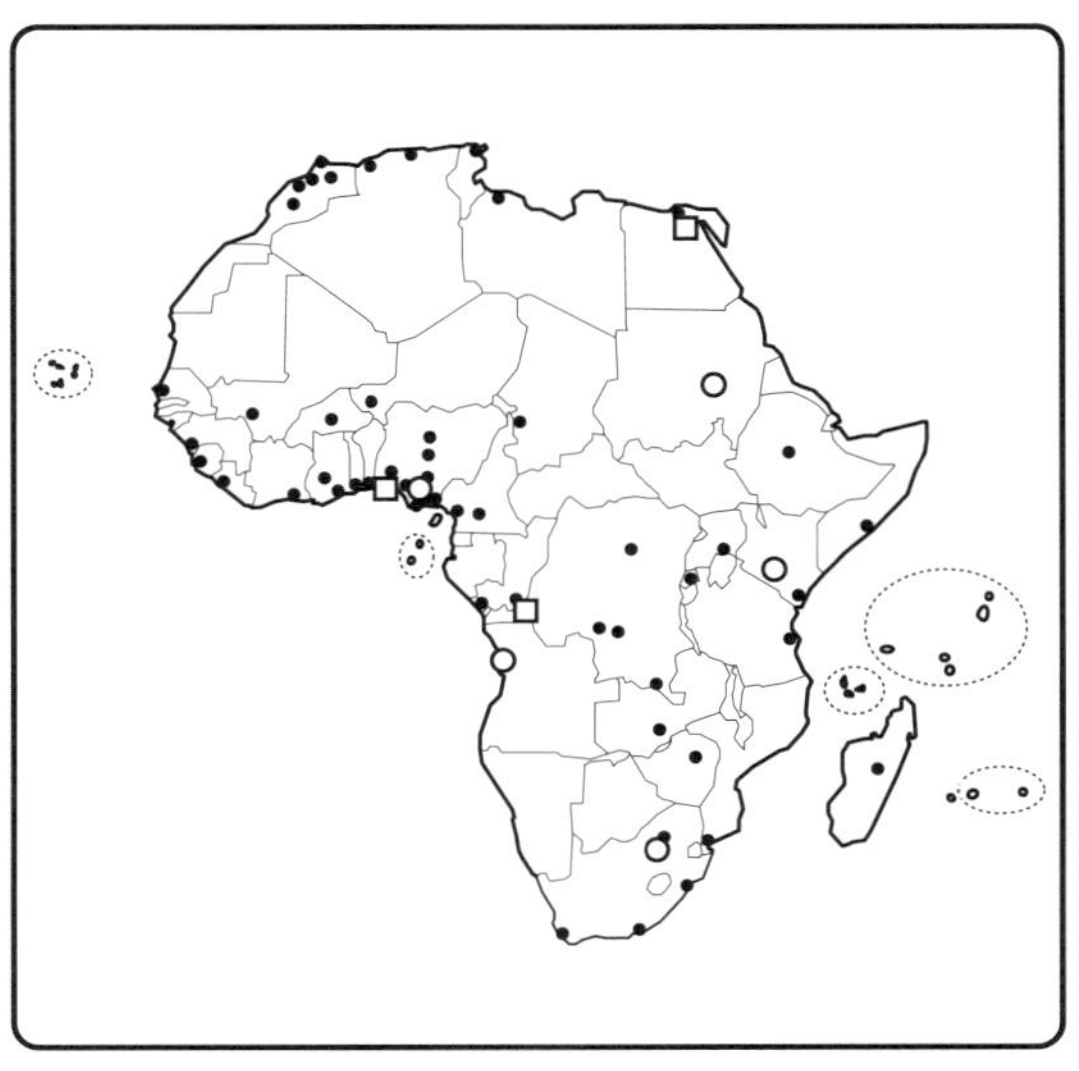

都市の環境と文化

清水貴夫

自然と環境　都市といえば、巨大なビル群や交通渋滞、密集する家屋といった光景をイメージするだろうか。比較的最近まで、アフリカの都市でこうした光景を見ることはなかったが、現在では各国の首都のほか、国によっては地方都市においても珍しくない光景となっている。

建造物やインフラが織り成す都市景観の一方で、都市こそ緑が多いことに気づくかもしれない。緑の少ない乾燥地やサバンナでは、都市の緑はとくに目を引く。家の庭に日陰を作る木を植え、垣根を作る人は多く、雨季になるとこうした庭木や垣根の木々が茂らせる濃い緑の葉は、都市の光景を一気に変えてしまう。また、大都市の街角で、ウシやヒツジ、ニワトリなどの動物を見るのも珍しいことではない。近代化が進む一方で、こうした動植物との距離の近さはアフリカの都市の日常的な光景となっている。

生業と人びと　アフリカの都市には、公務員や会社員といったフォーマルな部門で働く人たちも多いが、それ以外のさまざまな業種で生計を立てている人びとは、さらに多い。インフォーマルセクターとは、役所からの正式な許認可を受けず、所得や収入に応じた税金を納めることなく商行為などを行う人びとのことである。確かに、インフォーマルセクターに身をおく人びとは、フォーマルに給与をもらっている人たちに比べ、社会保障や所得の面で脆弱である。しかし、規則をかいくぐりながら懸命に商売を展開するインフォーマルセクターの人びとの機知は、私たちの常識を打ち破る。自由にさまざまな仕事を渡り歩く彼らの機動力は、まちがいなくアフリカの都市の活力の源泉となっている。

歴史と文化　現在のアフリカの巨大都市の多くは、植民地時代に西欧の植民者たちの拠点として作られたものが少なくない。しかし、それ以前から都市が形成され、豊かな都市文化を形成していたことも忘れてはならない（日野二〇〇一：四―一六）。とくに西アフリカの内陸部にはサハラ交易で栄えた都市が数多くあり、それらの都市には古くからの文書館がある。そこには、現在も多数のイスラーム知識人が集い、重厚なイスラーム文化を織り成している。

また、新しい文化として、若者たちが生み出す言語文化や音楽文化にも注目が集まっている。これらは、アフリカ由来の文化要素に加え、グローバル化の中で欧米の言語や音楽の要素を取り込む形で発達してきたものである。近年では、こうしたアフリカの都市の新たな文化が欧米に輸出されていくことも珍しいことではない。

近年の問題　アフリカ全人口に占める都市人口の割合は増え続け、一九五〇年に一五％程度だったものが、二〇三〇年には五〇％を超えるといわれている（国連人口基金二〇〇七：一一）。都市人口の急激な増加により引き起こされる問題は数多い。住宅の問題や、これに伴って起こる衛生や水の問題、都市と村落の格差、犯罪などの社会的な問題など、考えるべき問題は数多い。

しかし、都市のインフラは徐々に整備されており、アフリカ進出に積極的な中国をはじめとする諸外国の援助や投資がそれを加速させる要因となっている。人口増加が激しいのは、しばしば都市周縁部であり、こうした地区にインフラ整備が行き届かないことも多く、都市内の格差の解決も重要な課題となっている。

参考文献
日野舜也　二〇〇一「アフリカの都市研究と日本人研究者」嶋田義仁・松田素二・和崎春日編『アフリカの都市的世界』世界思想社、一―二八頁。
国連人口基金　二〇〇七『世界人口白書――拡大する都市の可能性を引き出す』。

第1章　スラムで学び、遊び、働く

ケニアの首都ナイロビで

大場麻代

ケニアの自然と社会

ケニア共和国（以下、ケニア）は、アフリカ東部に位置する赤道直下の国である。国土面積は日本の約一・五倍だが、人口はおよそ四六〇〇万人（二〇一五年現在）と、日本の半分以下である。四二の民族から成るケニアは、豊かな文化と土壌を有している。国境をソマリア、エチオピア、南スーダン、ウガンダ、タンザニアと接し、東側にはインド洋が、西側にはビクトリア湖が広がっている。近年、クリスマス休暇の時期になると、インド洋を望む海岸一帯は海水浴を楽しむ家族連れで賑わう。ビクトリア湖では淡水魚のナイルパーチが獲れ、ケニア国内で消費されるだけでなく、ヨーロッパや日本に向けても輸出されている。そのほか輸出されている主な農作物に、コーヒーや紅茶、バラなどがある。

ケニアの魅力は何といっても広大な大自然とそこに暮らす人びとであろう。アフリカ東部にはアフリカ大地溝帯（リフトバレー）が南北にのび、ちょうどケニアの西部をこの大地溝帯が貫いている。この地溝帯の活動によって大地が隆起し誕生したのが、国名の由来にもなっているケニア山（五一九九メートル）である。このケニア山を含めケニアには国が保護している動植物の国立公園や保護区域が六五もある。日本人観光客がよく訪れるマサイマラ国立保護区は、ヌーの川渡りでもよく知られている。

この大地で育つ主食の穀物といえばメイズである。メイズはトウモロコシに似ているが堅く、茹でてもあまり柔らかくならない。メイズを粉末にして熱湯で練ったものがウガリと呼ばれる主食だ。地域や民族によっては豆や米、芋、バナナなども主食にしている。ウガリと一緒に食べる副食には、アブラナ科でキャベツの一品種であるスクマウィキの菜っ葉や、ウシやヤギの肉を炙ったニャマチョマ、煮魚や揚げ魚がある。スワヒリ語でスクマは「押す」、ウィキは「週」を意味することから、「スクマウィキ」には、それを食べることで一週間を乗り切るという意味があるといえよう。

ケニアの人びとは明るく大らかで、誰とでも直ぐに友達になる。ケニアでよく見かける公共交通手段の一つマタツ[1]の中では、見知らぬ人同士の会話が弾む。言語は国語がスワヒリ語で、公用語がスワヒリ語と英語である。民族が異なる場合でも、スワヒリ語や英語でコミュニケーションがとられている。

首都ナイロビの名前はマサイ族の言葉で「冷水」を意味する。標高およそ一六八〇メートルの高地に位置し、適度な降雨があり、年最高気温は二〇~二五度と恵まれた気候にある。近年、急速な経済発展を遂げているケニアでは、首都の至るところでインフラ整備が進み、鉄道や道路などの建設作業が多く見られる。目覚ましい経済発展は、一方で都市化を加速

トタンで造られた教室で学ぶ児童

させ、貧富の格差も拡大させている。ケニアの人口の少なくとも四割は都市で暮らしているが、そのおよそ七割はいわゆるスラムと呼ばれる貧民街で暮らしている。ケニアのスラムの特徴は、安全な水が確保されず、公衆衛生が欠如し、土地所有権が必ずしも明確ではなく、建物は不完全で、居住環境が粗悪な上に、犯罪も多発することである（UN-HABITAT 2008）。

首都ナイロビには、ケニアの人口のおよそ八％に該当する三七〇万人（二〇一五年現在）ほどが居住し、そのおよそ六割はナイロビ全体の土地面積わずか五％に相当するスラムに住んでいる。中でもキベラはアフリカで最大規模のスラムといわれている。本章ではキベラのほかにコロゴチョにも焦点を当てるが、コロゴチョはナイロビに点在するスラムの中で四番目の規模である。本章ではキベラとコロゴチョに着目し、それぞれの居住環境で子どもたちがいかに生活しているのか、子どもたちの視点から描くことを目的とする。

スラムの形成と今日

キベラ

キベラはナイロビ中心部から南西へ五キロのところにあり、北側に鉄道が走り、南側にナイロビダムがある。キベラに最初に人が定住したのは二〇世紀初頭のことである。初期に定住したのはヌビア人で、現在のスーダンや南スーダンのヌビア地方出身の人びとである。ケニアがまだイギリスの植民地だった頃、植民地政府はヌビア人を傭兵として雇っていた。そして任務を終えたヌビア人に恩給として与えたのがキベラの土地である。以降、キベラには徐々に人が定住するようになった。キベラは国有地であるが、その一部は民間に売却されている。

今日、キベラの人口は増え続け、多民族が共生する空間へと発展している。土地面積はおよそ二・二平方キロだが、そこに数十万人が居住している。人口については、政府はおよそ一七万人としているが（Republic of Kenya 2010）、実際はもっと多いと推測される。キベラの人口がこれほど増加した背景には、独立後に起こった地方から首都への人口移動がある。多くの人びとが職を求めて首都にやってきたが、彼らの需要に応える住宅は供給されなかった。政府が建設した公営住宅は家賃が高く、地方から出稼ぎに来た人びとにとって支払える金額ではなかった。そこで、当時キベラに住んでいた人びとが、安価な材料で掘っ立て小屋を建設し、廉価で賃貸するビジネスを始めたところ、人びとがキベラに集まるようになったのである。また、政府による都市計画や法整備が追いつかず、結果的に野放し状態になったことも、キベラの人口が増加した要因である（Amis 1984）。さらに、首都の中心地から近く交通の便が良いことも、人が集まる要因になっている。

キベラの家屋

現在、キベラの住宅の九割以上は賃貸である。家屋はトタン屋根に日干しレンガ多いが、中には壁がトタンやコンクリートでできた家もある。床はむき出しの地面かコンクリートだ。入り口は木の扉で、窓も同様だが、中には鉄格子にガラス窓の家もある。一部屋は六畳ほどの広さで、一〇部屋近く連なって一棟を形成し、棟ごとに入り口が設けられている所もある。棟ごとに大家がいるが、多くの場合は一人の大家が何棟も所有している。一部屋あたり五〇〇～一千ケニア・シリング（以下、シリング。二〇一六年現在、一シリングは約一円）で、これに電気代三〇〇シリングを合わせた八〇〇～一三〇〇シリングが一部屋の一ヶ月あたりの家賃である。世帯により二部屋を借りている場合もある。ちなみに、キベラ周辺でアパートを借りた場合、月々の賃貸料は上記の数倍から一〇倍以上の金額になる。このようにキベラは家賃が安いため人が多く集まる。

居住者であるが、日雇い労働で生計を維持し、一ヶ月の収入が三千シリングに満たない者もいれば、公務員で毎月の給与が一万五千シリング以上の者もいる。また、家族と同居している者もいれば、地方から単身で出てきた者もいる。アルバイトをしながら大学や専門学校に通う学生もいる。スラムに住んでいる人びとのすべてが低所得層というわけではないが、その割合はかなり高い。

さて、キベラの内部ではさまざまなビジネスが展開されている。キベラ内の東西方向に鉄道が走っているが、電車の本数が少ないことから、住民は線路の一部を歩道のように利用している。その線路脇には日中露店が並ぶ。露店では中古品の靴、ベルト、携帯電話、腕時計、台所用品、日用雑貨、服などが廉価で売られている。また、路地や店先では、店舗を持たない人たちが揚げた魚や干物、フライドポテト、ソーセージ、ドーナツ、サモサ[2]などを販売している。このような商売は、必ずしも敷地を必要とせず、また日常生活で身につけた能力でできることから、比較的手軽に始められるビジネスとしてよく見かける。

主要な通りの両側には商店が並ぶ。ケニアでよく見かけるのが、二〜三畳ほどのお店にあらゆる日用雑貨を揃えた個人商店（キオスク）である。鮮やかな色で塗装されたキオスクもある。ケニアの至るところで目にするこのキオスクは非常に便利である。食料品や日用雑貨に加え、携帯電話のプリペイドカードも販売している。

ケニアでは携帯電話が普及し、その浸透率は八八％に達している。利用者の多くは事前に金額をチャージするプリペイド方式を採っている（Communications Authority of Kenya 2017）。一分間の通話料金は二〜四シリング（二〇一六年現在）と安く、キオスクではプリペイドカードを五〇シリングから販売している。

携帯電話の普及を後押ししている要因の一つに、携帯電話による送金が挙げられる。銀行口座がなくても携帯電話があればお金の送受信が可能となるこの制度（通称エム・ペサ（M-PESA））は、エム・ペサの表示がある店でできる。身分証明書と送金先の電話番号を提示すれば誰でもお金の送金ができ、もはやケニアの人びとの日常には欠かせない存在になっている。エム・ペサを通じて給料が支払われることもある。

何でも売っているキオスクに加え、専門店もキベラにはある。たとえば肉の量り売りをする肉屋、服をオーダーメイドできる仕立屋、ヘア・アレンジする美容室や理容室などがある。そのほかにもフォトコピー店やＤＶＤ店、自転車・バイク・車の修理店もある。商業施設として飲み屋（バー）、カフェ、レストラン、簡易ホテルもある。さらに娯楽施設としてビリヤードやテレビゲーム、映画などが楽しめる施設もある。

キベラには教会やモスクなどの宗教施設、診療所などの医療施設、幼稚園から中等学校にいたる教育施設もある。後述するように、キベラ内の学校でも国家試験の受験資格が得られるなど、人びとのニーズを満たすサービスが提供されている。このように、キベラは一つの町としての機能を果たしている。人口が多いため需要も大きく、したがってさまざまなビジネスがキベラ内で成り立つのだ。このような特徴もキベラの魅力である。

コロゴチョ

次に、コロゴチョを紹介しよう。コロゴチョは首都ナイロビの中心地から東へ一一キロほどのところに位置し、北側にマザレ川、南側にナイロビ川が流れている。すぐ近くにナイロビ最大規模のゴミ集積場がある。土地面積はキベラの約四分の一から五分の一で、人口も四万二千人ほどと、キベラに比べ規模はかなり小さい。しかし、コロゴチョの周辺にはコロゴチョと同等の、もしくは少し小さい規模のスラムが複数存在している。キベラ同様、コロゴチョの土地の多くは国有地であるが、一部は私有地にもなっている。

コロゴチョに人が住み始めたのは一九七〇年代からとされる。初期に住み始めたのは採石労働者で、その後、職を求めて地方から首都へ出稼ぎあるいは移住してきた人びとの居住地になったという（UN-HABITAT 2012）。一九七〇年代、政府は首都の環境整備を実施し、これに伴いスラムは強制撤去されることになった。結果として多くの住民が立ち退きを強いられ、その移住先として政府が提案したのがコロゴチョであった（UN-HABITAT 2012）。二〇〇一年、政府はコロゴチョの住民に対し、現在の居住地に永久に定住できるとする大統領令を発令した。しかし、住宅の多くは賃貸で所有者が別にいることから、大家と借家人との間で「真の所有者」をめぐる問題が浮上するなど、新たな火種も生まれている（UN-HABITAT 2012）。

コロゴチョもまたナイロビ中心地からアクセスの良い場所に立地している。ミニバスやマタツなど、中心街とコロゴチョを結ぶ公共交通が一日に何便もあり、移動の不便さは感じられない。さらに、コロゴチョの北側にはティカ・ハイウェイと呼ばれる首都と北部・北東部をつなぐ交通の大動脈が通っている。このため地方との行き来も便利である。キベラ同様、家賃も安い。加えて、コロゴチョの近くには産業集積地があり、雇用の機会も多い。このような条件から、コロゴチョにも多くの人が集まってきている。

コロゴチョもキベラ同様、多民族集団から構成されている。その特徴は、エチオピアやソマリアと国境を接する北部地域出身の民族が比較的多いことであろう。地方から都市に移住してくる人びとは、多くの場合、すでにいる親族や友人を頼ってくるため、おのずと同郷出身者によるコミュニティが形成される。北部や北東部にはムスリムが多いことから、コロゴチョの住民にもムスリムが多い。

コロゴチョでは、キベラよりも前に舗装道路が建設されている。[3] 三〇年以上にわたり、ケニア政府と国連人間居住計画（UN-HABITAT）による道路整備が行われてきた。これによりコロゴチョ内には舗装道路が敷かれている。主要道路の両側には、キオスクをはじめレストランやカフェ、美（理）容室、仕立屋などの店が並んでいる。路上ではサモサやソーセージ、ドーナツ、パイナップルなどが手押し車で移動販売されている。また、道路の交差点はしばしばマタツの終着地点になるが、その先へ進む人びとの足になるバイク便（通称ボダボダ）の集積所にもなっている。道路が比較的広く、舗装されていることがボダボダの普及を後押ししている（UN-HABITAT 2012）。このようにキベラ同様、コロゴチョでもさまざまなビジネスが展開されている。また、宗教施設や医療施設、教育施設も整っており、一つの町の機能を有している。以上のような好条件が人びとをコロゴチョに惹きつけている。

子どもたちの日常

学校教育

キベラでもコロゴチョでも、平日、子どもたちを目にするのは学校だ。スラム内では教育施設が充実しており、その設立や運営に携わっているのは、主に教師や経営者、宗教団体、非政府組織、そのほか地域住民の有志などである。教育施設の中でもとくに多いのが幼保一体となった就学前教室と小学校である。一般的に、スラムの人びとの多くは毎日のように仕事または職探しに出かけるため、幼い子どもを預ける場所が必要になる。中所得層から高所得層であれば一月三千シリングで家政婦を雇うこともできるが、そのような経済的余裕がない場合、一月三〇〇シリングほどで子どもを預けられる就学前教室は利用しやすい。したがってキベラやコロゴチョでは就学前教室の需要が高い。就学前教室には三歳児を対象にした通称「ベビー・クラス」と、四～五歳児を対象とした教室（日本でいう幼稚園）があり、たいてい一体になって運営されている。

就学前教育

小学校については、キベラやコロゴチョの周辺には公立小学校が数校ある。二〇〇三年に政府が小学校（八年間）を無償義務化したことで、それまで学費が問題となり就学できなかった子どもたちも就学できるようになった。無償とはいえ、学校給食費は学校の裁量で徴収でき、加えて学期ごとに実施される定期試験料（主に印刷経費）も徴収されるため、年間平均二千～四千シリングは家庭の負担となる。また、制服代などが別途五〇〇シリング程度必要になる。それでも、私立校の年間学費は一万シリングを超え、キベラやコロゴチョ内の民間の学校（詳しくは後述）でも一千～八千シリングかかる。それらに比べれば、公立校は出費が抑えられる。

その結果、公立校の就学者数は大幅に増加した。その一方で、問題も指摘されている。その一つが人口の多い都市部における公立校不足である。本来であれば、就学者数の増加に伴い学校数や教員数も増加されなければならない。しかし、政府は財政的課題を抱えている上に、教員組合による賃金値上げのストライキが頻発し、安易に学校数や教員数を増やせない状況にある。したがって学校数はおろか教員数も増やせないため、結果として学級規模が大きくなる事態を招いている。学級規模の拡大により、教師は児童一人一人に目を配ることが難しく、結果的に教育の質が低下していると指摘されている（Tooley, Dixon and Stanfield 2008）。

トタンの教室は狭いが、学校は楽しい

このような状況は、キベラやコロゴチョ内における民間の小学校数の増加と関係している。公立小学校における教育の質に疑問を抱いた保護者は、有償であっても教育の質が担保されている民間の小学校を選択する傾向にある（Tooley, Dixon and Stanfield 2008）。キベラやコロゴチョで開校されている民間の学校は、敷地が限られていることから少人数制の学校が多い。そこで働く教員は、子どもたちに学びの場を提供し、地域と子どもたちの将来をより良くしようと熱意を持った人びとである（澤村 二〇一五、山本 二〇一五）。さらに、学校によっては奨学金制度を設けていたり、学費が支払えない保護者に対して支払い方法や期限の融通を利かせたりしている。また、制服着用を原則としながらも転校生などには前校の制服着用を許可したり、転入の際必要とされる学校成績の証明書など諸々の書類手続きを簡略化したりといったように、個別の事情により柔軟な対応をしている学校が多い。このため、保護者から強く支持されている。また、保護者の関心は子どもの成績にあることが多いが、実際これらの学校に通う子どもたちの成績は決して悪くない。後述するように、これらの学校の多くは非正規学校であるが、カリキュラムは正規学校教育カリキュラムに則り、教科書も指定教科書を使用している。小学校（または中等学校）卒業時には国家初等教育（または中等教育）修了試験の受験資格も得られる。したがって、スラム内では民間の学校の需要が高く、実際多くの子どもたちが就学している。

その学校だが、問題がないわけではない。多くの学校は、教育省に正規の学校として登録されていない非正規校である。その理由は、民間の学校が正規の私立校として教育省に登録されるためには、教育省が定めた学校設置基準を満たさなければならないからだ。スラムという場所にあってすべての設置基準を満たすことは難しく、ゆえに多くの学校は非正規校として登録されている。民間の学校は政府による財政支援が受けられないため、児童から徴収する学費が学校運営費のすべてになる。その学費も高く設定すれば入学希望者が減少するため、安価な設定を余儀なくされている。学校収入が乏しいため教員給与も安く（公立小学校教員の三分の一から四分の一）、ゆえに無資格教員が多くなっている。このような課題を抱えつつも熱意を持って教える教員が多く、したがって学校成績は必ずしも悪くない。このような理由が、スラム内の民間学校に対する需要を高めている。

学校施設に関していえば、一部の民間学校は教会の建物を利用している。ケニアは人口の約八割がキリスト教徒であるため、キベラとコロゴチョにも至るところに教会がある。学校を開校したくても敷地や資金が得られない場合、既存の宗教施設を間借りするのである。実際、民間学校の中には宗教団体を母体にしているところもある。その学校も週末には教会の姿に戻り、子どもたちも家族とともに礼拝にやってくる。女の子ならレースや光沢のドレス姿、男の子ならネクタイにスーツ姿など、週に一度のおしゃれを楽しんでいる。

限られた空間での遊び

キベラやコロゴチョの学校は、子どもたちにとって安心して遊べる空間でもある。とくにこのような密集地では、子どもたちだけで安心して遊べる場所が少ない。狭くても学校なら安全だし、保護者にとっても安心である。子どもたちの遊びを見ると、男子はサッカーをして遊ぶ姿をよく見かける。ボールは手作りで、材料には使い古しの布切れや使用済みの紙袋が使われることが多い。それを紐やガムテープでぐるぐる巻きにしたものがボールである。女子はおしゃべりをしたり、長縄跳びをする姿を時折見かける。長縄跳びは一人ずつ跳んでは抜けていく跳び方や、数人が同時に跳び一斉に入れ替わる跳び方など、日本でも見られる遊び方をしている。

昼休みの校庭風景

学校以外では、自宅近くの路地や空き地で遊ぶ姿をよく見かける。そこでは、大人が捨てたものをうまく利用して遊ぶ姿が見られる。たとえばペットボトルを車に見立てた遊びがある。キャップの中央に穴を空け、そこに竹串を通して車輪にする。それをペットボトル本体に取り付け、紐も取り付けて引っ張る。また、タイヤのとれた自転車の車輪を木の棒で転がして遊ぶ。道が舗装されていなくても凹凸がひどくなければ、よく転がる。このように、ケニアの子どもたちは身近にあるものを使っておもちゃを作る能力に長けているように思う。

ところで、外で遊ぶ男子の姿はよく見かけるが、女子の姿はあまり見られない。女子は何をしているかと見れば、家事手伝いをしている場合が多い。男子も水汲みやお遣いなどの手伝いはするが、家事手伝いの多くは女子が担っている。学校から帰宅しても保護者は不在で、夕食の支度や幼い弟妹の世話、洗濯などを保護者が帰宅するまでに済ませなければならない。筆者は以前キベラで、子どもたちの成績について調査したことがあるが、その結果、女子の学力が男子の学力より低い傾向にあることが判明した。そこで、その要因について教師たちに尋ねたところ、一人が次のように答えてくれた。

ここの子どもたちの多くは、家でも親の手伝いなどをして家庭を支えています。その多くは女子に任せられています。女子は家を最後に出て、そして最初に帰宅するのです。親が戻るまで家事をこなします。宿題をする暇などありませんし、たとえあったとしても家事を終えた後では疲れ果てて、できません。だから女子の成績は男子より低い傾向にあります。

キベラやコロゴチョに限らず、ケニアでは兄姉が弟妹の面倒を見るのは当たり前であり、家事手伝いをすることも当然と見なされている。そしてその多くは女子の役割なのである。

多様な形態の労働

一方、やむをえず働く子どもも多い。ここでいう働く子どもとは、半ば児童労働と思われる場合もあれば、家事手伝いの場合もある。その境界は決して明確ではない。保護者の収入だけでは生計が維持できないために働く子どももいれば、前述したように親が帰宅するまでの家事を担っている子どももいる。商店を経営している親の手伝いをする子どももいれば、両親を亡くし生計を維持しながら弟妹を養育する一〇代の子どももいる。

コロゴチョのすぐ隣にはナイロビ最大規模のゴミ集積場がある。そこにはプラスチックや金属製品など換金できる廃材が多いことから、それらを回収し換金することで生計を維持している人たちがいる。その中には子どもの姿もある。コロゴチョでは時折、麻の袋を肩に担いで歩く子どもの姿を見かける。袋には拾ったプラスチック製品や金属製品が入っている。たとえばプラスチック製品の場合一キロあたり三シリングほど、金属製品であれば一キロあたり一五～二五シリングほどで業者に引き取られる。廃材を換金する場所は決まっていて、そのようなところには時としてマフィアが関わっている。誰でも比較的簡単に収入が得られることから、危険と知りつつ関わる子どもは多い。しかし子どもゆえ立場が弱く、相場以下の安値で取り引きされたり、知らないうちにマフィアの闇取引に利用されたりすることもある。

小遣い稼ぎのため商店で働く子どもたちもいる。筆者が出会ったピーターは、見かけでは一〇歳ぐらいの男子である。父親は不在で、母親と妹との三人暮らしであった。しかしその母親もピーターが七歳頃の時に亡くなり、以来コロゴチョに住む祖母と叔母、叔母の子ども四人と一緒に暮らしている。妹は教会が運営する孤児院に寝泊りしているため一緒に暮らしていない。ピーターは学校に通っていない。夫を亡くしている叔母は一人で家族全員を養わなければならず、ピーターの教育まで面倒を見る金銭的余裕はないという。子どものうち二人は中学校に通っていることから何らかの経済的支援を得ていると考えられるが、確かに四人の子どもすべてを就学させるのは容易なことではないだろう。

このような事情からか、ピーターは家事手伝いをしながら日々を過ごしていた。小遣いが欲しいピーターは、毎週土曜日に小遣い稼ぎの仕事をしていた。道路沿いの飲食店でジャガイモの皮をむく手伝いをしているのである。朝七時から夕方四時まで皮むきを手伝うと、昼食と五〇シリングの報酬が貰える。ピーターは小遣い欲しさに自ら始めたという。五〇シリングを貰うと、二〇シリングを祖母に渡し、残りの三〇シリングを自分の好きなように使うという。たとえば、三〇シリングのうち一〇シリングでドーナツを二つ買い、五シリングで小さなチューブ状のジュースを買う。残り一五シリングは自転車に乗せて貰ったり、そのほかに充てていた。

本来、ピーターは義務教育である小学校に通わなければならないし、子どもを就学させていない保護者は懲罰の対象になる。しかし、国による実態調査が行われているわけでもなく、ピーターのような子どもを把握するのは容易ではない。ケニアでは未だ多くの子どもたちが就学できずにいる。

小学校を修了しても中等学校に進学できない子どもたちもいる。キベラで出会った少年カマウは当時一六歳で、小学校六年生の妹がいた。両親はカマウが一歳の時に職を求めて首都へ移住してきたが、母親はカマウが一三歳の時に病気で亡くなり、以来、父親が子ども二人を養っている。父親は首都へ来てしばらくはホテルの警備員として雇われ、一家は比較的安定した生活を送っていた。しかしその後、突如解雇され、今日に至るまで定職に就くことができず、日雇い労働で生計を維持していた。カマウは一年から六年まで家から近いキベラの民間の小学校に通っていた。しかし学費滞納が続いたため、七年生の時に公立校へ転校せざるをえなくなった。妹はカマウと一緒の学校に通っていたが、奨学金を受給していたおかげで転校は免れた。カマウは学校教育について次のように述べている。

小学校は基礎を学ぶところだからとても重要だと思う。小学校を終えたら中等学校に行きたかった。将来はパイロットになりたかったから。……マタツには乗ったことがあるけど、飛行機はいつも飛んでいるところしか見たことがなかったから、いつか近くで飛行機に触ってみたいと思っていたんだ。だから中等学校には行きたかったけど、うちにはお金がないから行くことができなかった。

父親はカマウを進学させようと近くの中等学校へ行き、入学させてもらえるよう何度も懇願したという。しかし授業料九千シリングを納めなければ入学は許可できないと断られた。父親の収入では九千シリングは支払えない。日雇い労働から得られる一日の収入は二〇〇シリングであり、その仕事も決して安定していない。日雇いの現状について父親は次のように話してくれた。

今週も仕事が見つかったのは水木金の三日だけでした。月曜日と火曜日は探しても見つかりませんでした。建設現場の仕事は日当が二〇〇シリングです。技術や資格を持っていれば日当も倍以上支払われますが、私は持っていませんから基本給だけしか貰えません。貰ったお金で（ランプ用の）灯油、野菜、小麦粉を買い、残りは娘に渡しました。小学校に行っているとお金が要りますから。

このような状況から、カマウも家事手伝いや小遣い稼ぎをして家族を支えていた。カマウのように、小学校を卒業した兄姉が、卒業後は家族を支えるために働き、弟妹の学費を工面する例は多い。小学校が無償化される以前は、女子よりも男子の教育、とりわけ長男の教育を優先する傾向が強かった。しかし小学校が無償となり同時に義務化されたことで、近年では男女・長幼関係なく就学させる傾向にある。事実、就学における男女間格差はかなり改善された。問題は中等学校への進学である。中等学校も二〇〇八年に無償化されたが、実際には給食代や学校修繕費が各学校の裁量で徴収され、無償とはほど遠い実態になっている。加えて制服代など身の回りの物を揃えるだけでもかなりの高額になっている。それゆえ中等学校へ進学できないカマウのような子どもたちが多くいる。

重層的で多面的なスラム

本章では、ケニアの首都ナイロビに点在するスラムのうち、キベラとコロゴチョに焦点を当て、内部の様子や子どもたちの日常について描いてきた。開発途上国の都市部におけるスラム人口の割合は一九九〇年以降減少傾向にあるものの、都市化に伴う都市人口の増加もあり、実際の人口は増加し続けている（UN-HABITAT 2016）。

本章で記したように、キベラやコロゴチョの内部は非常に重層的でダイナミックである。人びとの熱気や活気は、そこを歩けば誰でも感じるであろう。住居としては粗末な造りであるが、安い賃貸料は大きな魅力であり、交通の便も良いため多くの人が集まる。その上、内部では様々な商売が行われており、商店だけでなく娯楽施設や医療施設、教育施設までも揃っている。このように、一つの小さな町として機能を果たしていることも、人びとを惹きつける要因である。

キベラやコロゴチョでは、就学している子どももいれば、家事手伝いや働くことで家族を支えている子どももいる。教育が無償化されても、公立校に限りがあることから、必ずしもすべての子どもたちが無償化された公立校に就学できているわけではない。そのような中、スラム内の民間学校は、子どもたちに就学機会を提供し、同時に友達と安心して遊べる場も提供している。その教室や校庭は決して広くはないが、子どもたちにとっては貴重な場である。

一括りに都会のスラムと呼んでも、その内部は重層的でかつ多面的でもある。そこで暮らす人びとの背景は様々であるが、キベラやコロゴチョはその密集した空間の中で、人びとが共生し協働する場となっている。

注

1 マタツは、ケニアでよく見かける一六人乗りのワゴン型の乗合バスである。白い車体の中央に黄色の線が引かれ、その線上に行先と乗車人数が書かれている。日本からの中古車を利用したものが多い。

2 サモサは、茹でて潰したジャガイモに炒めた肉と野菜を加え、小麦粉で作った皮で包んで揚げたもの。

3 二〇一五年、ようやくキベラ内にも三・五キロの舗装道路が建設された。

参考文献

澤村信英　二〇一五「ケニア・ナイロビのスラムにおける無認可私立校の運営実態——自立的な学習経営を支える関係者の連帯」『アフリカ教育研究』六：七〇—八四頁。

山本香　二〇一五「ケニア共和国キベラ・スラムにおける低学費私立校の役割——教員と保護者の生活者としての視点から」『アフリカ教育研究』六：五七—六九頁。

Amis, P. 1984. Squatters or Tenants: The Commercialization of Unauthorized Housing in Nairobi. *World Development* 12(1): 87-96.

Communications Authority of Kenya 2017. *Second Quarter Sector Statistics Report for the Financial Year 2016/2017* (*October-December 2016*). Nairobi: Communications Authority of Kenya.

Tooley, J., Dixon, P. and Stanfield, J. 2008. Impact of Free Primary Education in Kenya: A Cast Study of Private Schools in Kibera. *Educational Management Administration and Leadership* 36(4): 449-469.

Republic of Kenya 2010. *2009 Kenya Population and Housing Census. Volume I A*. Nairobi: Kenya National Bureau of Statistics.

UN-HABITAT 2008. *UN-HABITAT and the Kenya Slum Upgrading Programme Strategy Document*. Nairobi: UN-HABITAT.

UN-HABITAT 2012. *Korogocho Streetskapes: Documenting the Role and Potentials of Streets in Citywide Slum Upgrading*. Nairobi: UN-HABITAT.

UN-HABITAT 2016. *World Cities Report 2016. Urbanization and Development: Emerging Futures*. Nairobi: UN-HABITAT.

第2章　徒弟修行の若者たち
ガーナの産業都市クマシで

山田肖子

溶接工の徒弟、リチャード

ガーナの徒弟事情

「徒弟」とは、日本ではめったに聞かれなくなった言葉かもしれない。新明解国語辞典によると、その定義は、「師匠・親方の所に住み込んで、家事労働などのかたわら技術・仕事を教えてもらう者」のことである（山田ほか 二〇一二）。料理人や伝統工芸の職人、その他、実際に手を動かして仕事をしながら技術を体得することが重要な意味を成す業種では、こうした実践は今も細々と続いている。師匠や親方と生活も共にするのであるから、仕事に関連した技術を学ぶだけでなく、日常の態度や人間関係のあり方など、職人の人生そのものに触れて、その薫陶を受けることになる。

社会が成熟し、あらゆるものが制度化されてくると、多くの職業では、就業するためには、カリキュラムに沿って専門技術を修得したことを示す職業資格や学歴が求められるようになる。しかし、資格取得者が、取ったその日からいい仕事ができるわけではない。実際に機械や道具を操作して、親方のやり方を見よう見まねで体得する微妙な勘、顧客とやりとりしながらモノを作ることで得られる、使いやすく、望まれるモノを生み出すための創意工夫……。そうしたものは、学校へ行き、資格を取り、就業するまでは体験することなく、先送りされていく。

イヴァン・イリッチは、『脱学校の社会』（一九七七）という著書の中で、学校は、そこで教育を受け、成功したものが、社会の指導的立場になることで、学校で学ぶ知識こそが最も有意義であり、就学しない者、就学年数の少ない者を劣っていると見なす社会構造を作り出すが、生きた知識は、実際の仕事や生活の場で、見よう見まねで身につけるべきもので、学校によって規定されるものではないと述べている。

本章は、ガーナ共和国のクマシという町にある古い産業集積地（スアメ）において、徒弟修業をしている若者に焦点を当てる。ガーナを含む西アフリカでは、伝統的な徒弟制度が非常に発達している。ガーナ、とくにクマシを含む南・中部は、イギリスの植民地時代に、教育制度が整備され、独立後も、サブサハラ・アフリカの中では、学校教育の普及度が高い国の一つであった。学校教育が選択肢として存在しないわけではないガーナ第二の都市[1]で、しかし、職業技能を学ぶならば徒弟をすべき、という通念は根強い。

とくにクマシ市の北部にあるスアメ・マガジンというインフォーマルセクターの工場の集積地は、西アフリカ最大規模といわれ、クマシはモノづくり都市として、西アフリカ中にその名を知られている。そのネームバリューから、技術者に仕事を頼んだり、彼らから技能を学んだりするために、ガーナ国内だけでなく、近隣のブルキナファソ、トーゴ、ナイジェリアなどからも人が集まる。スアメ・マガジンだけでなく、周辺のフォーマルな職業技術教育訓練（TVET：Technical and Vocational Education and Training）機関でも、機械や電機などのコースが充実している。

徒弟をしている若者は、中卒程度の学歴の一〇代から二〇代前半の者が最も多いが、中には、職業訓練所（VTI）や技術研修所（TI）、ポリテクニック（技術短大）に就学している者や修了した者もおり、学校教育歴や年齢、出身地、徒弟を始めた理由などは多様である。

そこで本章では、徒弟という伝統的かつインフォーマルな教育の場が、どのような経緯と背景を持った若者によって選択されるか、自動車修理の徒弟修業をしている若者とのインタビューを通して考察することとする。

自動車修理の分野に焦点を当てるのは、スアメ・マガジンの工場の大部分が、何らかの形で自動車に関わる仕事をしているからである。労働者二〜三人から五〇人ほどと、工場の規模にばらつきがあり、専門分野は非常に細分化している。そこで、本章は、自動車機械(乗用車・大型車)、自動車電気工、溶接、鍛冶、電気溶接、溶接、自動車インテリア、塗装を専門とする一一の工場で三九人の徒弟と一三人の親方に対して、二〇一三年に筆者が行ったインタビューに基づいて記述することとする。

徒弟制度と職業技術教育

ガーナは、アフリカの中でも古くから初等教育の就学率は比較的高い。二〇〇五年の時点で総就学率は八三・四%、二〇一四年の時点では一〇〇%を超えている(一〇八・五%)。[2] また、二〇一四年の中学校進学率は九三・八%で、義務教育段階では、ほとんどの若者が学校に行っているといえる。それに対し高等学校の進学率は、二〇〇五年の二五・五%から二〇一五年の四五・八%まで大幅に増加したものの(Ghana Education Service 2015; 2016)、いまだ中学校から高校への進学時点が、教養(普通科)教育の機会のボトルネックであり、多くの中卒者が他の道を選んでいることを示している。高校に進まない半数以上の中卒者のうち、TVET校をはじめとする公的教育訓練機関に進むのは一二%程度に過ぎず、他は、詳細な追跡はされていないものの、伝統的な徒弟や労働に就くか、または教育も受けず職探しもせず、家庭内労働などに従事している状態と考えられている(Government of Ghana 2014: 2-11)。推計では、四四万人以上の若者がインフォーマルな徒弟制度で技能を学んでおり、TVET機関で学んでいる若者一人に対し四人の徒弟がいるといわれている（Darvas and Palmer 2014: 6; Palmer 2009: 32）。

徒弟制度が発達した西アフリカにおいて、職業技術を身につけるためにフォーマルな学校に行く、という発想は二〇世紀以降のものだといえる。一九世紀にも、現在のガーナに当たる地域で、ドイツ系のミッショナリー学校などで、簡単な農業技術などを教えてはいた。また、第一次、第二次大戦間の一九二〇～三〇年代には、英国植民地省の「熱帯アフリカ教育諮問委員会（Advisory Committee on Native Education in Tropical Africa）」を中心に、教育を受けたアフリカ人が、過度にヨーロッパの影響を受けてアフリカ社会からかい離しないよう、カリキュラムの教養的要素を減らし、職業教育的な内容を増やすという議論が広くなされた（Yamada 2008; 山田 二〇〇五）。

その一方で、徒弟制度が伝統的に発達しているガーナをはじめとする西アフリカ諸国では（Hart 1970; Anokye et al. 2014; Sonnenberg 2012）、自営もしくは小規模事業所の労働者になるのであれば、いい親方のもとで徒弟をやる方が、社会の評価も低く設備も不十分な職業教育課程に行くより、直接的に役立つという意見が、筆者の現地調査でもたびたび聞かれた。そのため、職業教育課程の学校に行っても、さらに徒弟を行うケースは多い。フルートマンが、ガーナと同様、徒弟制が発達した西アフリカのナイジェリア・イバダンで行った調査では、三六％の徒弟が高卒で、その教育水準は決して低くなかった（Fluitman 1992: 3-4）。

独立後の六〇年間に、職業教育が、若者の失業や社会問題対策になる、あるいは産業界の労働力需要に合った労働者を計画的に排出するために、職業教育を強化すべきだ、といった議論は、政府および国際援助コミュニティにおいて、繰り返し行われてきた。しかし、そうした政策は、そのたびに普通教育重視の政策に取ってかわられている（Yamada 2001）。このことは、職業教育課程に対する大衆の信頼が高くないことと無関係ではないだろう。

アシャンティ州クマシ市

アシャンティ州は、ガーナの一〇州の一つで、国土の中南部に位置する。人口は四八〇万人ほどで、首都のあるグレーター・アクラよりも多い。ガーナの総人口の一四・八％を占め、最大の民族グループであるアサンテ人が多く住む（Government of Ghana 2010）。また、州都であるクマシは、人口約二〇七万人で、アシャンティ州全体の人口の三分の一以上が集中している。イギリスの植民地化に最後まで抵抗したアサンテ王国の古都であり、西アフリカの文化の中心地として栄えた遺産として、今も、アサンテ大首長の宮殿を中心に、西アフリカ各地に広がる道路網があり、西アフリカ最大といわれるマーケットに人びとが集まる。

州の識字率は六〇・五％で、全国平均の五三・四％を上回るが、州内格差が大きい。州都クマシでは七四％だが、最も低いエジュラ・セチェドゥマセ郡では三五・三％である。労働人口の半数近く（四四・五％）が農業に従事しているが、行商を含む交易業も一八・四％と多く、次いで製造業（一一・二％）となっている（Government of Ghana 2010）。マーケットや路上で行商するなど、女性が経済活動に参加することが多いのも、クマシの一つの特徴である（Clark 1994）。

先にも述べた通り、クマシは古くから製造業の街としても知られる。近代的な外資系の工場は沿海部に集中するが、アシャンティ州には、金をはじめとする鉱山があるほか、クマシの古い産業集積地であるスアメ・マガジンは国内外に広く知られている。ただし、スアメはインフォーマルセクターの集積地であり、「製造業」といっても、その技術力の高さは、別の車種の部品を使って車の故障を直してしまうといった、対応力の面でのものであり、決して、最新型の機械を導入している、生産性が高い、といった意味でのそれではない。

植民地時代にキリスト教化が進んだアシャンティ州では、人口の七七・五％がキリスト教徒で、イスラーム教徒（ムスリム）が一三・二％とそれに続く（Government of Ghana 2010）。ただし、クマシ市には北部からの移住者が多く、市北部には、北部出身のムスリムの集落（ゾンゴと呼ばれる）が散在する。クマシ全体では、人口の八割がキリスト教徒であるのに対し、インフォーマルセクターの集積地であるスアメ・マガジンではイスラム教徒が半分ぐらいだともいわれる（二〇一三年の聞き取り調査による）。実際に、スアメ内でも北部出身者が集中するエリアでは、ガーナ北部を含む西アフリカ地域のムスリムの間で広く使われるハウサ語を日常使っている工場も多い。

産業としての自動車修理業は転換期にあり、コンピュータ制御の車が修理できない、限られた仕事を大勢で分け合うため、貧困から脱せられないなど、スアメが抱える課題もある。その反面、スアメの人口の多くの部分を占める若者が徒弟としてスアメに暮らし、技術を形成しているという事実は、スアメという空間が持つ意味と若者の生存戦略を知る上で、徒弟がどのように実践されているかを把握することが非常に重要であることを示している。そこで、次節では、筆者が二〇一三年の調査で行った若者へのインタビューを中心に、彼らがスアメで技能を学ぶことを選んだ背景や特性を紐解くこととする。

自動車修理工の徒弟たち

二〇一三年の調査では、一一の工場で三九人の徒弟と一三人の親方に話を聞いた（表5-2-1）。三九人の徒弟全員について触れるには紙幅が限られているため、本章では、その中でも特徴的な四人につき、その来歴や将来の希望などについて紹介することとする。

溶接工リチャードの場合

［家庭背景］リチャードは、出身地アシャンティ州アコモダンで中学校を卒業した。二〇一三年時点で二六歳のキリスト教徒である。彼は学校の成績が良く、高校に行きたかったのだが、家庭の経済事情のため、その希望はかなわず、最初は両親のトマト農園で働いた。トマトは換金作物だが、腐りやすいし、収入は不安定だ。だから母親は、農業のほかに、小さいバーを経営していて、酒を売っている。

父は高卒、母は中卒だ。父は、高校を卒業した後、溶接業の修行をしていたことがある。そのためリチャードは幼

表 5-2-1　インタビューの対象工場と対象者の内訳

専門分野		工場数	インタビュー回答者	
			親　方	徒　弟
自動車機械	普通乗用車	3	4	14
	大型車	1	2	5
車体修理	溶接／板金	2	2	6
自動車電気		1	1	4
インテリア		1	1	1
外装、塗装		1	1	5
鍛冶		1	1	3
電気溶接	部品の調整／積載	1	1	1
合　計		11	13	39

少時から溶接の仕事に何となく親しみがあったし、父も理解を示してくれている。今、生活費が月三〇〇セディ（七五〇〇円程度）ぐらいかかっているが、このお金は父が出してくれている。

リチャードは長男で、弟二人と妹一人がいる。弟たちは高校を卒業した。二番目の弟は高校を終えたばかりで、修了試験の結果を待っているところだ。もし試験の成績が良ければ、彼は上の学校に行きたいと思っている。もし両親が学費を出してやれなければ、リチャードは自分が出してやってもいいと思っている。

［徒弟に入った経緯］　一九歳の時、都会のクマシに出てきたのだが、最初は縁故もなく、三年間は道端で携帯電話の部品を売っていた。携帯電話の部品の商売をしている知り合いから仕入れて、売り上げの一部を上納していたのだ。三年経った時、リチャードは思った。

「携帯の部品を売っていても、生きていくのにやっと足りるぐらいの収入しか得られない。この暮らしには将来がない。何か手に職をつけなければ。」

今の工場の親方は郷里の父の知り合いだ。親方の父親が警察官で、リチャードの両親の住む町に駐在していた。親方がその父親を訪ねて町に来た時、リチャードの父が息子の修行を頼んでくれたのだ。リチャードは、弟子入りの機会を見つけるのはそれほど大変ではないという。むしろ、お金が問題だ。徒弟修業に入るためには、入門金を払わなければならない。彼の働く工場にも、時々誰に紹介されたわけでもなく、お金もない若者が弟子入りを志願してくることがある。親方は、場合によっては入門金を安くしたり、ただにしたりすることがある。それでも、スパナやカージャッキなど、いくつか自分で道具を買い揃えなければならないので、それを買うお金がなくて入門を諦める者もいる。

［徒弟の暮らしと将来の夢］徒弟をするには入門金が必要だが、それ以外は、生活費以外の費用はない。入門金は親が払ってくれた。仕事の入り具合にもよるが、親方は、時々小遣いをくれる。

徒弟を始めて四年が経ったが、あと二年ぐらいで独立できたらと願っている。技術的には、現時点で溶接に関する技術はだいたい身につけたと思っている。でも、独立して開業するにはお金がいる。スアメのネームバリューで顧客も来るし、人脈もあるから、ここで開業するのが一番いいが、土地がほとんどないし、信用がないとお金を借りるのも難しい。独立する時には、謝礼として、親方に鶏や炭酸飲料や二〇〇セディ（五千円程度）ぐらいのお金を納める必要もある。

いい仕事をするため、電気工の技術も学びたいので、別の工場で徒弟をすることも考えている。

塗装工アブドゥルの場合

［家庭背景］アブドゥルは二五歳で、五人いる徒弟のチーフだ。彼の両親は北部（ノーザン）州出身の移住者だが、彼自身はクマシで育っている。宗教はイスラームで、家や工場では西アフリカのムスリムの間で広く用いられるハウサ語で話すことが多い。親方も他の徒弟も皆、ムスリムだ。顧客とは、クマシの町で一般的なトゥイ語や英語で話すことが多い。

きょうだい（兄弟姉妹）は自分を含めて五人。兄二人と弟一人、妹一人がいる。弟と妹は中学生で、兄二人は中卒で、長兄はイスラームの教師、次兄は商人として働いている。父は学校に行ったことがなく、母は中卒だ。父は農民だったがすでに亡くなっていて、母は現在、キャベツやニンジンなど農作物を市場で売って細々と暮らしている。[3]

［徒弟に入った経緯］中学を卒業してすぐ職業訓練所の車体修理のコースで学んだ。職業訓練所の生徒の時、ネオプランという外資系の大きいバス会社の工場と、地元の大手車体修理工場の二ヶ所で実習している。そういうフォーマルな工場で働くのには経験と専門性が必要だ。アブドゥルは、今の自分はスアメで働くしかないと言う。経済的な理由で高校には進めなかったが、本を読んで自分で勉強している。筆者のインタビューにも通訳なしに英語で応答した。彼は、人として自分の能力を高めなければいけないと思っている。

最初は車体修理の修行をしていたが、塗装の工場に移った。工場研修の時、塗装の作業が好きだったし、今の親方の人柄が好きだからだ。この工場の親方は、スアメではなかなか影響力のある人だ。三七歳とまだ若いが、リビアで、ノルウェー系の塗装工場で働いて、スアメにはまだ入っていない防水塗装と研磨技術を身につけてきた。この工場で仕上げた車は輝きが違うし、防水が利いているから、塗装が長持ちする。この技術のおかげで、この工場は顧客に評判がとてもいいし、他の工場からも職人が技術を学びに来る。近くの技術研修所の生徒の実習も受け入れるなど、親方は、商売だけでなく、技術指導にも熱心だ。

［徒弟の暮らしと将来の夢］親方がリビアに行っている間は、徒弟頭として、商売のすべてを任されていたし、その分の給料も払われていた。技術の面では、独立する能力はあると思うが、資金や土地のことを考えると、開業は難しい。フォーマルな工場に勤めるということも以前は考えたが、最近は考えなくなった。もう長くここにいるし、ここ以外に自分がいる場所はないと思うようになっている。

アブドゥル

アレックス

自動車機械工アレックスの場合

アレックスはブルキナファソ出身の二八歳。ガーナとの国境に近い地域出身のキリスト教徒で、クマシに来て九ヶ月になる。トゥイ語はできない。クマシについてはまったくなかったが、自動車整備に関する技術を学ぶなら評判の高いスアメに行くのがいいと思い、友達と二人で歩いてきた。この工場は人がたくさん働いていて羽振りがよさそうだったので、働かせてもらうことにした。親方はアッパーイースト州出身の三八歳のキリスト教徒で、二三人の徒弟を擁するやり手だ。徒弟もキリスト教徒が多い。

二〇〇八年に地元で中学校を卒業したが、高校には行っていない。両親は農業をやっていて、きょうだいは兄が一人、姉が一人、弟が一人いる。皆、成人していて、長兄が農業を継いでいる。

いつか国に帰って、自分の工場を持ちたい。スアメで技術を学んだことは、商売には効果的だと思う。ただ、今は技術を学ぶのにも、トゥイ語も英語もできないため、会話がほとんどできず、苦労している（インタビューはフランス語で行った）。ほとんど見よう見まねでやっている。

自動車機械工アイザックの場合

［家庭背景］アイザックはアシャンティ州出身の二五歳、キリスト教徒だ。アレックスと同じ大きな機械工の工場で働いている。クマシに来て一三年になる。中学もクマシで卒業した。卒業後、技術研修所に進学して、自動車機械コースで学び、今はクマシ・ポリテクニックの自動車機械コースで学んでいる。

きょうだいは兄二人、姉二人、弟二人、妹二人で、自分を入れて九人だ（腹違いも入れると、もっといる）。両親はココナッツ農家で、一番上の姉は夫と共にイギリスに住んでいて、家族に仕送りしてくれている。アイザックの教育費も長姉と両親が払ってくれている。親はおそらく高卒（古い制度で、Oレベル修了）だと思う。

［徒弟に入った経緯］ 最初は、技術研修所の実習生として一年間、この工場で働いた。今は、ポリテクニックの実習として二回目の滞在になる。この工場を実習先に選んだのは、日本製をはじめ、いい車が持ち込まれるので、自分が学びたい修理技術を実践的に身につけることができるからだ。学校で機械理論を学んでいるけれど、実践的な経験は不十分だ。学校内の実習はあまり役に立たない。

アイザック

［徒弟の暮らしと将来の夢］ 学校が夏休みの間だけ実習に来ている。一般の徒弟と違うので、入門料は払っていない。ごくまれに顧客からチップをもらうことがある。顧客がくれるお金は、その車の修理に携わった職人全員の間で分け合うのだ。親方と同居ではなく、学生の弟妹と一緒に暮らしている。仕事以外の時間は、趣味でキーボードを習っている。

ポリテクニックの後は大学にも行きたいと思っている。将来は、ニューモント（Newmont：鉱業のグローバル企業、ガーナでも金採掘を行っている）みたいなフォーマルセクターの会社で働きたい。ニューモントの自動車整備部門はいい道具が揃っていると聞くし、働きやすいと思う。将来は会社で偉くなりたい。技術研修所からの実習生もたくさんスアメに来ているけれど、技術研修所の学歴だと、金とコネがない限り、フォーマルセクターで仕事を得るのは難しいと思う。

もう一つの学びの場

本章で紹介した四人の徒弟は、それぞれスアメに来た経緯も、家庭や文化的背景も、さまざまである。溶接工のリチャードは貧しい家庭の長男で、進学の希望がかなわず、クマシに出てきた。都市のストリートで行商している若者は多いが、彼らの多くは、リチャードのように、教育も人脈もなく田舎から出てきている。そうした中でリチャードは、現状を打開するために技術を身につけようと思い立ち、親方の門戸を叩く。頭がいい子どもに年長のきょうだいや親戚が教育費を支援することはガーナではよく見られるが、長男である彼にはそのような道がなかったのだろう。同時に、溶接技術だけでなく、今後は電気工の修行もしたいと語る彼は、学校というチャンネルを通さず、自分の才覚で複数の分野の工場での徒弟を組み合わせ、キャリアを形成しようとしている。

塗装工のアブドゥルも、家庭の経済的、教育的条件は似ている。リチャードと違った意味で、アブドゥルがスアメの徒弟の一つの特徴を示しているのは、彼が、北部出身の移民家庭の子どもで、ムスリムだということである。先にも述べたように、スアメは、クマシ市全体に比べてムスリムの割合が非常に高い。アブドゥルは、ムスリムの人脈を通じて親方を頼ってきた徒弟の典型例である。アブドゥルの事例は、スアメの徒弟が、技術を学ぶ機会としてだけでなく、アサンテ王都であったクマシにおけるトゥイ人（多くはキリスト教徒）の強い伝統的ネットワークの中で、イスラム教徒が生きていくためのセーフティネットとして機能していることも示している。

一方、スアメは、まったく縁故のない者も懐深く受け入れる。リチャードも言ったように、弟子入りするには、一般的に縁故を通じて志願し、入門料と仕事に必要な道具の代金を払わなければならない。しかし、紹介や資金もなく、また場合によってはホームレスの若者が弟子入りを志願してくることもある。ブルキナファソから来たアレックスは、そのパターンである。その上、彼はスアメで使われる言語は何一つ分からない。それでも親方は彼を受け入れたのである。アレックスが無謀にも隣国から徒歩で縁故もなく訪れたほどに、スアメは技術を学ぶ場として知名度が高い。同時に、そのような者にも都市で生きる場所を提供する柔軟性が、スアメにはあるのだ。

教育や家庭背景という点で他の三人と異彩を放っているのは、自動車機械工場にいたポリテクニックの学生のアイザックだ。家庭に経済力があり、親も、その世代としては比較的高い教育を受けている。スアメに来るのは、学校で得られない実践的な自動車修理の経験を積むためだが、それも学校が休みの間だけで、将来は一流のグローバル企業に就職することを考えている。

このように多様な背景と動機を持った若者が、スアメには出入りしている。一度出て行った者が戻ってくることもままある。アブドゥルは、職業訓練所の必修である現場実習でスアメに来て、訓練所を卒業してから、本格的な徒弟になっている。アイザックも、技術研修所の生徒の時に実習で来て、ポリテクニックに進学してからも実習を続けている。本章で紹介しなかった若者の中にも、徒弟をやったあと、しばらく別の場所で働いて、また戻ってきたという例が何件かあった。

スアメ・マガジンという空間は、若者の技能形成のみならず、都市の脆弱層にとって、社会保障制度の確立していないガーナでセーフティネットの役割を果たしている。技術を学ぶ場を自分で組み合わせるという積極的な滞在だけでなく、進学しそびれた、自分の工場を持つための資金や土地が入手できない、次の仕事や学校までの中継ぎ、といったいろいろな段階、年齢の者が「徒弟」というカテゴリーに内包されている。親方に礼金を払って独立するか出ていかない限りは徒弟なので、滞在が短い者は数週間、長い者だと数十年、「徒弟」としてスアメで生活している。

スアメは、技術が時代に追いつけなくなっていると言われている現在でも、そのブランド力によって、多くの顧客を引き付ける。スアメ内では技術が細分化し、工場間の相互依存、相互扶助が強い。そうすることで、多くの人に、潤沢ではないが、生きていくのに必要な資源を分配しているのだ。

学校教育とインフォーマルな場での学びは相互に排他的なもののように考えられることが多い。学校に行けない若者が徒弟になるという発想である。確かにスアメには、経済的理由で、中学卒業後に修行に入った若者も多い。一方、しばらく徒弟をしてから職業訓練所や技術研修所に進学したり、別の技術分野で徒弟をしたりすることを選択する者も少なくない。ポリテクニックの学生のアイザックが言っているように、学校はフォーマルセクターへの就職の近道ではあるが、技術を身につける場としては不十分で、学校に行った上に徒弟をするということは珍しくない。

顧客のニーズに応える技術が高いということが、スアメの評判の根底にある。こうした場で修行することは、理論を体系的に学ぶ学校教育とは逆の発想を身につけることにつながる。すなわち、持ち込まれた車が動かない原因がどこにあるのかという疑問に答えるには、エンジン、イグニッション、ラジエーターなど、さまざまなパーツにおける故障を現象から特定しなければならない。エンジンが動くメカニズムを知っている必要はあるが、それだけでは問題は解決できない。徒弟制度は、顧客との関係性の構築というビジネス・スキルと問題対応型の専門技能を、実践を通して学ぶ場なのである。本章からは、若者が、自らの人生設計や社会経済的状況に応じて、さまざまな学びの機会を選び取り、再構成していることが見て取れるのである。

注

1 クマシの人口は、二〇一三年の推計で二〇六万九三五〇人であり、首都アクラの二二九万一三五二人に次ぐ規模である。また、この二都市以外では、人口は一〇〇万人を大きく下回り、近年、石油採掘でにぎわうセコンディ・タコラディでも五三万九五四八人に過ぎない（Ghana Statistical Service 2013）。

2 総就学率は、基準就学年齢の人口を母数とした実際の就学者数の割合を示す。基準就学年齢以外の年齢の人口が多く就学すると、総就学率が一〇〇％を超える可能性がある。

3 イスラム教徒の多くは北部出身の移民であり、アシャンティ州やその周辺の中・南部出身者に比べ、教育や家計などの状況が困難な例が多い。こうした移民家庭の子弟は、同じくイスラム教徒の親方を頼って弟子入りすることが多い。また、スアメ自体が移民出身者を多く擁することから、クマシ全体と比べると、スアメはイスラム教徒の割合が高く、ハウサ語の使用度も高い。

参考文献

イリッチ、I　一九七七『脱学校の社会』東洋・小澤周三訳、東京創元社。

山田忠雄・柴田武・酒井憲二・倉持保男・山田明雄・上野善道・井島正博・笹原宏之編　二〇一一『新明解国語辞典　第七版』三省堂。

山田肖子　二〇〇五「『伝統』と文化創造――植民地ガーナのアチモタ学校における人格教育」『アフリカ研究』六七：二一―四〇。

Anokye, P. A. and S. K. Afrane, E. Oduro-Ofori 2014. The Informal Apprenticeship System in Ghana: Post Graduation Job Integration and Its Implications for the Management of Urban Space. *Journal of Environment and Earth Science* 4(18): 84-93.

Clark, G. C. 1994. *African Market Women: Seven Life Stories from Ghana.* Broomington: Indiana University Press.

COTVET 2012. *COTVET*. Brochure. Accra, Government of Ghana.

Darvas, P. and R. Palmer 2014. *Demand and Supply of Skills in Ghana: How Can Training Programs Improve Employment and Productivity ?* Washington D. C.: the World Bank.

Fluitman, F. 1992. *Traditional Apprenticeship in West Africa: Recent Evidence and Policy Options.* Discussion Paper No. 34 Geneva: ILO.

Ghana Education Service 2015. *Education Management Information System 2015.* Government of Ghana.

Ghana Education Service 2016. *Education Management Information System 2016.* Government of Ghana.

Ghana Statistical Service 2013. *Population Census 2013.* Government of Ghana.

Government of Ghana 2010. *Population and Housing Census 2010: Demographic, Social, Economic and Housing Characteristics Report.* Accra, Ghana Statistical Service.

Government of Ghana 2014. *How to Improve, through Skills Development and Job Creation, Access of Africa's Youth to the World of Work.* Unpublished conference paper. Ghana Country Report for the 2014 Ministerial Conference on Youth Employment, Abidjan, Cote d'Ivoire, 21-23 July 2014.

Hart K. 1970. Small Scale Entrepreneurs in Ghana and Development Planning. *Journal of Development Studies* 6(4): 104-120.

Palmer, R. 2009. Skills Development, Employment, and Sustained Growth in Ghana: Sustainability Challenges. *International Journal of Educational Development* 29: 133-139.

Sonnenberg, K. 2012. Traditional Apprenticeship in Ghana and Senegal: Skills Development for Youth for the Informal Sector. *Journal of International Cooperation in Education* 15(2): 93-105.

Yamada, S. 2001. Perspectives on Vocational Education in Africa. *Journal of International Cooperation in Education*. 4(2): 87-98.

Yamada, S. 2008. Educational Borrowing as Negotiation: Reexamining the Influence of American Black Industrial Education Model on British Colonial Education in Africa. *Comparative Education* 44(1): 21-37.

第3章　農業に親しむ子どもたち

南アフリカ共和国の国際観光都市ダーバン近郊で

稲泉博己

小学校菜園クラブの書記さんたち

ダーバン近郊のムタルメ地区

南アフリカ共和国（以下、南ア）で農業といえば、アパルトヘイト期に白人による大規模農場が中心であったため、現在も民間のコンサルタントのみならず、公的農業支援（農業普及事業）も大規模農業に偏っている。そのような中で、各国のNGOと現地パートナーが協力し、住民の栄養改善や職業訓練、情操教育など、さまざまな目的を持って小規模環境保全型菜園（学校菜園や家庭菜園）作りを指導していることは、農業・農村再生の側面、また子どもたちの遊びや楽しみを取り込んだ食農教育の面からも注目に値する。

そこで私は、二〇一四年八月の終わりから九月にかけて、南ア南部、国際観光都市ダーバンのあるクワズール・ナタールル州のムタルメ地区で、一七ヶ所の小学校と中学校、そして高等学校などを訪ねて回った。これらの学校では、日本のNGO、TAAA（アジア・アフリカと共に歩む会）が学校菜園の支援を行っている。

TAAAはムタルメ地区で、学校図書館の整備支援や移動図書館車による読書習慣の定着、サッカーボールの供与によるスポーツ振興などと共に、パーマ・カルチャー（有機農業）による学校菜園の拡大を図っている。これらはいずれも学習環境と生活環境の向上を目指したものといえるが、ここでは上述のように食農教育などとも関係する学校菜園活動を取り上げてみたい。

学校菜園活動に勤しむ子どもたち

まず学校菜園を行っている児童生徒たちの家庭背景（収入源）と、彼ら／彼女らの年齢について確認しておきたい。学校菜園に参加している児童生徒たちの家庭は、一般的に想像されるような農家、あるいはお父さん、お母さんが定職を持って働いて家計を支える家庭とはほど遠い。すなわち現在の南アでは軒並み失業率が高く、さらにジョハネスバーグやダーバンなど大都市以外では就業機会が極端に限られている。そのため、この地域で家庭の収入源として最大のものは、各種社会保障なのである。たとえばおじいさん、おばあさんの年金、子どもの児童養育支援金、また障碍者年金など、家庭内の何らかの社会保障にみんなで寄りかかる。あるいは親が町に出稼ぎに行くほか、労働省と自治体による雇用創出事業であるコミュニティ・ワーク・プログラム（CWP）から労賃を得る者もいる。さらにボトルストアなどの小規模商業やタクシー運転手などの自営業、また農業関係でいえば、サトウキビ畑の農業労働者、放牧の手伝いなど、いずれにしても家庭の経済環境は不安定である。

最初に取り上げる上級小学校（小学校高学年相当）では、菜園クラブが組織されており、四年生（一〇歳）から七年生（一三歳）まで合計二〇名程度の児童が参加していた。担当の先生によれば、体力的にも、好奇心からしても、このくらいの年齢層が菜園活動に最も熱心に取り組むという。日本の食農教育でも多くの取り組みが小学校高学年で行われている。私は児童教育の専門ではないので、断定することはできないが、共通するところがあるように見受けられた。同時に理科など正規の授業科目と連動させることで、よりモチベーションが高まり、相乗効果が上がるという。八～九年生（一四～一五歳）で、各学年一八〇名程度を四班に分けて活動している中学校もあった。

また、日本でいう保育園・幼稚園を含む下級小学校においては、低学年だけの活動になってしまうため、とくに物を運ぶことや、植え付けや水やりなどの力仕事は体力的に厳しく、児童だけでは継続が難しいという。

他方、四～七年生の児童約三〇名が参加している別の小学校では、活動は基本的に朝の始業前と放課後に行っていた。ここではメンバーがそれぞれ役職名を入れた色とりどりのベストを着用して、真冬の九月に、寒さの真っ只中でも元気に活動して（＝飛び跳ねて、遊んで）いた。そして書記さんが日々の活動をきちんと記帳していた。日付は多少飛び飛びのところも見られたが、それでも彼／彼女たちの活動がよく分かる大変貴重な資料であった。

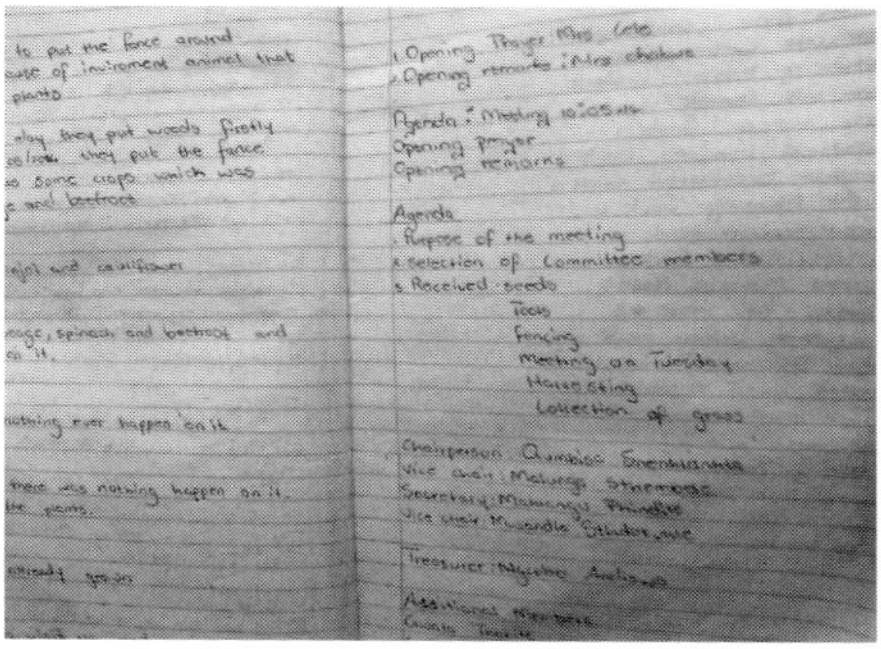

小学校菜園クラブの日誌

この日誌から何が考えられるか？　それは、つまりこういうことだ。確かに年齢や学年の違いによって、体力や体格、知識その他に差があり、できる作業にも違いはある。作業の記帳についても低学年では完璧とはいえない。だが、この年齢で、あるいは学校菜園の設置で大事なのは、学校菜園の目的は何かという活動の原点について、さまざまな議論を呼び覚ます材料に、この日誌がなりえるのではないかということだ。

たとえば、この写真の書記さんたちは、もちろんきちんと記帳している。しかし同時に仲間たちの中には、こちらから見ると「飛んだり」「跳ねたり」、お遊戯をしているようにしか見えない子も大勢いる。それらのやんちゃな子は、多くの場合ひょっとするとみんなの、とくに書記さんたちの邪魔なだけかもしれない。だが、ごくたまに、彼／彼女らの視点から、真面目な書記さんたちには見えなかった野菜の姿が見えるかもしれない。そもそも子どもたちにとって、とくに低学年の子どもたちにとって、野菜も作物も、雑草もただの草も、区別はないのかもしれない。どの草もある意味おもちゃの一つで、そうして慣れ親しんでもらうことこそが、栄養改善、職業指導、情操教育いずれにしても、学校で設定する菜園の第一の目的ではないだろうか。その時に大切なのは、「飛んだり」「跳ねたり」、楽しく遊んでいる仲間たちなのだ。TAAAの活動報告の中でも、低学年では「畑仕事への親しみ」や「畑を遊び場のように」「楽しみながら」といった観察が目立つことからも、それが裏付けられているのではないか。

たとえば、このような取り組みもある。ある上級小学校の五年生（一一歳）の子どもたちはまだ慣れていないので、先輩の指導のもと六班に分かれて毎朝交代で水やりをする。一方、六年生（一二歳）ならびに七年生（一三歳）の子どもたちも六班に分かれており、班ごとに午後に本格的な管理作業を行う。収穫した作物は、教員やコミュニティの人たちに販売したり、給食会社に販売して学校給食に使用してもらったりしていた。なお記帳はすべて担当教員が行うとのことだった。つまり、一つの菜園に、学年ごとに水やりや草取りなど作業分担をして、みんなで関わることができる。野菜をおもちゃに、菜園を砂場のように遊び場にするのも含めて、教育活動の一環として、他の教科とは違った特徴が菜園活動にはあるといえるだろう。

ある高等学校では、二〇一三年八月に菜園活動が始められ、二〇一四年九月現在では、全校生徒四七〇名のうち、三〇名が参加しているとのことだった。この三〇名という数は、全体の一割未満で少ない気もするが、当初の一八名に比べると増えている。そこで、なぜ増えたのかと尋ねたところ、担当教員は微笑みながら「楽しいからじゃないか？」と答えてくれた。

白砂が目立つ、校門脇に花壇のように広がる小学校菜園を訪ねた。ここでも記帳は取り組まれていたが、写真込みでわずかに八ページ。TAAAのチェックに対応して担当教員が走り書きしたことがありありと分かる。現メンバーは三五名。この小学校は栄養不良の子どもたちが多い貧しい地域にあるため、収穫物は主に学校給食に使われているとのことであった。

また四年生（一〇歳）が一九名、五年生（一一歳）が二五名、六年生（一二歳）が二〇名のある小学校では、先述のＣＷＰが運営に参加していた。通常、午後一時の水やりは児童が行うが、その他の作業は主にＣＷＰのスタッフが担当していた。これまでニンジンやトマトなどを生産し、コミュニティに販売、収入は種子の購入など再生産にあてている。ＴＡＡの報告によれば、「教室内での勉強はいま一つだが、畑では一人ででも熱心に作業している」子どもも見られたという。

ここで一つ、また別の可能性が考えられる。ジャン・ジャック・ルソーの『エミール』の中で、小さいエミールが最初に持つことになった観念は所有であった。それは園丁のロベールおじさんと、畑でソラマメをめぐってやり取りしたことから生じたものだった。つまり最初の観念を導いたのは、ソラマメという身近な作物を育てるという、子どもが「一人ででも熱心に」取り組むことのできる食農教育活動だったのだ。そこでここ南アでも学校菜園を子どもたちの遊び場、楽園にしておくだけではなく、ロベールおじさんに登場してもらっても良いかもしれない。そう、今回のケースでいえばＣＷＰの老若男女にその役目をやってもらうことはできないだろうかということである。

好きな野菜と嫌いな野菜

次に、子どもたちが学校菜園に参加し続けていくためには、全校児童生徒参加（必修）の授業の一環あるいは特別活動とした方が良いのか、希望者を募るクラブ活動の方が良いのかについて、子どもたちの遊び（＝学び）の形態として考えてみたい。

全校児童が参加している例として、山奥にある小学校を取り上げる。街から一時間あまり、急勾配かつ凸凹で、さ

『食べもののおうち』

らにすれ違うのもやっとの狭い山道をハラハラしながら車で移動すると、そこでは学校菜園活動に、六歳の準備学年から一二歳の六年生まで、小規模とはいいながら全校児童一二七名が参加していた。収穫物は給食に使用したりコミュニティに販売したりしていた。また地域の若者グループや女性グループにも用地を提供して、彼らの菜園活動も支援している。乾季の間は水不足のため通常の井戸は使えないが、すぐ下に川が流れているので、そこから汲んできて利用している。

さらにこの小学校では、菜園と同時に「食べもののおうち（House of Nutrition）」という栄養指導も実施していた。日本でも二〇〇五年の食育基本法公布と、それに続く食育基本計画策定により官民こぞって力を入れてきた「食事バランスガイド」そのものである。それもそのはず、この栄養指導の方法は、TAAAのワークショップで学んだという。

一方、クラブ活動として菜園活動を行っているある中学校では、七年生（一三歳）の生徒男女各一名、八年生（一四歳）の女子生徒三名、一一年生（一七歳）の男子生徒五名、計一〇名が菜園クラブを構成していた。水やりは毎朝行い、毎週水曜日を定例の作業日として放課後に活動していた。菜園クラブのメンバーは、私が訪ねた時、雑草を混ぜた堆肥作りに挑戦していた。この方法は、後述するエナレニ農場で見てきたものだという。エナレニ農場とは、TAAAの菜園活動を技術支援しているリチャード・ヘイグ氏の主宰する有機農場である。そこで堆肥作りをしている生徒たちに尋ねてみた。

まず彼らにとって最も楽しい作業は何かと尋ねたところ、日本の食農教育活動の中でも、子どもたちにとって楽しい、充実した作業として取り上げられる「収穫作業」が真っ先に出てきた。そして菜園で扱う作物の中で最も好きなものはニンジンとホウレンソウだと言っていた。逆に嫌いな作業は寒い冬の朝の水遣り、すなわち乾季の潅水がつらいとのことで、嫌いな作物にはキャベツを挙げていた。

好きな野菜がニンジンとホウレンソウ、嫌いな野菜はキャベツ……。さて、これは日本の子どもたちと同じだろうか？　最近でこそ甘いニンジンも多く、またアクの少ないサラダホウレンソウなど食べやすいものが増えたが、私の子どもの頃はピーマンと並んでニンジンを嫌う子が多かった。逆にキャベツが嫌いという声は、とんかつ屋でおかわりする子どもがいるくらいで、あまり聞いた記憶がない。そこで彼／彼女らに詳しく理由を聞いてみると、この好き嫌いは、野菜の食感や味からくるものではなかった。そうではなく、彼らの好き嫌いの原因は、栽培の難易度にあった。つまりキャベツは病虫害が出やすく、管理が大変だったから嫌いということであった。右の「食べもののおうち」などの栄養指導で得たと見られる「野菜が食材として重要だ」という知識もさることながら、自らの栽培体験から生じた野菜の好き嫌いは、菜園活動がいかにその子の生活に根づいているかを示しているように思われて、とても面白かった。

指導者――ママ、パパ、お兄さん、お姉さん――身近な大人の存在

上級小学校の年代が最も菜園活動に熱心だというのは、おそらく本当なのだろう。私も今回たくさんの学校を見学していて感じた。しかし同時に担当教員の影響も大きいと思われる。ある上級小学校では、菜園のそれぞれの畦がとても美しくて驚いたのだが、それは担当教員の努力の賜物だった。彼女がよそから学んできて工夫したという、畑の表面の土の乾燥を抑えるための雑草を使ったマルチ（保温、保湿、雑草抑制などのために畑を覆う被覆資材のこと。日本ではビニールが一般的）だった。彼女は子どもたちから「ママ」と呼ばれ、母親のように慕われていた。農業技術について勉強熱心なだけでなく、おしゃれで切れ者の「ママ」は存在感があり、彼女のもとで子どもたちはキビキビと

動いていた。

　また五～七年生（一一～一三歳）、全校児童の三二〇名全員が、ＣＷＰの支援のもと学校菜園を運営している上級小学校では、担当教員のクラスの児童がリーダーとなって作業をリードしていた。このように熱心な指導者のいるクラスの生徒がリーダーとなっていることに得心した。

　先ほど紹介した山奥の小学校にも熱心な先生がいた。この小学校の菜園は私がこれまで見た中でも最もよく整備されていた。それは、ＴＡＡがプロジェクトを始める前から、二〇〇一年に現校長が赴任して以来、彼の肝煎りで始められたものだった。つまり校長が他の教員を指導し切り拓いてきた「校長イニシアティヴ」の結晶といえる。

　これらの事例からも、学校の活動は担当教員の影響が大きいことがあらためて分かる。さらにそれを敷衍すれば、子どもの活動や成長にとって、大人の関わりはどこでも大きいといえるだろう。

山奥の小学校菜園

　では、なぜこの校長は菜園作りを推進したのだろうか。尋ねてみると「地域には土地が余っているのに、何にも利用されていない」という答えが返ってきた。その一方、冒頭で触れたように、当地では生産的な職業に就くよりも、年金に頼った家族が多く見られる。まず児童の父母たちが菜園作りを覚えて「農民」になれば、地域が「農村」として自立できるかもしれない。彼は、こうした現状認識のもと、職業訓練としての菜園の可能性を見定めた。このアイディアの背景には、校長自身が五年生の頃から学校や家庭で菜園に親しんできたことがあるという。そうした問題意識や体験に裏付けられた熱意が子どもや地域住民を動かし、主体的な取り組みに繋がったのだろう。そして、丹精を込めた手入れが、結果として菜園の美しさに表れていたのだ。

彼は、現下の問題として、青年農業者育成（雇用対策）、獣害対策、食農教育・食育推進と、日本農業に見られるのとまったく同じ課題を指摘していた。ＴＡＡＡの報告によれば、この小学校の地域住民から、有機農業を学びたいという声も聞かれるとのことだった。

有機農場との協力

エナレニ農場の農場主リチャード・ヘイグ氏（左）

ある高等学校の農業基礎履修者十数名の見学（遠足）に同行させてもらった。この遠足はムタルメの学校菜園活動の指導者・協力者であるリチャード・ヘイグ氏のエナレニ農場を訪ねることが目的である。さて到着後当日の活動は、自分たちの昼食のためのパン焼きから始まった。農場で穫れたさまざまな材料を混ぜ、こねて整形し、オーブンに入れた。パンが焼き上がるまで、まず園主リチャードによるパーマ・カルチャー、いわゆる有機農業の講義があり、それに続けて農場に出て、現場で実物を見ながら、動物の飼育や繁殖などについて解説してもらった。

リチャードは、パーマ・カルチャーのＮＧＯに関わって一五年、さらに日本の自然農の先達、福岡正信の著書にも親しみ、この農場を開いて七年になるという。この間に有機農業の技術だけではなく農業者気質についても身をもって学び、スローフード財団などの世界的な啓発団体にも現場の生産者として関わっているという。こうした実績と人懐っこさ、そして初対面の私にも「日本人なら福岡（正信）に会ったことがあるか？　彼の教えを聞いたか？」とまくしたてる情熱からも、子どもたちの学校菜園の力強い支援者としての資質を持ち合わせた人物であることがよく分かった。

他日、別の高校の一一年生（一七歳）の農業基礎履修者、男子六名に、エナレニ農場見学の印象を聞いた。エナレニ農場は、環境のことを考えて運営している。たとえば糞尿を使った堆肥作りを行っている。また、食品や食材の安全性について非常に気を遣っていて、化学物質の排除と食材保存の工夫が徹底している。そして多様な動物を飼っていて、その利用法の多彩さに驚いた。初めてのパン作りも楽しかったなどと語ってくれた。

また、リチャードの印象について次のように語ってくれた。やさしい、積極的、アクティブ、フレンドリー。忙しそうだけれど人生を楽しんでいる感じ。一つ一つ丁寧に、具体的に、熱意を持って説明してくれた。とてもたくさんの知識を教えてくれた。農業に情熱を持っていた。だから信頼できそうな人だと思った。そして僕も将来農業をやってみたいと思ったなど……。

彼らの通う学校は治安のあまり良くない地域にあるそうだが、そうした中でも農業科目に前向きに取り組んでいることが、これらの感想から感じられ、素晴らしいと思った。

『書かざる経』

若者グループの菜園に土地を提供し、苗作りでも協力している、別の小学校を訪ねた。五〜七年生（一一〜一三歳）を主体としたメンバーで菜園活動をしていた。

この小学校の活動記録ノートは二〇一二年五〜七月が中心で、ほぼ菜園の写真が占めていた。ところが二〇一三年に関しては一行も記録がなく、私が訪問した二〇一四年に関してはＴＡＡＡが主催するワークショップの案内チラシと、若干の菜園写真が添付されていただけだった。ただし、別のノートにも記録をつけていたようで、そこには二〇一四年四月八日から七月末までの活動記録と、同年三月一四日から八月二二日までの販売記録が記入されていた。この後者のノートは明らかに私の訪問の年、つまり二〇一四年にTAAAが配布したと見られる。しかし、前者と日付が交錯したり、ページも飛び飛びになっていたりと、ノートの使い方に落ち着きがない。「きちんと記録をとろう（Keep a Record）」という記録の取り方ガイドのコピーが、前者のノートに無造作に挟まっていた。ところが、わずかに残る記録さえガイドに沿っていない上、ガイドのコピーそのものの扱いを見ても、記録の大切さはおそらく何度も指摘され指導されているのだろうが、子どもたちはもちろん指導者の側も、その必要性をあまり感じていないようだ。

あれから二年余りが経過し、こうして振り返ってみると、視察の間、私はずっと記録をとること、すなわち「記帳」のことばかり聞いていたような気がする。日本の農業の教科書には簿記「記帳」が必ず出てくるし、古くは江戸時代の「農業往来」でも記録の重要性が説かれている。また、同じアフリカのナイジェリアでも小学校農業教科書に"Keep a Record"は登場するから、決して的外れだとは思えない。しかし、もしかすると私は、私たちは、「文字」による「記録」にこだわりすぎなのだろうか。ひょっとすると、ここには、私たちが知っている文字による記録とは別のものがあるのかもしれない。

たとえば、江戸時代の日本の農聖・二宮尊徳は、農民の心得として、農業の基本はその土地の環境を大事にすることにあると説き、「音もなくかもなく常に天地は書かざる経をくりかへしつつ」（佐々井 一九三三：一九）と詠み、そのくらい周囲の様子を観察して、そこから次の行動を起こす、あるいは判断するように指導していた。同様に、先で取り上げた『エミール』には、「かれをとりまくすべてのものは書物となり、それによって子どもは、意識せずにたえず記憶の内容を豊かにし、やがては判断力がそれを有効にもちいることができるようになる」（ルソー 一九六二：二二四）とある。これらを見ると、時代や国を超えて自然に倣う、遊びや生活から学ぶ素朴な教育原理の共通性、そのような何かがあるのかもしれないと感じる。それ——「書かざる経」あるいは「自然の書物」——こそ、私たちが学ぶべき、「アフリカ子ども学」の第一章なのかもしれない。だとすれば、私たちはどうやって「経」や「書物」を見つけ出すのか？　そして、どうやって読むのか？　そのヒントを、畑のまわりで飛び跳ねる子どもたち、あるいはキャベツ嫌いの少女は掴んでいるのかもしれない。

ムタルメ地区の学校菜園を見て、まず言えるのは、菜園、そこに育つ野菜、それに記録ノートも含めて、実物を見れば、子どもや先生が、いろいろなことを言ってきても、おおよその察しがつくということ。その上で、彼／彼女らの思いや意図を尋ねれば、それらは『立体的』に浮かび上がってくる。つまりこれらの実物は、他の菜園や人たちとのコミュニケーションの媒体（メディア）になっているのではないか。そしてコミュニケーションは書かれた文字や記録だけではないということである。子どもたちが嬉々として菜園の世話をし、野菜と戯れ記録ノートにメモをする。それらが彼らにとってコミュニケーションの一つでもあり、また同時に媒体（メディア）にもなっていた。

そして子どもと大人の関係、それをつなぐ菜園や野菜について、ムタルメではこれらの組み合わせは、決して一様ではなかった。だが日本で私たちが食農教育といっているようなもの、それによく似た営みも展開されていた。つまり身近な環境で、手に入る材料を使い、子どもたちが主体的に取り組むのに、菜園という遊び場は有効ということである。

また当然のことながら、家族や家庭など子どもたちの生育環境の影響が大きい。家族農業をやっていたり家庭菜園をしていたりという環境で育っていれば、学校菜園にも親しみやすいだろう。といっても、日本でもよく見られるように、同じ環境で育っても菜園に興味を持つ子もいれば、そうでない子もいる。たとえば同じ家庭で育った兄弟でも性格が違うのと同じである。つまり、食農教育を行えば農業への興味関心が醸成されるかといえば、必ずしも間違いではないが、そう単純ではないということだ。しかし、その機会があれば、農業への興味関心が花開く可能性は十分にある。すなわち菜園は、子どもたちにとって多様な遊びと学びの中で、重要な一部分を占めているといえるだろう。

この旅で私は、完全なよそ者としてムタルメ地区の学校菜園活動を眺めることで、食農教育のいくつかの大切な要素を見つけることができた。この発見はとても大切なもので、すぐに役に立ちそうだ。だが、そうした一般化は後回しにして、今はムタルメ地区の子どもたちと彼／彼女らの菜園に想いを馳せていたい。

参考文献
佐々井信太郎校訂　一九四一『二宮翁夜話』改版（初版一九三三）、岩波書店。
ルソー　二〇〇七『エミール』改版（初版一九六二）、今野一雄訳、岩波書店。

おわりに——世界の主役になりゆく若いアフリカを学ぶ

清水貴夫

アフリカの貧困問題に注目が集まり始めた一九六〇年代。国際機関は、アフリカ内陸部は人口が少ないために市場規模が小さく、経済活動が活発化しにくいことを指摘し、人口を増やすことを推奨した。その後、世界の人口増加が問題視され、食料供給とのバランスが懸念されるようになると、今度は人口を抑制せよ、ということがやはり国際機関によって指摘された。人口バランスについて、何が正解なのかよく分からないが、その中でアフリカが若い大陸と呼ばれ、子どもの数が増えたということは、乳幼児死亡率が減少し、多くの子どもが健康に育つことができるようになったことを示している。これは、医療や衛生、栄養の状況が、アフリカ大陸に住む人びと、そしてアフリカに関わる人たちによって改善されてきた証左である。この結果、子を失って悲しむ親が減ったとすれば、とりあえず歓迎すべき状況だといえよう。

だが、こうして生まれ成長した子どもたちが、いかに生きていくのかということは、あまり語られてこなかったのではないだろうか。子どもたちが目の当たりにする世界は、日々変化している。多くの子どもたちが教育を受けず、小さい頃から家事と農作業に明け暮れている。一方で、エリート家庭の子どもたちは、植民地支配からの解放後も依然として強大な影響力を持つ旧宗主国のヨーロッパ諸国への留学や就職を目指して国を出ていく。しばらく前までは、こうした子どもたちに用意されたライフコースは固定化されていたが、今やこうした定型化されたライフコースはそれほど現実に即したものではなくなりつつある。

子どもたちの持ち物一つをとっても、都市部の中高生なら携帯電話を持っていることは、いまやまったく珍しいことではない。スマートフォンを見ながら自転車に乗る、という日本さながらの若者の姿を目にすることもしばしばである。本書で紹介してきた子どもたちの将来も、世界の変化とともに大きく転換していくことだろう。そしてそれは、もはや貧困という文脈のみで語られるものではない。

それにもかかわらず、アフリカの子どもたちには相変わらずネガティブなイメージが付与されることが少なくない。こうしたイメージからアフリカの子どもたちを解き放つことが、「はじめに」で述べたように、本書の大きなねらいの一つである。ネガティブなイメージの中に子どもたちを押し込めてしまうことは、子どもたちの可能性を削ぐことになり、大変暴力的なことだ。むろん、本書で示した事例の中には、貧困の問題がうっすらと、時に明瞭に見てとれるものもある。ネガティブなイメージから解放するとは、貧困の問題を隠ぺいすることでもない。それでは、どのように描けば、アフリカの子どもたちの、ありのままの姿を読者に伝えることができるのか。貧困状況のみを理解されやすいトピックとして取り上げて論じるのではなく、貧困も含めて子どもたちの生活の一部と位置づける。彼らの生活を構成するさまざまな要素を具体的に記述する作業を通じて、貧困も含めた生活の全容を浮き彫りにする。これまで私たちアフリカ研究者が細々と継続してきた、この方法しかないように思えた。

本書では、総勢一七名のアフリカ研究者が、それぞれ長期にわたって関わった地域で出会った子どもたちの姿を描いた。五五の国と地域のうち、一四の国における一七の事例が集まった。これらを、乾燥地、サバンナ、熱帯雨林、水辺、都市と五つの環境に分け、それぞれの気候帯、環境で暮らす子どもたちの姿を紹介することを通じて、全体として広くアフリカの多様性を網羅した本に仕上がったのではないかと自負している。またこれらの論考に、移ろう時代、環境の中で懸命に生きる子どもの姿を見て取ることができるだろう。さらに、子どもたちは私たちが想像もしないような世界の住人ではなく、アフリカの子どもの生きる世界は、恋愛や学校、仕事、遊びといった、私たちにも通じる身近な営みとともにあることを、読み取っていただけるのではないだろうか。

アフリカの子どもたちを取り巻く環境が多様であると同時に、執筆者の視点も多様であることも、お分かりいただけたと思う。「子ども学」は学際的といわれるが、従来「子ども」を主な研究対象としてきたのは、本書の執筆者が多くを占める教育学や文化人類学である。しかし本書の執筆者の中には、これらの分野だけでなく、霊長類学や農学、環境社会学を専門としている研究者もいる。なぜなら、それぞれの専門領域においてアフリカ研究を進めていく中で、必ず現地の子どもたちの姿に出会うからである。その姿は多様でダイナミックな変化を含みこんだ全体像として私たちの前に現れる。こうした「アフリカに生きる子どもの世界」の広さと深みとを読者のみなさんと共有できるならば、執筆者一同としては望外の喜びである。

本書は、二〇一〇年から活動を重ねてきた「アフリカ子ども学」のグループによる、最初の成果論集である。本書の構想は、同グループのコアメンバーである亀井伸孝、清水貴夫、竹ノ下祐二、山田肖子の四名による議論の中で練り上げられた。当初から「アフリカ子ども学」の趣旨に賛同し、グループの立ち上げに深く関わってくださったアフリカ日本協議会の元事務局長、斉藤龍一郎さんに謝辞を贈りたい。本書の出版は、総合地球環境学研究所「砂漠化をめぐる風と人と土」プロジェクトから支援を受けて実現した。出版への協力を二つ返事で快諾し、その後も励まし続けてくれた、同プロジェクト・リーダーの田中樹先生に感謝の意を表したい。そして、企画から出版に至るまで優しい笑顔と時に厳しい叱咤激励で刊行を実現してくださった株式会社昭和堂の松井久見子さんにも感謝申し上げる。最後に、本書に登場したアフリカ各地で力強く生きる子どもたちに、感謝とエールを送りたいと思う。

二〇一七年七月

■編者紹介

清水貴夫（しみず たかお）

京都精華大学アフリカ・アジア現代文化研究センター研究コーディネーター、総合地球環境学研究所研究員

亀井伸孝（かめい のぶたか）

愛知県立大学外国語学部教授

子どもたちの生きるアフリカ
――伝統と開発がせめぎあう大地で

2017年10月25日　初版第1刷発行
2019年 4月15日　初版第2刷発行

編　者　清水貴夫
　　　　亀井伸孝

発行者　杉田啓三

〒607-8494　京都市山科区日ノ岡堤谷町3-1
発行所　株式会社　昭和堂
振替口座　01060-5-9347
TEL（075）502-7500／FAX（075）502-7501
ホームページ　http://www.showado-kyoto.jp

印刷　亜細亜印刷

ISBN978-4-8122-1636-1

＊乱丁・落丁本はお取り替えいたします。

Printed in Japan

■執筆者紹介

秋山裕之（あきやま ひろゆき）	京都華頂大学現代家政学部教授
阿毛香絵（あもう かえ）	フランス国立社会科学高等研究院アフリカ世界研究所研究員、東京外国語大学言語文化学部非常勤講師
田　暁潔（でん しょうち）	筑波大学体育系国際スポーツアカデミー研究員
今中亮介（いまなか りょうすけ）	民間企業勤務
有井晴香（ありい はるか）	北海道教育大学教育学部講師
中和　渚（なかわ なぎさ）	関東学院大学建築・環境学部専任講師
園田浩司（そのだ こうじ）	日本学術振興会特別研究員 PD（大阪大学）
竹ノ下祐二（たけのした ゆうじ）	中部学院大学看護リハビリテーション学部教授
嘉田由紀子（かだ ゆきこ）	日本環境社会学会元会長、前滋賀県知事
伊東未来（いとう みく）	西南学院大学国際文化学部講師
飯田　卓（いいだ たく）	国立民族学博物館／総合研究大学院大学文化科学研究科教授
玉井　隆（たまい たかし）	東洋学園大学グローバルコミュニケーション学部講師
大場麻代（おおば あさよ）	帝京大学外国語学部講師
山田肖子（やまだ しょうこ）	名古屋大学共創教育研究機構・国際開発研究科教授
稲泉博己（いないずみ ひろき）	東京農業大学国際食料情報学部国際食農科学科教授

索　引

あ行

か行

さ行

た行

な行

は行

ま行

や行

ら行

わ行

ん行